타로카드 심볼론

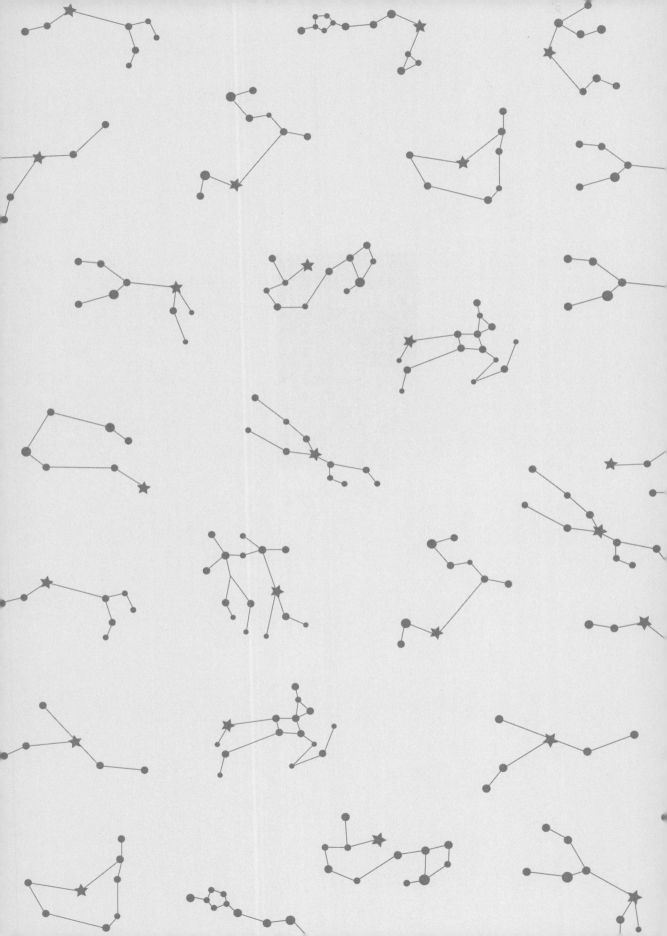

내면의 페르소나를 발견하는
국내 최초의 심볼론 카드 해설서

타로카드
심 볼 론
Symbolon

리 산 지음

동학사

심볼론 카드는 무의식 속의 기억을 일깨우는 길잡이이다

낯설기만 했던 서양의 타로카드와 타로샵을 지금은 우리 주위에서 흔히 볼 수 있게 되었다. 2013년에 첫 책 『현장에서 필요한 실전타로』를 출간한 이후, 『실전에서 성공하는 타로 워크북』과 『타로카드 심리학』을 연달아 펴내면서 타로카드의 이론에 대한 정보보다는 타로카드를 활용하는 상담현장에서의 경험을 전달하려고 노력해왔다. 이러한 노력은 독자 여러분들의 분에 넘치는 사랑과 공감 그리고 피드백으로 충분히 보상받고 있으며, 그 책들에서 활용하는 유니버설 웨이트 덱(Universal Waite Deck) 역시 현재 타로카드의 베이직으로 널리 사랑받고 있음에 기쁨과 보람을 느낀다.

세 번째 책인 『타로카드 심리학』에서 '타로카드는 거울이다'라고 힘주어 말했다. 오랫동안 타로상담을 해오면서 문제의 답은 언제나 내담자에게 있으며, 중요한 것은 점사(占辭)보다 그 점사를 받아들이는 질문자의 인지(認知) 또는 인식(認識)을 통한 통찰이라는 사실을 뼈저리게 느끼게 된다. 여기서 인지나 인식은 비슷한 의미로, 심리학에서 지각, 기억, 상상, 개념, 판단, 추리를 통해 자극을 수용, 저장, 인출하는 일련의 정신과정을 말한다. 이러한 정신과정에서 우리가 주목해야 하는 것은 판단의 기준이 되는 '가치의 도출'이다.

　　예를 들어, "이번 달에는 돈을 많이 벌겠네요" 같은 단순한 점사는 타로상담을 하는 내담자의 근본적인 문제를 해결하는 데 도움이 되지 않는다. 설령 내담자가 많은 돈을 벌었다고 해도, 머지않아 다시 상담자를 찾아와 "이번 달에 돈은 많이 벌었는데 여자친구랑 데이트를 못해 멀어졌고 결국 헤어졌어요"라고 또다른 고민을 말하며 "돈도 다 소용 없는 것 같아요"라고 말할지도 모르기 때문이다.

　　앞에서 점사보다 중요한 것이 판단을 위한 가치의 도출로, 인지나 인식을 통한 정신과정의 산물이라고 했는데, 이는 우리가 지각한 경험에 대한 '좋거나 나쁜 기억' 또는 그 기억에 대한 '평가'를 토대로 이루어진다. 따라서 우리에게 기억이란 사건의 경험으로서 가치를 형성하는 토대이자 또다른 사건을 판단하고 인식하게 하는 가치 판단의 기준으로 작용한다. 따라서 기억은 우리 삶의 정체성과 지향점을 규정한다.

심볼론 카드를 만든 피터 오번(Peter Orban)과 잉그리드 지넬(Ingrid Zinnel)에 따르면, 이 타로 카드는 '기억'의 게임이다. 우리 내면에는 수많은 인격, 즉 여러 얼굴을 한 페르소나들이 존재하고, 그들은 우리의 외면의 인격 또는 우리의 종합적인 성격을 규정한다. 물론 그 성격은 절대적이지 않으며 잠재적인 변화 가능성이 있다.

여러 얼굴을 한 페르소나는 우리의 잊혀진 기억들이 만들어낸 가면들이다. 하지만 우리는 무수한 기억들 중에서 아팠던 기억, 부끄러웠던 기억, 숨기고 싶은 기억 등은 잊으려 애쓰기 때문에, 그 기억들은 내면의 다양한 의식들과 서로 교류하지 못하고 가치 형성을 위한 판단의 기회를 상실한 채 어둠 속에 웅크리고 있다가, 순간순간 방어의 메커니즘으로 가면을 쓰고 외면의 인격으로 튀어나온다. 그 인격에 의해 우리는 시행착오를 겪게 되거나, 갈 길을 못 찾고 방황하게 되거나, 깊은 후회를 남기게 된다.

기억들은 잊혀지지만, 사라지지 않고 우리의 무의식에 저장된다. 심볼론 카드의 기획자들은 우리에게 그 무의식 영역인 '내면의 페르소나'에 집중하라고 당부한다. "내가 돈을 많이 벌 수 있을까요?"가 아니라 "나는 왜 돈을 많이 벌고 싶을까요?"라고 스스로에게 질문을 던지고, 그 질문을 통해 '돈을 많이 벌든 적게 벌든' 벌고자 하는 이유(원인)를 알게 되었을 때 비로소 무작정 돈을 많이 벌어야 한다는 불안감에서 벗어나 근본적인 마음의 평화를 찾을 수 있다고 말한다. 즉, 우리 삶의 다양한 불안을 야기하는 원인은 내면의 페르소나에 있고 근본적인 해결책 역시 내면의 페르소나에 있기 때문에, 그에 대해 충분히 생각해보지 않고 순간의 욕망을 꿈꾸다가는 결국 '고민'이라는 부메랑을 맞게 된다는 것이다.

심볼론 카드의 목적은 길흉을 알아맞히기보다 길흉을 바라보는 우리의 인격, 즉 내면의 페르소나를 발견하는 데 있다. 그러기 위해서는 기억을 소환해야 한다. 기억을 소환함으로써 자신의 본성과 맞닥뜨리고, 상처받고 왜곡되고 뒤틀린 자신의 상처들을 확인하게 될 것이다. 그리고 스스로를 바라봐주고 안아주고 웃어주면서 자신의 내면이 따듯하게 치유되는 경험을 하게될 것이다.

심볼론 카드의 페르소나는 점성학의 10개 별과 12개 별자리의 짝짓기를 통해 형성되며, 78가지 유형으로 나타난다. 기존의 타로카드와 달리 우리의 인격과 성격 또는 심리와 기질을 세밀하게 묘사하고 있어서 심리를 파악하는 데 탁월하다.

덤으로, 이 책은 점성학의 기초를 미리 공부할 수 있어서 점성학 맛보기로도 매우 유익할 것이다. 제가 경험했듯이, 여러분들도 심화된 점성학 지식을 통해 타로카드의 대명사인 유니버설 웨이트 덱은 물론이고 점성학이 가미된 수많은 타로카드들이 입체적으로 다시 보이는 새로운 경험을 하게 될 것이라고 장담한다.

무엇보다도 이 책을 쓰는 동안 그리스 신화를 다시 한 번 읽을 수 있어서 즐거웠다. 서양의 전통 타로카드에는 무수한 상징의 의미들이 숨겨져 있고, 그 상징들은 서양의 정신문화뿐만 아니라 인류 공통의 정신적 원형들을 드러내고 있다. 그 중에서도 특히 타로카드의 그림이나 점성학 체계에서 차용한 그리스 신화의 다양한 신들, 그리고 그들과 관련된 에피소드는 심볼론 카드에서 드러나는 상징의 원천이라고 할 수 있다. 심볼론은 기억이라는 화두로 우리의 무의식속에 웅크리고 있는 그림자나 콤플렉스 같은 열등의식에 주목하게 하는 동시에, 그리스 신화에 등장하는 영웅과 그 영웅의 우울한 이면, 그리고 억압하지 않는 본능과 쾌락이 보여주는 솔직한 자유와 해방감을 통해 무의식을 여행하는 우리에게 너무나도 친절한 안내자의 역할을 한다. 그러므로 그리스 신화를 읽는 일은 즐겁고 흥미로울 수밖에 없는 것 같다.

이 책이 심볼론 기획자의 생각과 완벽히 일치한다고 말할 수는 없다. 하지만 기획자의 의도를 좀 더 가까이에서 이해하고 싶은 바람으로 원고쓰기에 최선을 다했으며, 심리학을 전공하고 철학(박사과정 중)을 공부하는 저의 입장에서 기획자의 생각을 읽고 이해하려 노력했다는 사실을 미리 밝혀둔다.

우여곡절 끝에 이 책을 끝낼 수 있었는데, 도와주신 분들이 많아 이 자리를 빌려 감사를 전하고 싶다. 먼저 바쁜 일정에도 불구하고 이 책을 쓰기 위해 필요했던 다양한 영문자료들의 이해에 도움을 주신 〈코리안 타임지〉 칼럼니스트이자 한국사주리서치센터 대표인 철학박사 신정원 님과, 미국 뉴욕태생 교포 이애린(Aelin Lee) 씨의 노고에 깊은 감사를 드린다. 특히 이애린 씨는 이 책을 쓰는 데 필요한 다양한 영문자료들의 심리학적 뉘앙스에 대한 이해를 돕기 위해 많은 시간을 저와 함께 토론하고 고민했다. 또한 심볼론 타로상담의 임상자료를 분석 정리해준 타로마스터 김민정, 김미경 씨에게도 따뜻한 고마움을 느끼며, 크고 작은 도움을 준 라니, 노수나, 이세원, 노정, 김미영, 권다연 씨에게도 다시 한 번 고마움을 전하고 싶다.

끝으로, 이 책의 출판을 위해 심볼론 카드 라이센스를 허락해준 AGM-Urania사에 깊은 감사를 드린다.

서초동 가을 창가에서
리 산

심볼론 카드를 공부하는 사람에게 당부하고 싶은 다섯 가지

첫　째, 이 책으로 심볼론 카드를 공부하면서 관심을 가져야 할 두 가지 분야가 있다. 하나는 칼 융(Carl Gustav Jung)의 분석심리학 이론이고, 또 하나는 그리스 신화이다. 심볼론 카드의 기획자인 피터 오번(Peter Orban)은 심리학자이면서 점성학자이다. 그런 만큼 심볼론 카드는 심리학적 체계, 그 중에서도 분석심리학이 근간을 이루고 있고, 그것을 이미지로 펼쳐 보이는 주된 도구의 하나로 그리스 신화가 사용되었다.

둘　째, 심볼론 카드의 목적은 미래를 예측하거나 현실화하려는 예언이나 점의 역할에 있지 않고, 내면의 페르소나에 귀 기울이는 데 있다. 즉, 내담자의 '수용'과 '통찰'에 목적을 두고 있다. 심볼론 카드에서 상담을 이끌어가는 주요 메커니즘은 전체 78장의 카드에 그려진 '내면의 페르소나'로, 칼 융의 분석심리학에서 제시하는 자기(self), 원형(archetype), 집단무의식, 개인무의식, 아니마(anima), 아니무스(animus)가 구현되어 있다.

셋　째, 그리스 신화의 다양한 에피소드는 도구적 측면에서 심볼론 카드의 이미지를 구성하고, 심리적 측면에서는 이미지를 상징하는 주요한 배경이 된다. 특히 그리스 신화는 '무의식적 원형'과 밀접한 관련이 있다. 우리가 보편적 상징이라고 생각하는 것들은 집단무의식의 차원이다. 그것들은 종종 꿈으로 발현되어 일상의 문제를 해결하는 실마리를 제공하거나, 닥쳐올 미래를 예고하기도 한다. 그것들은 이미지로 이루어져 있으며, 그 이미지들은 우리가 그것을 이성적으로 사유하기 이전에 어떤 영감을 불러온다. 이처럼 그리스 신화의 에피소드는 그 이미지가 상징으로서 기능할 수 있게 하는 상징의 보고이다.

넷　째, 일반적으로 우리의 의식세계는 사회와 도덕에 지배받는 이성적 의식으로, 반사회적이고 비도덕적인 상상의 뿌리를 애초부터 제거하여 나를 지탱하고 있는 근원적 의식인 무의식을 부정하게 만든다. 우리가 상처받은 내면의 페르소나를 대면하고 치유하기 위해서는 무의식에 접근하기 위한 노력이 필요하다. 그리스 신화에서 최초의 여신 가이아는 아들인 우라노스와 결혼을 하고, 제우스는 피를 나눈 친남매인 테미스나 데메테르와 관계를 갖기도 한다. 이들의 억압하지 않는 본능과 쾌락을 목격하며 사회적이고 도덕적인 나에서 해방되어 집단무의식으로의 여행이 가능해진다.

다 섯 째, 심볼론 카드는 외견상 심리학적 체계와 함께 점성학적 체계를 두 축으로 하고 있다. 하지만 이 카드를 실전 타로상담 현장에서 사용할 때 점성술의 전통 기법을 일정 부분 사용하는 것은 운명을 알아맞히기 위해서가 아니라 단순히 통찰을 위해서이다. 점성학적인 부분은 이 책에서 소개하는 정도로 충분하다고 생각한다.

CONTENTS

1
심볼론을
시작하기 전에

심볼론 카드의 이해 ···················· 12
1. 심볼론 카드의 탄생   2. 심볼론 카드의 특징

점성학의 기본 이해 ···················· 19
1. 시작하기 전에   4. 12별자리의 속성
2. 황도대와 12개의 별자리   5. 10행성의 속성
3. 천궁도   6. 위계

점성학에서 차용한 올림포스 12신 ·············· 36

심볼론 카드의 점성학적 구성 ·············· 38
1. 카드 구성   2. 심볼론 카드에서 점성학적 시스템의 한계

심볼론 카드의 이미지 해석법 ·············· 58
1. 이미지 해석법에서 주의할 점   2. 카드 배열법

심볼론 카드의 점성학적 해석법 ·············· 63
1. 기호만 단순하게 이용하기(일반적 사용법)
2. 하우스와 별 이용하기(고급자 사용법)

2
심볼론 카드의
이미지 활용

심볼론 카드의 3장 배열법과 주제 설정 ·············· 78

메이저 카드의 회화적 의미 ·············· 79

달 카드의 회화적 의미 ·············· 91

태양 카드의 회화적 의미 ·············· 102

마이너 카드의 회화적 의미 ·············· 112

실전 사례 ·············· 159

3
심볼론 카드의
점성학적 활용

메이저 카드의 점성학적 의미 ·············· 174

달 카드의 점성학적 의미 ·············· 198

태양 카드의 점성학적 의미 ·············· 204

마이너 카드의 점성학적 의미 ·············· 209

하우스와 행성의 관계적 의미 ·············· 232

실전 사례 ·············· 244

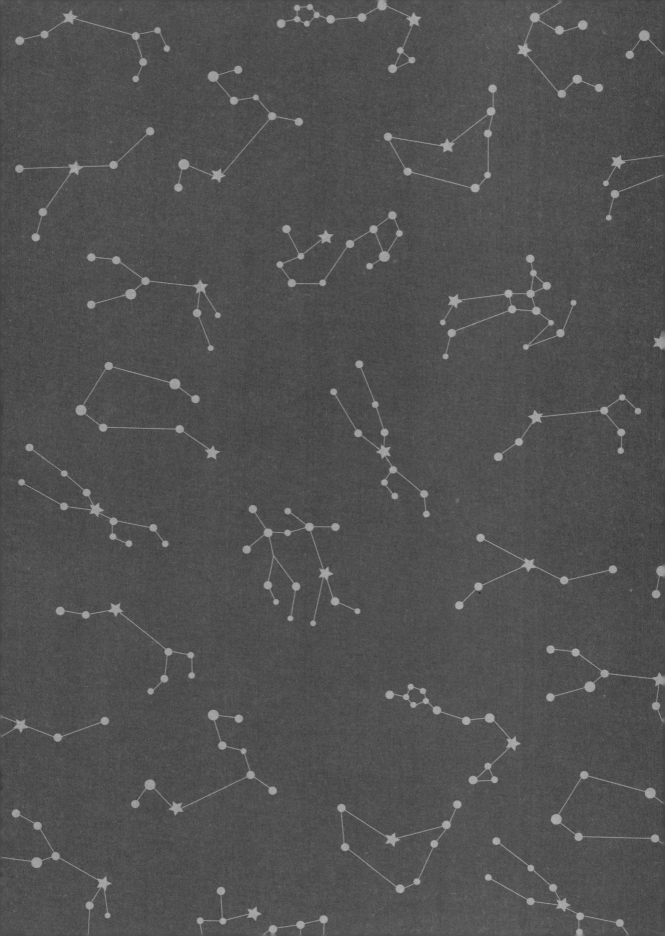

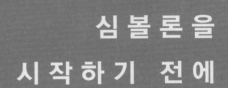

심볼론을
시작하기 전에

심볼론 카드의 이해

점성학의 기본 이해

점성학에서 차용한 올림포스 12신

심볼론 카드의 점성학적 구성

심볼론 카드의 이미지 해석법

심볼론 카드의 점성학적 해석법

1. 심볼론 카드의 탄생

심볼론(Symbolon) 카드는 비교적 최근에 등장한 타로카드이다. 이 카드의 기획자는 독일의 심리학자이자 점성학자인 피터 오번(Peter Orban)과, 동화작가이자 점성학자인 잉그리드 지넬(Ingrid Zinnel)이다. 이들은 1983년부터 심볼론 테라피를 함께 작업해왔는데, 1993년 일러스트레이터 테아 웰러(Thea Weller)가 참여하여 하나의 타로카드로 완성한 것이 바로 심볼론 카드이다. 피터 오번과 잉그리드 지넬은 현재까지도 점성학을 이용한 인간 내면 탐구와 가족 세우기 작업을 왕성하게 진행하고 있다.

심볼론(Symbolon)은 '상징(symbol)'의 어원으로, '서로 맞추어보다' 또는 '일치시키다'라는 뜻의 그리스어 동사 '심발레인(Symballein)'에서 유래하였다. 다시 말해 심볼론은 어떤 물건을 둘로 쪼갠 다음, 각각의 소유자가 서로의 조각을 합쳐서 신원을 확인하는 증표나 표식이다. 그리스도교에서 'Symbolon'은 신념이나 신조의 뜻을 지닌 '크레도(Credo)'와 동의어로 사용된다. 따라서 심볼론은 어떤 '약속에 대한 믿음'을 나타내는데, 이 약속 안에는 믿음 또는 일치라는 의미가 들어 있다.

심볼론과 관련된 재미있는 에피소드를 소개한다. 고대 그리스에서는 나그네가 한 집에 머물며 후한 대접을 받고 주인과 헤어질 때, 접시나 은화 또는 거울을 반으로 나눠 한쪽은 자신이 갖고 다른 한쪽은 주인에게 주어 간직하는 풍습이 있었다. 나중에 주인(또는 그의 자손)이 나그네(또는 나그네의 자손)를 찾아오면 두 조각을 맞춰보고 은혜를 갚을 수 있게 하기 위해서였다. 중국에도 '깨진 거울'을 뜻하는 파경(破鏡)과 관련된 설화가 있다. 중국 남진의 서덕언이라는 사람이 수나라가 쳐들어오자 전장으로 나가면서 아내에게 거울을 조각내어 반쪽을 주고 훗날을 기약했다고 한다. 하지만 아내가 전쟁의 노예가 되었다는 소식에 서덕언이 식음을 전폐하자, 수나라 장수 양소는 그 갸륵한 마음에 탄복하여 아내를 풀어주었다고 한다.

2. 심볼론 카드의 특징

유니버설 웨이트 덱이 타로카드의 베이직이라면, 심볼론 카드는 새롭게 주목받고 있는 타로카드로서 현대인의 복잡한 심리 파악에 탁월하다. 전체 78장으로 이루어져 있으며,

개별 카드 하나하나는 수많은 인간 성격(또는 인격) 유형 중 하나를 묘사하고 있다.

1) 기억과 페르소나

심볼론 카드의 기획자는 과거의 기억을 현재로 소환하는 이 타로카드를 '기억의 게임'이라고 말한다. 몇 년 혹은 수십 년 동안 밖으로 드러나지 못한 채 한 사람의 내면 깊숙이 숨겨진 기억과 무의식을 표면으로 떠올려 읽어낼 수 있게 해주는 도구가 바로 심볼론 카드라는 것이다. 그리고 헝가리의 언론인이자 시나리오 작가인 마리아 스제페스(Maria Szepes)의 말을 인용하면서, 우리를 거칠게 추격하며 엄청난 두려움과 충격을 안기는 수색견들에게 의존하지 않고 우리가 버린 물건을 우리의 삶에 성공적으로 되가져오기 위한 도구로 이 카드를 개발했다고 설명한다. 쉽게 말해서, 우리의 무의식에 버려진 카르마를 인식하기 위한 도구가 바로 심볼론 카드라는 의미이다.

카르마는 불교용어로 흔히 업보라고 한다. 전생에서 선을 행했는지 악을 행했는지에 따라 현생에서 인과응보를 받는 것이 업보이다. 여기서 기억을 카르마에 비유한 이유는 우리 무의식 속에 있는 자기(self) 또는 그림자(shadow)에 대해 말하기 위해서이다. 자기는 우리 마음 한가운데에 존재하는 정신의 중심으로서 밝음과 어두움의 양면성(대극성)을 지닌다. 그림자는 숨기고 싶은 저급하고 열등하며 부정적인 의식이다. 심볼론 기획자는 카르마를 통해 우리 마음 속에 존재하는 선과 악, 긍정과 부정 중에서 어느 한 가지만 취할 수 없다는 사실을 상기시키고 있다. 그림자 역시 마주하기 싫다고 해도 부정할 수 없기는 마찬가지이다.

> "카르마(karma)의 수색견은 우리의 발꿈치 뒤를 바짝 뒤쫓는다. 그들은 우리가 한번 버린 물건을 되찾아온다. 우리가 아무리 도망가려고 애써도 그들이 우리가 버린 그 물건을 도로 우리 발 앞에 물어다 놓는 것은 시간문제이다."
> — 마리아 스제페스(Maria Szepes)

이처럼 우리의 내면에는 사회적인 인격을 이루는 다양한 의식, 즉 우등의식이나 열등의식이 존재하고, 이 다양한 의식들이 모여서 우리의 외면의 인격이나 성격 또는 우리의 사회적 캐릭터를 형성한다. (물론 그 성격은 절대적이지 않으며 잠재적으로 변화 가능성이 있다.) 이러한 다양한 의식 중에서 특히 아팠던 기억, 창피했던 기억, 숨기고 싶은 기억, 끔 찍한 기억 등은 열등의식으로, 일상에서 시행착오를 겪게 되거나, 갈 길을 못 찾고 방황 하게 되거나, 깊은 후회를 남긴다. 이 기억들은 의식의 영역에서는 잊혀지지만, 무의식의 영역에서는 사라지지 않고 저장된다. 우리는 그림자나 콤플렉스들을 온전히 내 것으로 인정하기 힘들기 때문에 그 기억들을 잊거나 잊으려 애쓴다. 그 기억들은 내면의 다양한 의식들과 서로 교류하지 못하고 가치 형성을 위한 판단의 기회를 상실한 채 어둠 속에 웅 크리고 있다가, 방어의 메커니즘으로 가면을 쓰고 외면의 인격에 반영된다. 그것을 우리 는 페르소나(persona)라고 부른다.

페르소나는 본래 라틴어로 연극에서 배우들이 쓰던 가면을 뜻했다. 분석심리학의 창 시자인 칼 융(Carl G. Jung)에 따르면, 페르소나는 사회가 요구하는 인간형으로서 자신의 이미지를 각인시키기 위해 자기 본성과는 다른 가면을 쓰는 것이다. 페르소나는 사회관 계, 가족관계, 직장관계 등 무수히 많은 유형이 존재하며, 어릴 때부터 학습으로 형성되 고 강화된다. 타인의 요구에 의해 만들어진 페르소나는 사회생활을 원만하게 만든다. 하 지만 페르소나를 자신의 본성과 동일시해서는 안 된다. 자신의 본모습에 대한 억압은 신 체적, 정신적 질병을 동반하기도 한다. 사회적 관계를 맺는 한 우리는 영원히 페르소나 를 벗을 수 없지만, 가장 건강한 상태는 자기(self)와 페르소나 사이의 균형 잡힌 긴장관 계이다.

심볼론 카드의 발상은 간단하다. 각자 원하는 이상형이 있지만 아직 그 이상형에 도 달하지 못했으며, 우리 모두는 정신(무의식)과 의식에서 서로 분리된 다양한 가면(페르 소나)을 쓰고 살아간다는 것이다. 예를 들어, 무의식은 "훔쳐!"라고 명령하고, 의식은 "안 돼!"라고 명령한다. 따라서 우리의 정신인 무의식 영역의 자기와 자아는 분리될 수밖에 없다. 다시 말해, 우리는 우리가 원하는 완벽한 사람이 될 수 없다는 의미이다. 왜냐하면, 우리의 무의식적 정신개념인 자기(self)가 대극성을 지니고 있어서 어느 한쪽을 억압할 순 있어도 완전히 제거할 수는 없기 때문이다. 도덕적인 삶을 추구할수록 비도덕적인 인 격은 더욱 압력이 커진다.

우리가 일상에서 쓰고 있는 가면들은 심볼론 카드에 드러난 '내면의 페르소나'에게

지배받고 있다고 볼 수 있다. 한 장의 심볼론 카드는 하나의 주제에 대해 자신의 성격과 동기, 에너지와 활동 영역을 가진 내면의 페르소나를 나타낸다. 따라서 78장의 심볼론 카드는 78개의 주제를 가진 내면의 페르소나이다. 78장의 카드 모두가 '나'라고 할 수 있다. 이 내면의 페르소나 대부분은 우리에게 알려지지 않았다. 그들은 우리 내면에 깊숙한 어둠을 만들고, 아무런 법칙이나 이유 없이 우리 삶을 마음대로 변형시킨다. 간단히 말해서, 심볼론 카드는 당신이 익숙해지기를 원하는 사람들과 당신에게 익숙해지기를 원하는 사람들을 위해, 현재 우리 자신을 지배하는 내면의 페르소나와 그것들의 행동과 동기를 설명한다. 특히 열등한 의식의 페로소나는 문제의 원인이 되며, 어떤 문제의 해결방법으로 제시되는 경우에는 열등한 의식인 페르소나를 좀 더 긍정적으로 강화(수용·통찰·화해)시켜야 한다.

흥미롭게도 내면의 페르소나의 일부는 이미 심리학의 다양한 분야에서 묘사되었다. 예를 들어, 4번 어머니(The Mother) 카드는 '당신 안의 어린아이'이고, 6번 봉사자(The Servitor) 카드는 '내가 꼭 무엇을 해야 한다'고 말하며, 13번 반항(Defiance) 카드는 '당신이 하는 것이 바로 반항'임을 보여준다. 다른 페르소나들은 심리학과 연관되어 설명되기보다는 신화나 동화 형태로 설명되고 있는데, 41번 골칫덩이(The Spiteful Troublemaker) 카드와, 38번 흡혈귀(The Vampire) 카드가 그렇다. 그럼에도 불구하고, 이러한 내면의 페르소나들은 여전히 우리 영혼과 함께 살아가고 있다.

2) 심볼론 카드의 상징성

78장의 심볼론 카드는 우리가 가진 78개의 상처이자 78개의 잠재적 가면(페르소나)이다. 이 78장의 정서적인 가면들을 만들어내는 다양한 원형의 이미지는 그리스 신화와 동화로 채워져 있고, 점성학의 10개의 별(행성)과 12개의 별자리의 속성이 그 이미지의 행동과 동기 그리고 활동범위를 범주화하여 페르소나의 주제를 설정한다. 특히 별과 별자리의 조합은 내담자의 질문이나 상담자의 직관에 따라 양극성의 인격을 만들어내는데, 때로는 열등한 인격으로 제시되기도 하고, 때로는 우등한 인격으로 제시되기도 한다. 심볼론이 심리 상황을 파악하는 데 탁월한 이유가 여기에 있다.

심볼론 카드에 상징성을 더하는 또다른 요소는 원형 또는 아키타입(archetype)이다. 원형은 칼 융의 분석심리학에서 중심적인 개념으로서 인류가 진화과정을 통해 축적해온 모든 잠재적 기억의 흔적이다. 정상인의 꿈, 신화, 민속, 예술, 민담, 공상 등을 비롯하여 비정상인의 망각이나 환상 등에서 보여지는 출생, 죽음, 재생, 권력, 영웅, 마법, 사기꾼, 어린이, 신, 악마, 어머니, 늙은 현자, 대지, 거인, 나무, 태양, 달, 바위 등이 바로 원형이다. 이들 원형은 시대와 문화권을 초월해 개인이나 다양한 종족이 공통적으로 사용하는 선험적인 이미지와 심상들로서 상징을 통해 표현된다.

서양의 전통 타로카드에는 무수한 상징의 의미들이 숨겨져 있고, 그 상징들은 서양의 정신문화뿐만 아니라 인류 공통의 정신적 원형들을 드러내고 있다. 그 중에서도 특히 타로카드의 그림이나 점성학 체계의 상징 속에서 드러나는 그리스 신화의 다양한 신들과 그들과 관련된 에피소드는 심볼론 카드에서 드러나는 상징의 원천이라고 할 수 있다.

3) 심볼론 카드의 목적

심볼론 카드의 목적은 미래를 예측하거나 현실화하려는 예언이나 점의 역할에 있지 않고, 내면의 페르소나에 귀 기울이는 데 있다. 즉, 내담자의 수용과 통찰 그리고 화해에 목적을 두고 있다. (물론 타로상담 현장에서는 현실의 길흉에 대한 질문들을 다루되, 되도록 내면의 페르소나에 초점을 맞추려 노력한다.)

누구나 사회생활을 하다보면 순간순간 자신의 가면이 벗겨져서 상대에게 실망감을 주거나 스스로 심각한 불안감에 휩싸이기도 한다. 이를 해결하기 위해서는 그 가면이나 불안의 원인이 되는 내면의 페르소나, 즉 열등의식을 직면하고 그것을 수용하고 화해해야 한다. 그러기 위해서는 과거의 기억을 현재로 온전히 끌어와야 한다. 기억을 소환하는 이유는 나 자신의 본성과 조우하기 위해서이다. 그 본성과 하나하나 맞닥뜨렸을 때, 상처받고 왜곡되고 비틀린 나의 상처들을 확인하게 될 것이다. 심리적인 접근을 선호하는 사람들에게 이 카드의 이미지에 내재된 힘이 무의식을 의식화하는 데 도움이 된다.

심볼론 카드는 '좋다' 또는 '나쁘다'라는 대답을 들려주기 위한 카드가 아니다. 예를 들면, "내가 돈을 많이 벌 수 있을까요?"가 아니라 "나는 왜 돈을 많이 벌고 싶을까요?"

라는 질문을 통해 많든 적든 돈을 벌고자 하는 이유(원인)를 알게 되었을 때, 비로소 무작 정 돈을 많이 벌어야 한다는 불안감에서 벗어나 근본적인 마음의 평화를 찾을 수 있다.

또다른 예로, "나는 왜 남편이 자기계발을 하지 않고 빈둥거리면 화가 날까요?" 같은 질문을 들 수 있다. 여기에 어울리는 답은 '좋다' 아니면 '나쁘다'가 아니다. 가령, "당신 의 친정아버지가 퇴근 후에 항상 노름을 했기 때문인 것 같네요. 당신은 남편에게 친정아 버지를 투사하고 있어요. 남편에 대한 불안은 오히려 당신 자신에게 있는 것 같아요" 같 은 대답을 주기 위한 카드이다. 이렇게 내담자가 불안해하는 원인을 찾아주고 통찰을 통 해 불안을 해소해주기 때문에 일종의 테라피(치료) 역할을 한다.

4) 페르소나의 의식화와 수용

앞에서도 말했지만 심볼론 카드의 목적은 단지 내면의 페르소나를 의식화하는 것이 아니 라 수용하거나 화해하는 데 있다. 여기서 '내면의 페르소나'는 의식과 무의식 차원을 포 함한 자신의 인격으로, 우등의식보다 열등의식에 초점을 두고 있다. 그래서 그림자나 콤 플렉스처럼 밖으로 드러나는 것이 거북한 의식들도 포함된다고 할 수 있다.

그렇다면 이 페르소나를 어떻게 의식화할 수 있을까? 답부터 말하면 기억하는 것, 즉 기억을 이끌어내는 것이다. 예를 들어, 어떤 내담자가 "예쁜 배우자를 만나고 싶어요"라 고 말했다고 가정하자. 상담자가 "당신의 배우자는 왜 예뻐야 합니까?"라고 물었는데, 내 담자가 다시 "그냥 좋으니까요" 내지는 "누구나 다 그렇지 않나요?"라는 식으로 이유를 단순화시켜버릴 수도 있다. 만약 내담자가 그런 정도로 자신의 '예쁜 배우자'를 인식하고 만다면 그런 생각은 바뀌지 않고 계속될 확률이 크다. 하지만 그가 스스로 '왜 예쁜 배우 자를 만나고 싶을까?'라는 문제의식을 갖고 진지하게 고민해본다면, 아마도 그는 과거의 기억을 통해 그 답을 찾아낼 수 있을지도 모른다.

그런데, 우리는 보통 자신이 싫어하는 것에는 아예 관심을 갖지 않거나 관심이 무딜 수가 있다. 그래서 예쁜 여자를 만나고 싶다고 바라게 만든 사건을 두 번 다시 떠올리기 싫어서 깊은 기억의 저장고에 집어넣고 자물쇠를 채워버렸거나, 자신도 모르는 해리(심 리적인 방어기제의 하나로 의식이 몸을 떠나는 것을 말한다) 증상으로 그 사건을 완전히 잊어버렸을 수도 있다. 그러니 왜 멀쩡한 남자가 맹목적으로 예쁜 여자만 찾다가 나이들도록 결혼도 못하고 사는지에 대해 자신도, 남들도 이해할 수 없는 것이다. 심볼론 카드는 그에게 우연히 주어진 하나의 상징이다. 그 상징 속에는 그가 좋든 싫든 생각하고 싶든 아니든, 기억을 떠올리게 만드는 단서가 있을 것이다. 직접적이든 간접적이든 말이다. 그 것은 카드의 그림에 있을 수도 있고, 점성학 기호에 있을 수도 있다. 이와 같은 원리로 심볼론 카드는 '기억의 단서'로서 페르소나를 의식화한다.

그 다음 작업은 그 페르소나를 '수용'하거나 '화해'하는 것이다. 문제의 원인을 의식화했다면, 내담자는 그것을 자신의 일부분으로 보고 수용하면 된다. 수용의 방법은 여러 가지가 있을 수 있는데, 상처받았다고 생각하면 그럴 수밖에 없었던 상대를 이해해주거나 용서하면 된다. 오히려 자신의 잘못이 원인이라면 그럴 수밖에 없었던 원인을 찾고 자신을 이해해주거나 용서하면 된다.

그렇다면 여기서 상담자의 역할은 무엇일까? 문제해결방법으로 나온 카드의 의미를 조언해주면 된다. 물론 우연적인 해결책이겠지만, 심볼론 카드의 탄생배경 자체가 숙명적으로 무의식을 다루는 것이기 때문에, 카드의 의미에 대해 논리적 규칙을 따지는 것 자체가 허용되지 않는다. 다만 경험 많은 상담자나 심리학을 전공한 상담자라면 카드는 도구일 것이고, 내담자의 기억의 분석과 해결에 중점을 둘 것이다. 이 경우에도 문제해결방법으로 나온 심볼론 카드의 주제는 지속적으로 존중된다.

1. 시작하기 전에

상담을 하다보면 "점성술을 믿나요?" 내지는 "사주나 타로가 얼마나 맞아요?"라고 묻는 내담자나 이 분야에서 공부하는 수강생들을 종종 만날 수 있다. 답부터 미리 하면, 점성술이나 사주나 타로는 완벽한 결정론을 말하거나 신실한 믿음을 필요로 하는 종교가 아니다. 동서양을 막론하고 고대 선인들은 자연과 인간을 둘로 나누어 보지 않았다. 서양의 오랜 신비주의적 전통인 오컬트에는 '위와 같이 아래도 그러하다(As above, so below)'라는 명제가 있는데, 이는 대우주와 소우주의 유비(類比) 관계를 말한다. 오컬트 전통을 잇는 뉴에이지에 따르면, 이 명제는 헤르메스 트리스메기스투스라는 사람이 오컬트 문화에서 최고의 마법 문서로 통하는 에메랄드 판에 비밀스러운 문자로 새겼다고 한다. 그리스의 헤르메스와 이집트의 트리스메기투스라는 신의 합성어인 '헤르메스 트리스메기스투스'는 지혜를 상징한다.

대우주와 소우주의 유비관계는 프랙탈(fractal) 이론과도 맞닿아 있다. 프랙탈 이론을 잘 보여주는 것이 시에르핀스키 삼각형(Sierpiński triangle)으로, 무한반복하는 자기유사성을 갖는 기하학적인 구조이다.

시에르핀스키 삼각형

큰 삼각형을 대우주라고 하면 작은 삼각형이 바로 소우주인 인간이다. 하지만 인간의 피부조직을 통해 세포라는 작은 영역으로 들어가면 또다시 작은 삼각형이라고 할 수 있는 우주의 원리(큰 삼각형)가 숨어 있다. 보통 해안선이나 나무의 가지를 예로 들어 프랙탈 이론을 소개하기도 한다. 대우주와 소우주의 관계는 점성학이 맞다 틀리다 또는 믿고 안 믿고의 문제가 아니라 자기유사성의 원리를 통해 대우주를 기준으로 삼아 소우주를 분석하는 것이다. 인간의 운명과 우주의 관계를 프랙탈로 설명하면, 우리가 자연의 큰 그림을 통해 개개의 작은 그림을 이해하듯, 우리의 작은 의식(consciousness)은 큰 그림을 인식함으로써 점점 더 섬세하고 복잡한 진화과정을 겪게 된다. 다시 말해 프랙탈은 비유를 통해 우주의 원리에 접근하는 것으로, 우리가 대우주를 바라봄으로써 개개인의 소우주, 즉 운명을 이해하는 것이다.

동양의 최초의학 서적인 한나라의 『황제내경(黃帝內經)』은 인간의 육체를 소우주라 여겼다. 인체의 기관을 모두 우주의 원리와 대응시켜 음양오행의 원리를 적용한다. 따라서 한의학의 근본 치료법은 대우주가 조화와 균형으로 운행되듯 소우주인 인체 역시 오행의 상호균형에 있다. 대우주와 소우주를 하나의 유기체로 인식한 그 발상은 질병을 치료하는 데 매우 큰 공헌을 했다. 이 역시도 프랙탈 이론의 관점으로 이해해 볼 수 있다.

점성술은 고대에 왕, 귀족, 사제 같은 특권계층의 전유물이었던 제왕학으로 불렸다. 르네상스 이후에 신보다 인간 주체에 대한 관심이 강해지면서 개인의 운명을 점치는 점성술이 발달했지만, 17세기 합리주의를 내세운 계몽주의가 득세하면서 지식인들의 비판과 조롱의 대상으로 전락하였다. 따라서 17세기 이후부터 정통점성술은 조금씩 변화가 생기기 시작했고, 18세기 말에 이르러 천왕성, 해왕성, 명왕성, 소행성들이 발견되고 심리학이 부흥하면서 점성학 체계에 심리가 가미된 현대심리점성학이 출현하게 되었다. 심볼론 카드 역시 이 현대심리점성학 차원이다. 이후 20세기에 들어서면서 개인과 사회의 문제를 다루는 사회과학 연구가 활발해지면서 점술, 점성술, 심령술, 오컬트 등이 다시 주목받게 되었고, 심리학이 각광받으면서 초심리학 등이 다시 주목받게 되었다. 최근 제도권 심리학에서 많이 하는 각종 성격검사와, 성격검사의 대표격으로 사람의 성격을 16가지 유형으로 나누는 MBTI(마이어스 브릭스 유형지표, Myers-Briggs Type Indicator) 역시 점성술을 기원으로 한다.

심볼론 카드는 한 개인의 '운명'이 아니라 '내면'에 초점을 맞추고 있다. 이 점을 잘

모르는 점성학자는 심볼론 카드가 점성술 차원에서 매우 조악한 점성술 시스템을 갖고 있어서 논할 가치도 없다고 폄하한다. 심지어 엉터리 점성술 카드라고 말하기도 한다. 다시 말하지만 이 카드는 점성술 카드가 아니다. 이 카드를 실전 타로상담 현장에서 사용할 때 점성술의 전통기법을 일정 부분 사용하는 것은 운명을 알아맞히기 위해서가 아니라 단순히 통찰을 위해서이다. 그 어떤 점술이든 점성술이든 사주든 알아맞히자는 입장에서 접근하면, 누구도 자기 목숨을 내놓고 자신의 학문을 장담할 수 없을 것이다. 고대의 동양에서도 전쟁을 위해 주역점을 친 책사나 점술가가 점을 친 뒤에 야반도주했다는 이야기가 여럿 전해오는 것을 봐도, 미래예측에 대한 '가능성'의 차원이지 '장담' 차원은 아님을 알 수 있다. 하지만 통찰의 관점이라면 그 어떤 점사도 우리에게는 보석이 될 수 있다는 걸 누구나 공감할 것이다. 이 카드는 공감을 넘어서 우리에게 내면의 페르소나를 인식하길 바라는 것은 물론, 노력을 통해 문제가 되는 의식을 적극적으로 바꿔 나가라고 주문한다. 이런 관점에서 12별자리와 10행성의 기호가 가진 점성술의 속성은 우리에게 대우주와 소우주가 서로를 향해 비춰주는 거울과도 같다고 말할 수 있다.

2. 황도대와 12개의 별자리

태양을 중심으로 공전하는 행성(별)의 궤도를 황도(Eclipse)라고 한다. 이 황도의 중심점을 기준으로 하는 상하 8° 총 16° 폭의 띠를 황도대(Zodiac)라고 한다.

황도대 안에는 태양, 달, 행성들이 운행하며, 우주의 수많은 별자리들 중에서 12개의 별자리가 들어오는데, 현대심리점성학에서는 이 12개의 별자리와 태양계의 10개의 별을 중심으로 점성학의 체계를 세웠다.

    다음 그림은 360°의 황도대를 30°씩 나누어 12별자리의 기간을 표시한 것이다. 여기서 한 가지 알아야 할 것이 있다. 많은 사람들이 양력생일로 별자리를 보고 자신이 태어난 순간 하늘에 그 별자리가 떠 있었을 거라고 생각한다. 예를 들어 양자리 기간인 3월 21일~4월 21일에 태어났다면, 이 기간에 하늘에서 양자리를 볼 수 있다는 것이다. 하지만 실제로는 태어난 순간 태양이 양자리에 존재하는 것으로, 지구 – 태양 – 양자리가 일직선 상에 놓여 있게 된다. 양자리 기간에 태어난 사람은 양자리가 A 공간을 지날 때 태어난 것이 아니라 반대쪽인 B 공간을 지날 때 태어났다고 보면 된다. 즉, A는 양자리의 상징적인 기간일 뿐이다. 참고로 밤하늘에 떠 있는 양자리를 볼 수 있는 계절은 봄이 아닌 가을과 초겨울 사이인 9월 23일~11월 21일이다.

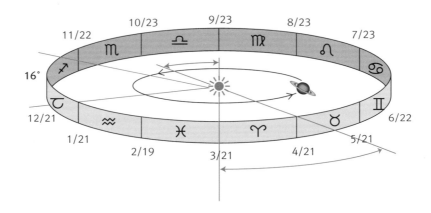

3. 천궁도

천궁도(horoscope)는 한 사람이 태어나는 순간, 10개의 행성과 12개의 별자리, 그리고 기준선(지평선과 수평선이 맞닿은 선)을 표현한 도표이다. 고대인들은 지구가 도는 게 아니라 태양이 지구를 돈다고 믿었기 때문에 다음 그림처럼 사람을 중심으로 12별자리가 지구를 공전하고 있다고 생각했다. 물론 이 12별자리 안쪽으로는 9개 행성이 지구를 돈다고 믿었다. 다시 말해, 지구를 중심으로 천체의 움직임을 관찰하기 때문에 지동설이 아니라 천동설의 관점이다.

　　과학의 발달로 천동설이 오류라는 게 밝혀졌지만, 천궁도는 전통적인 천동설의 관점으로 그린다. 그렇다고 해서 각도와 숫자로 표현되는 황도대의 모든 별자리와 행성의 값

이 달라지는 것은 아니다. 단지 고정된 지구를 중심으로 보는 관점만 다를 뿐이다. 비유하면, 차 안에서 바깥을 보면 풍경이 지나가지만, 차 밖에서 차를 보면 차가 지나가는 것으로 보이는 차이일 뿐이다. 차의 속도나 지나간 길은 그대로이다.

다음은 천궁도에 표시되는 용어이다.

- Asc(AC) : 어센던트(Ascendant). 상승점으로 동쪽.
- Des(DC) : 디센던트(Descendant). 하강점으로 서쪽.
- MC : 메디움 코엘리(Medium Coeli). 남중점.
- IC : 이뮴 코엘리(Imum Coeli). 북중점.

아래 그림에서 지구가 동에서 서로 움직이므로 별자리와 태양은 서에서 동으로 움직인다. 하지만 행성들은 지구와 같은 방향으로 회전한다.

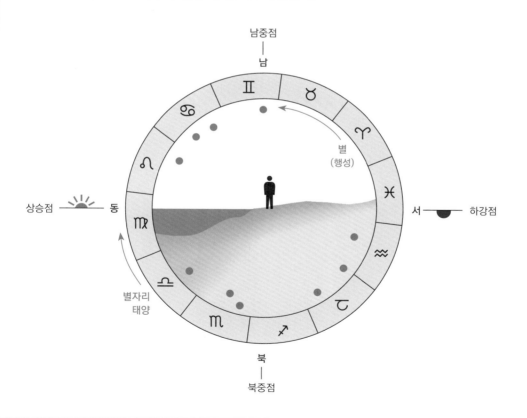

1) 12별자리와 10행성

심볼론 카드는 점성술을 목적으로 하는 카드가 아니지만, 12별자리와 10행성을 차용해서 쓰고 있는 만큼 별자리와 행성에 대해서는 알아두는 것이 좋다.

• 12별자리의 구성과 상징

기호	별자리	기호의 상징	기호	별자리	기호의 상징
♈	양자리 (Aries)	양의 머리	♎	천칭자리 (Libra)	저울
♉	황소자리 (Taurus)	암소의 머리	♏	전갈자리 (Scorpio)	전갈의 꼬리
♊	쌍둥이자리 (Gemini)	숫자 2	♐	사수자리 (Sagittarius)	활과 화살
♋	게자리 (Cancer)	여성의 젖가슴	♑	염소자리 (Capricorn)	뿔 달린 염소
♌	사자자리 (Leo)	사자의 꼬리	♒	물병자리 (Aquarius)	물결
♍	처녀자리 (Virgo)	날개 달린 여신	♓	물고기자리 (Pisces)	끈으로 이어진 물고기 2마리

• 10행성의 구성과 상징

기호	행성	기호의 상징	기호	행성	기호의 상징
☉	태양 (Sun)	태양	♃	목성 (Jupiter)	제우스의 번개 또는 독수리
☽	달 (Moon)	상현달	♄	토성 (Saturn)	크로노스의 낫
☿	수성 (Mercury)	헤르메스의 모자와 지팡이	♅	천왕성 (Uranus)	태양과 화성의 창
♀	금성 (Venus)	아프로디테의 손거울	♆	해왕성 (Neptune)	포세이돈의 삼지창
♂	화성 (Mars)	아레스의 창과 방패	♇	명왕성 (Pluto)	얼음에 덮인 대지

2) 12별자리와 10행성의 대응관계

천왕성, 해왕성, 명왕성이 발견되지 않았던 18세기 이전의 고전점성학에서는 전통적으로 태양계의 7개 행성(별)과 12개 별자리를 짝지어서 별자리와 행성간의 상호관계적 의미를 구축하였다. 아래 그림이 그 당시 별과 별자리의 관계성을 나타내는 규칙이다. 그림에서 보다시피 달과 태양을 제외하고는 별 하나에 별자리를 2개씩 대응시키고 있다. 지금도 고전점성학을 사용하는 사람들은 이 대응 시스템을 사용한다.

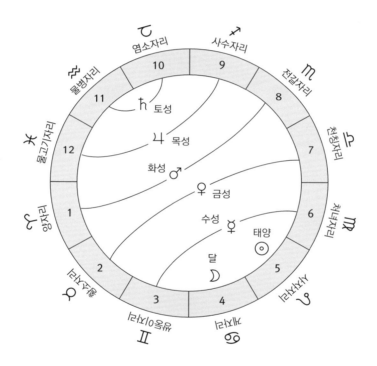

고전점성학 대응표

그러다가 천왕성, 해왕성, 명왕성이 발견된 18세기 이후 현대심리점성학에서는 10개 별과 12개 별자리를 새롭게 대응시켰다. 아래 그림은 현대심리점성학의 규칙을 보여주는데, 천왕성, 해왕성, 명왕성(현재는 태양계에서 퇴출되었지만 전문가들 사이에서는 재가입 여론이 있다)이 들어와 있고, 화성, 목성, 토성은 1개씩의 별자리만 대응된다. 따라서 현대심리점성학에서는 수성과 금성만이 여전히 2개의 별자리와 대응되는데, 별자리와 대응된 이 별을 해당 별자리를 지배한다는 의미에서 지배성 혹은 룰러(ruler)라고 부른다. 금성은 황소자리와 천칭자리의 룰러이고, 수성은 쌍둥이자리와 처녀자리의 룰러이다. 고전점성학과 현대심리점성학과 일부 차이가 있지만, 이러한 대응관계는 점성술의 오래된 전통이다.

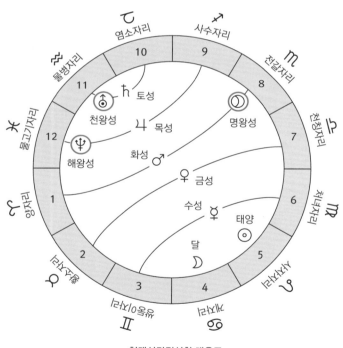

현대심리점성학 대응표

3) 천궁도에서 하우스의 개념

천궁도에서 한 사람이 태어난 순간 상승점(지평선과 수평선이 맞닿는 지점)을 기준으로 나눈 12개의 집을 12하우스(house)라고 한다. 360°를 12등분하므로 각각의 하우스는 30°씩이다. 12하우스는 제각각 삶과 관련된 주제가 하나씩 설정되어 있다. 1하우스는 자신의 성격을 드러내며, 2하우스는 금전과 관련된 성향을 드러낸다. 이런 식으로 마지막 12하우스의 장애와 불행의 성향까지 이어진다.

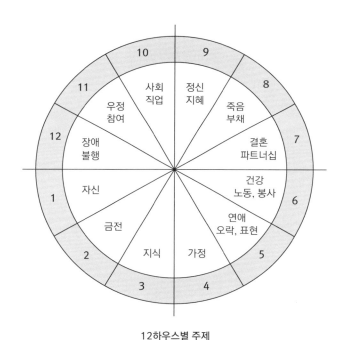

12하우스별 주제

4) 천궁도에서 별자리 · 지배성 · 하우스의 상관관계

전체 하우스는 360°이고 이것을 12등분했기 때문에 하나의 하우스는 30°씩이다. 하루가 24시간이므로 하우스는 2시간 간격이다. 하우스는 끊임없이 회전하고, 그 속에는 별(행성)들이 회전하고 있다.

　만약 어떤 아이가 새벽 2시 정각에 태어나는 순간 상승점에 사자자리가 올라오고 있었다면, 그 아이는 사자자리의 성향을 갖게 된다. 물론 이는 '남들이 보는 관점'의 사자자리의 성격으로 부분적 성향일 뿐이다. 제대로 성격을 규정하려면 그 시각 태양과 달, 그리고 나머지 별들의 위치도 종합적으로 고려해야 한다. 만약 아이가 태어나는 순간 재물 또는 금전을 나타내는 2하우스에 처녀자리가 있었다면, 이 아이는 재물과 관련하여 처녀자리의 성향과 밀접한 관계를 지닌다. 예를 들자면, 돈을 버는 데 매우 인내심이 있고 분석적이며 안정적인 수입을 원할 수 있다. 물론 이 경우도 그 시각 나머지 행성들의 위치도 종합적으로 고려해야 한다. 점성학은 별자리와 행성간의 거리와 각도 등 매우 복잡한 계산이 필요한 만큼 여기서 다 설명할 수도 없고, 애초에 심볼론 카드는 이러한 점성술 이론을 활용하지도 않는다. 다만 별자리와 별 그리고 12별자리의 성향이 어떻게 형성되는지 일러두고 싶었을 따름이다.

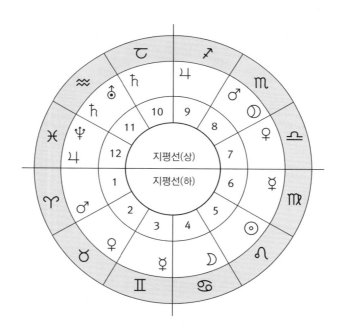

5) 하우스와 해당 건강부위

각 하우스에 할당된 별자리는 저마다 고정된 질병 부위를 나타낸다. 예를 들어, 양자리가 머리라면 마지막 하우스인 물고기자리는 발을 나타낸다. 점성학에서 질병의 상태는 별과 별자리의 관계에서 찾는다. 만약 황소자리에 달이 있고 그 달과 토성이 180°(어포지션)를 이루면 목(황소자리) 또는 갑상선이나 호르몬계통(달)의 질병이 발생할 수도 있다. 이는 점성술에서 사용하는 방법이다. 심볼론에서는 질병을 다루지 않지만, 별자리나 별의 건강관계를 알아두어도 나쁠 것은 없다. 나중에 점성술을 배울 때 기초가 될 수 있다.

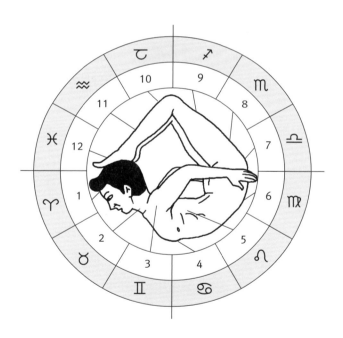

4. 12별자리의 속성

12별자리는 기본적이며 반복적인 성향을 갖는데, 바로 2극성(polarity), 3특질(quadraplicity), 4원소(Triplicity)이다. 다음 표는 2극성, 3특질, 4원소를 한눈에 파악할 수 있게 정리한 것이다.

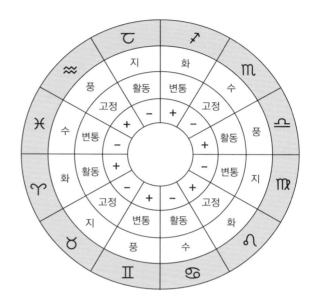

2극성은 가장 큰 분류로서 양의 속성과 음의 속성에 관한 구별이다. 동양에서도 '한 번 음하고 한 번 양한 것'은 노자(老子)의 도(道)의 속성이기도 하다. 이는 한 번 낮이고 한 번 밤인 지구의 자전을 원리로 삼았다고 할 수 있다. 낮은 밝고 뜨겁고, 밤은 어둡고 차다.

3특질은 지구의 공전을 원리로 삼았다고 할 수 있다. 봄, 여름, 가을, 겨울의 사계절은 계절마다 3달씩 할당된다. 3달을 한 계절로 놓고 인생에 비유하면, 첫 달은 계절의 시작이므로 초년기와 같고, 두 번째 달은 계절의 중심이니 중년기와 같고, 마지막 달은 계절의 끝이니 노년기와 같다고 할 수 있다.

4특질은 지구를 구성하는 네 가지 물질인 물[水], 불[火], 공기[風], 흙[地]이다. 고대 그리스 자연철학자들은 우주생성의 근원을 이 네 가지 물질로 보았는데, 동양의 불교도 이 세상을 지수화풍 네 물질의 가합(假合)으로 정의한다. 서양의 연금술이나 유대교 신비주의 카발라 그리고 동양의 명리학 역시도 우주생성의 기원으로 이 네 가지 원소를 중요한 요소로 다루고 있다. 참고로 명리학에서는 목(木)이라는 생명이 하나 더 추가된다.

이제부터 세 가지 성향을 하나하나 자세히 살펴보자.

1) 2극성의 그룹과 성향

음과 양은 양극성(대극성)으로 가장 단순한 분류이다. 가장 단순한 분류일수록 보편성이 강하다. 또한 보편성이 강할수록 그 성질이 더욱 광범위하고 광의적으로 적용된다. 예를 들어 낮과 밤, 명(明)과 암(暗), 선과 악, 남과 여, 대(大)와 소(小), 고(高)와 저(低) 등 끝없이 분류할 수 있다. 그런데 점성학에서는 아래 표에서 보듯이 음양의 속성을 남녀의 기본 성향에 맞춰놓았는데, 이 바탕에는 보편적인 음양의 속성이 흐르고 있다.

양	양자리, 쌍둥이자리, 사자자리, 천칭자리, 사수자리, 물병자리	남성적·발산적
음	황소자리, 게자리, 처녀자리, 전갈자리, 염소자리, 물고기자리	여성적·수용적

2) 3특질의 그룹과 성향

3특질은 네 계절의 활동궁, 네 계절의 고정궁, 네 계절의 변통궁을 말한다. 각각 인생의 초년기, 중년기, 노년기에 비유할 수 있다. 초년기인 활동궁은 '젊은이'에 비유되므로 마음이 쉽게 달아오르고 급하지만 금방 싫증을 낸다. 다시 말해 아이들은 호기심이 강하지만 지속성이 떨어진다. 고정궁은 인생에서 가장 성숙되고 안정된 시기이다. 어떤 일을 시작할 때 분석적이며 계획적이다. 또한 풍부한 경험을 무기삼아 일을 끝까지 성취하며 책임과 의무를 다한다. 마지막 변통궁은 인생의 노년기답게 경험이 풍부하고 지혜롭기 때문에 안정적으로 일을 시작한다. 하지만 노년은 건강의 변고가 많기 때문에 마무리를 장담하지 못한다.

활동궁	카디널(cardinal) 또는 무버블(movable) 사인	양자리, 게자리, 천칭자리, 염소자리	갑자기 시작―갑자기 마침
고정궁	픽스드(fixed) 또는 케루빅(kerubic) 사인	황소자리, 사자자리, 전갈자리, 물병자리	신중히 시작―끝까지 완성
변통궁	뮤터블(mutable) 사인	쌍둥이자리, 처녀자리, 사수자리, 물고기자리	안정적 지속―뒷심 부족

3) 4원소와 아리스토텔레스의 4기질론

보통 4원소를 가리켜 지수화풍(地水火風)이라고 한다. 하지만 점성학에서는 양자리부터 물고기자리까지 화 − 지 − 풍 − 수를 반복한다. 사실 지수화풍의 4원소설을 가장 먼저 언급한 사람은 엠페도클레스(BC 493년~433년)인데, 그는 4원소의 결합을 통해 세상의 모든 물질이 나오며, 그 어떤 것도 무에서 생겨날 수 없고 또 무로 사라지지도 않는다고 했다. 이후 4원소설은 아리스토텔레스(BC 384년~322년)에게 계승되었는데, 그는 4원소에 온도와 습도라는 새로운 네 가지 조건(뜨거움, 차가움, 건조함, 축축함)이 더해져 세상의 모든 물질이 재조합으로 생겨난다고 믿었다. 특히 4원소는 무게에 따라 그 위치가 정해진다고 보았는데, 불(화) − 공기(풍) − 물(수) − 흙(지) 순이다.

• 4원소

화	콜러릭(Choleric)	양자리, 사자자리, 사수자리	외향적이고 현실적_ 정치, 사업, 운동, 의지, 지배
지	멜란콜릭(Melancholic)	황소자리, 처녀자리, 염소자리	내향적이고 현실적_ 분석, 기획, 조직화, 견고
풍	생귄(Sanguine)	쌍둥이자리, 천칭자리, 물병자리	외향적이고 감성적_ 봉사, 연예, 사교, 지식, 호기심
수	플레그매틱(Phlegmatic)	게자리, 전갈자리, 물고기자리	내향적이고 감성적_ 문학, 종교, 감정, 안정

• 4기질

	뜨거움(Hot)_ 외향, 팽창	차가움(Cold)_ 내향, 수축
건조함(Dry)_ 현실, 분별	화 △ 콜러릭(담즙질)	지 ▽ 멜란콜릭(우울질)
	말쑥한, 화를 잘내는	우울한, 고급스런
축축함(Moist)_ 감성, 공상	풍 ⩞ 생귄(다혈질)	수 ▽ 플레그매틱(점액)
	자신감 있는, 사랑스런, 낙관적인	침착한, 냉정한, 환각적인

※ 표에서 삼각형과 역삼각형은 상승과 하강, 약상승과 약하강 등 연금술에서 네 가지 원소의 밀도(무게)를 수직적 위치로 나타낸 기호이다.

5. 10행성의 속성

1) 성향

주성(晝星)과 야성(夜星)은 낮과 밤을 나타낸다. 예를 들어, 주성은 낮차트에 있어야 자기 역할을 잘하고, 야성은 밤차트에 있어야 마찬가지로 자기 역할을 충분히 수행한다.

길성과 흉성	남성과 여성	주성과 야성
길성_ 목성, 금성, 태양, 달 흉성_ 토성, 화성 중성_ 수성	남성_ 태양, 목성, 토성, 화성 여성_ 금성, 달 중성_ 수성	주성_ 태양, 목성, 토성 야성_ 달, 금성, 화성

2) 아스펙트

아스펙트(Aspects)는 행성과 행성의 각도를 뜻하며, 좌상이라고도 한다. 예를 들어 태양과 달의 아스펙트가 얼마라고 할 때, 이것은 태양과 달의 각도가 몇 도인지를 의미한다.

- 컨정션(conjunction)_ 흉성과의 합은 부정적일 수도 있지만, 융화의 의미처럼 합은 창조적인 에너지를 드러낸다.
- 섹스타일(sextile)_ 길각이다. 서로를 자극하여 열정을 끌어낸다. 발랄하고 강렬하지만 미성숙하게 보이기도 한다.
- 스퀘어(square)_ 어포지션에 비해 좀 덜한 편이지만 흉각이다. 서로에게 비타협적이며 서로에게 장애나 억압이 된다.
- 트라인(trine)_ 대길각이며 서로의 불협화음이나 대결구도를 해소한다. 서로 도우며 변화를 추구한다.
- 어포지션(opposition)_ 흉각이다. 두 행성이 모순되고 대립하는 입장이어서 서로에게 매우 충동적이며 과민반응하며 공격적이다.

행성과 행성간의 아스펙트는 서로 영향을 미친다. 나쁜 각을 이루는 행성이라도 목성과 같은 길성이 트라인하면 불운을 경감시키거나 소멸시킬 수 있다. 마찬가지로 좋은 각을 이루는 행성이라도 토성과 같은 흉성이 어포지션하면(반대에 위치하면) 길운이 나중에 오히려 불운으로 바뀔 수 있다. 이와 같이 아스펙트는 위의 제시된 각도에 부합할수록 더욱 강력해진다.

아스펙트	관계 양상	각도	기호	관계 의미
컨정션	결합	0°	♂	융화
섹스타일	조화	60°	✳	사랑, 동맹
스퀘어	부조화	90°	□	장애, 시련
트라인	조화	120°	△	해소, 해방
어포지션	부조화	180°	☍	대립

6. 위계

헬레니즘 점성학은 별자리와 별(행성) 간의 각도에 기초하여 별자리와 별의 관계에 지위를 부여하는 체계, 즉 위계를 정리하였다. 이것을 에센셜 디그니티(Essential Dignity), 즉 본질적인 지위라고 하는데, 각 행성이 임의의 별자리에서 갖는 본질적인 힘을 나타낸다. 이 체계는 고정적이며, 행성과 별자리의 특질과 관련이 있다. 예를 들어 화성은 양자리의 지배성이므로 양자리에서 화성이 발견되면 화성의 품위가 유지되지만, 금성이나 토성이 양자리에서 발견되면 그 별들은 본성이 불안해진다. 다시 말해 지배성인 화성과 비교해 금성이나 토성의 특질이 매우 이질적임을 드러낸다.

- 도머사일(Domicile)=품위획득(○)_ 행성이 자신의 다스리는 궁에 있는 상태를 뜻한다. 자기의 본성을 큰 왜곡 없이 온전히 발휘한다.
- 엑젤테이션(Exaltation)=기능항진(△)_ 행성이 기뻐하는 궁에 있는 상태를 뜻한다. 자기의 본성을 열광적으로 표현한다. 지나친 흥분으로 안정감을 상실할 수 있다.
- 디트리먼트(Detriment)=품위손상(■)_ 행성이 자신의 기질을 지속적으로 잘못 드러내는 상태를 뜻한다. 본성이 좌절되고 위축된다. 도머사일의 반대 개념이지만 폴만큼 강하지는 않다.

- 폴(Fall)=기능저하(▼)_ 행성이 자신의 기질에 대해서 급격한 변동을 겪는 상태를 뜻한다. 자기의 본성이 좌절되고 위축되어 가장 불안정한 상태를 나타낸다.

	태양	달	수성	금성	화성	목성	토성	천왕성	해왕성	명왕성
양 자 리	△			■	○		▼			
황 소 자 리		△		○	■			▼		
쌍둥이자리			○			■				
게 자 리		○			▼	△	■		△	
사 자 자 리	○		▼				■	■		△
처 녀 자 리			○	▼		■			■	
천 칭 자 리	▼			○	■		△			
전 갈 자 리		▼		■	○			△		○
사 수 자 리			■			○				
염 소 자 리		■		△	▼	○			▼	
물 병 자 리	■		△				○	○		
물고기자리			■	△		○			○	

고전점성술은 '천왕성, 명왕성, 해왕성'을 사용하지 않지만, 현대심리점성술은 이 세 별을 사용한다. 따라서 고전점성술의 위계와 현대심리점성술의 위계는 차이가 난다. 위 도표를 통해 고전점성술 위계 구성에 세 별이 다시 재추가되어 현대심리점성술의 위계 구성으로 재탄생하였다는 것을 알 수 있다. (단, 위계표는 학자마다 조금씩 다르게 이해되고 구성될 수 있음을 밝힌다.)

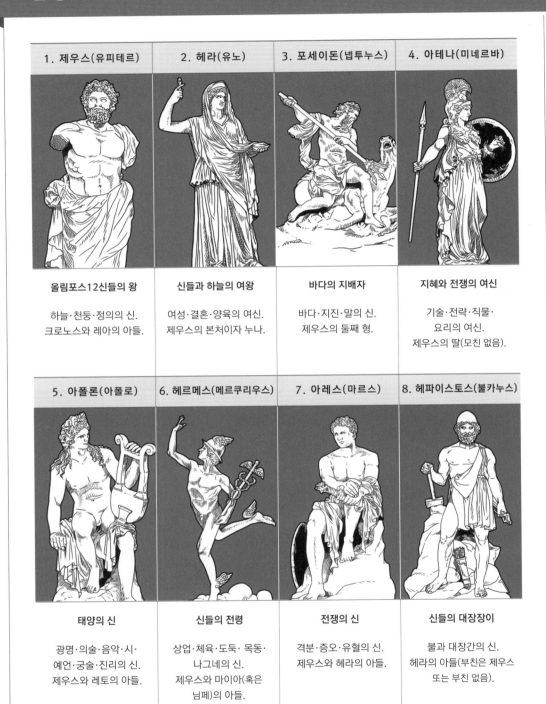

1. 제우스(유피테르)	2. 헤라(유노)	3. 포세이돈(넵투누스)	4. 아테나(미네르바)
올림포스12신들의 왕 하늘·천둥·정의의 신. 크로노스와 레아의 아들.	**신들과 하늘의 여왕** 여성·결혼·양육의 여신. 제우스의 본처이자 누나.	**바다의 지배자** 바다·지진·말의 신. 제우스의 둘째 형.	**지혜와 전쟁의 여신** 기술·전략·직물· 요리의 여신. 제우스의 딸(모친 없음).

5. 아폴론(아폴로)	6. 헤르메스(메르쿠리우스)	7. 아레스(마르스)	8. 헤파이스토스(불카누스)
태양의 신 광명·의술·음악·시· 예언·궁술·진리의 신. 제우스와 레토의 아들.	**신들의 전령** 상업·체육·도둑·목동· 나그네의 신. 제우스와 마이아(혹은 님페)의 아들.	**전쟁의 신** 격분·증오·유혈의 신. 제우스와 헤라의 아들.	**신들의 대장장이** 불과 대장간의 신. 헤라의 아들(부친은 제우스 또는 부친 없음).

9. 아르테미스(디아나)	10. 아프로디테(베누스)	11. 데메테르(케레스)	12. 디오니소스(바쿠스)

사냥과 달의 여신	**미(美)의 여신**	**대지의 여신**	**술의 신**
숲·처녀·출산·야생동물 (사슴)의 여신. 제우스와 레토의 딸.	사랑·욕망·다산의 여신. 우라노스의 딸(모친 없음).	풍요·농업·곡물(밀)· 자연·계절의 여신. 제우스의 내연녀이자 누나	포도주·음료·광란· 취함의 신. 제우스와 세멜레(테베의 공주)의 아들.

헤스티아(베스타)

제우스의 누나이자 불과 화로의 여신.
(12신에서 헤스티아가 제외되어 디오니소스가
그 자리를 차지함)

1. 카드 구성

심볼론 카드 78장은 메이저 카드 12장, 달 카드 11장, 태양 카드 10장, 마이너 카드 45장으로 이루어져 있으며, 12별자리의 순서대로 번호가 매겨진다. 하지만 라이더 웨이트 덱과 달리 카드에 번호가 적혀 있지 않다. 따라서 심볼론 카드의 점성학적 구성을 알면 카드의 순서와 흐름을 보다 쉽게 이해할 수 있다.

메이저 카드 12장

위에 나열된 12장의 메이저 카드를 보면 위에는 별자리가 있고, 아래에는 별(행성)이 그려져 있다. 상단의 별자리는 양자리에서 시작하여 물고기자리까지 순서대로 진행하며, 하단의 행성은 각각의 별자리를 지배하는 지배성이다. 이런 이유로 점성학 기호를 이용하여 카드를 해석하려면 별자리와 행성에 대한 이해가 선행되어야 한다.

　심볼론 메이저 카드 12장은 우리 무의식에서 가장 원시적이며 대표적인 원형(archetype)의 이미지를 나타낸다. 원형은 우리 마음의 무의식 영역에 자리한다. 원형의 작용은 곧 의식인데, 의식은 긍정과 부정, 남성적 기질과 여성적 기질, 당당함과 수치심,

선행과 악행 등 대극적(양면적)이고 다양한 감정, 또는 인격에 관여한다. 그런데 원형은 우리가 의식적으로 감지할 수 없다. 우리가 원형을 접할 수 있는 것은 꿈에서이다. 꿈은 원형이 이미지 또는 심상으로 드러난 것이다. 대표적인 원형의 이미지로는 출생, 죽음, 재생, 신, 권력, 영웅, 마법, 악마, 어머니, 나이든 현자, 사기꾼, 거인, 어린이, 봉사자, 대지, 태양, 달, 바위, 나무 등이 있다. 이러한 이미지들은 결국 우리의 인격이 드러난 상이라고 할 수 있고, 이들 원형 중에서 작용하는 빈도가 높을수록 우리의 내면은 그것에 관한 정서가 하나의 인격이나 성격으로 강하게 드러나게 된다. 메이저 카드 12장은 그 중에서 가장 대표적인 원형의 조합이고, 점성학은 이 원형의 캐릭터에 어울리는 속성을 대응시켜놓았다고 볼 수 있다. 하지만 이 조합에서 점성학의 12별자리 순서가 기계적으로 들어와 있는 걸 보면, 사실은 점성학 기호가 먼저이고 그 기호에 어울리는 원형이 대응되었다고 보는 게 개인적으로는 좀 더 합당하게 느껴진다.

심볼론 카드 78장 모두 우리 마음 속에 있는 78개의 페르소나를 나타낸다. 앞에서도 말했지만, 그 중에서도 메이저 카드 12장은 78장의 페르소나를 형성하는 가장 기본적인 페르소나이다. 다시 말해서, 메이저 카드 12장은 자신만의 고유한 속성으로 이루어져 있다. 혈액형의 유전인자에 비유하면 AA형으로 순종이라고 할 수 있다. 하지만, 나머지 달 카드 11장과 태양 카드 10장, 마이너 카드 45장은 메이저 카드의 12가지 기본 페르소나가 둘씩 짝지어진 조합으로서, 혈액형 유전인자 AB형 또는 AO형과 같은 잡종이라고 할 수 있다. 그렇지만 잡종이라 해도 나름의 고유한 인격을 지닌다. 다음 예를 통해 좀 더 자세하게 살펴보자.

메이저 카드　　　　　　　　달 카드

1번 전사 카드　　　　　　　13번 반항 카드

먼저 메이저 카드인 1번 전사(The Warrior) 카드를 보면 위에는 양자리, 아래에는 양자리를 지배하는 행성인 화성이 그려져 있다. 그리고 카드의 그림은 양자리의 속성과 화성의 속성만으로 이루어진 순종에 가까운 페르소나로서, 양자리와 화성의 속성이 결합될 때 현실에서 일어날 수 있는 여러 상황 중 일부를 보여주고 있다. p. 175의 점성학적 의미 분석표를 이용해 이 카드를 살펴보면, 그림 속 등장인물인 아레스는 양자리의 '도전적'이며 '모험적'인 정신으로 화성의 '공격'을 감행하고 있다는 것을 알 수 있다. 나머지 메이저 카드 11장 역시 하나의 별자리와 하나의 행성만으로 구성되어 있다.

하지만 달 카드인 13번 반항(Defiance) 카드를 p.198의 점성학적 의미 분석표를 이용해 살펴보면 단일 속성인 양자리(화성)와 함께 또다른 단일 속성인 게자리(달)가 그려져 있다. 하나의 카드에 2개의 별자리와 이들을 지배하는 2개의 행성이 결합하여 하나의 페르소나를 형성하는 것이다. 다시 말해, 13번 카드의 그림은 2개의 별자리, 즉 서로 다른 두 가지 속성이 만나 현실에서 표현될 수 있는 여러 상황 중 일부가 표현된 것이다. 그림 속의 엄마는 자식을 기르면서 게자리의 '보호'하고 '양육'하려는 책임감이 지나쳐 달의 '민감'함과 '불안'함이 자식에게 잔소리로 드러나고, 자식은 양자리의 '모험'적이고 '활

달'한 성격과 화성의 '도전'적이고 '폭력'적인 성향 때문에 엄마에게 반항하는 모습으로 드러나고 있음을 알 수 있다.

달 카드

달 카드는 게자리(달)＋중복되지 않은 나머지 별자리(지배성)의 조합으로 이루어진 카드로, 13번부터 23번까지 모두 11장이다. 카드의 그림을 보면 왼쪽 상단과 하단에 게자리와 지배성인 달이 고정되어 있고, 오른쪽은 또다른 별자리와 그 별자리의 지배성이 12별자리의 순서대로 흘러간다. 단, 게자리는 중복이므로 뺀다.

달 카드는 게자리(달)의 속성이 나머지 11개 별자리의 속성과 결합하여 다양한 페르소나를 만들어낸다. 하지만, 이 11장의 카드에 드러난 페르소나 모두 게자리가 지닌 '모성'과 달의 '감성'을 기본적으로 깔고 있다.

태양 카드는 사자자리(태양)＋중복되지 않은 나머지 별자리(지배성)의 조합으로 이루어진 카드로, 24번부터 33번까지 모두 10장이다. 카드의 그림을 보면 왼쪽 상단과 하단에 사자자리와 지배성인 태양이 고정되어 있고, 오른쪽은 또다른 별자리와 그 별자리의 지배성이 순서대로 흘러간다. 단, 게자리와 사자자리는 중복이므로 뺀다.

　　태양 카드는 사자자리(태양)의 속성이 나머지 10개 별자리의 속성과 결합하여 다양한 페르소나를 만들어낸다. 하지만, 이 10장의 카드에 드러난 페르소나 모두 사자자리가 지닌 '리더십' 또는 '권위'와, 태양의 '공공성' 또는 '영성'을 기본적으로 깔고 있다.

마이너 카드

조합 카드의 별자리 중에서 게자리(달)와 사자자리(태양)의 조합을 제외한 카드를 마이너 카드라고 하며, 34번 카드부터 78번 카드까지 모두 45장이다.

① 양자리(화성) 조합 카드

34번부터 42번까지 모두 9장이다. 카드의 그림을 보면 왼쪽 상단과 하단에 양자리와 지배성인 화성이 고정되어 있고, 오른쪽은 또다른 별자리와 그 별자리의 지배성이 순서대로 흘러간다. 단, 게자리, 사자자리, 양자리는 중복이므로 뺀다. 나머지 조합 카드 역시 이와 같이 중복되는 별자리를 제외시키면 된다.

양자리 조합 카드는 양자리(화성)의 속성이 나머지 9개 별자리의 속성과 결합하여 다양한 페르소나를 만들어낸다. 하지만, 이 9장의 카드에 드러난 페르소나 모두 양자리가 지닌 '남성성' 혹은 '도전'과, 화성의 '공격성'을 기본적으로 깔고 있다.

② 황소자리(금성) 조합 카드

43 44 45 46 47 48

49 50

43번부터 50번까지 모두 8장이다. 카드의 그림을 보면 왼쪽 상단과 하단에 황소자리와 지배성인 금성이 고정되어 있고, 오른쪽은 또다른 별자리와 그 별자리의 지배성이 순서대로 흘러간다. 단, 중복된 별자리는 뺀다.

황소자리 조합 카드는 황소자리(금성)의 속성이 나머지 8개 별자리의 속성과 결합하여 다양한 페르소나를 만들어낸다. 하지만 이 8장의 카드에 드러난 페르소나 모두 황소자리가 지닌 '자상함'과 금성의 '물질욕'을 기본적으로 깔고 있다.

③ 쌍둥이자리(수성) 조합 카드

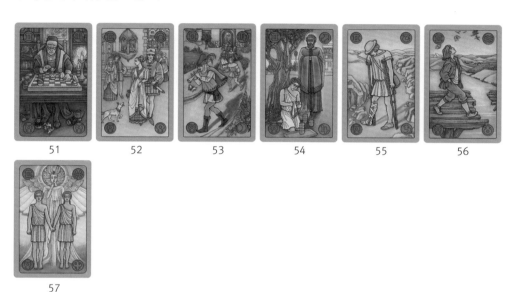

51   52   53   54   55   56

57

51번부터 57번까지 모두 7장이다. 카드의 그림을 보면 왼쪽 상단과 하단에 쌍둥이자리와 지배성인 수성이 고정되어 있고, 오른쪽은 또다른 별자리와 그 별자리의 지배성이 순서대로 흘러간다. 단, 중복된 별자리는 뺀다.

쌍둥이자리 조합 카드는 쌍둥이자리(수성)의 속성이 나머지 7개 별자리의 속성과 결합하여 다양한 페르소나를 만들어낸다. 하지만, 이 7장의 카드에 드러난 페르소나 모두 쌍둥이자리가 지닌 '소통'과 수성의 '정보' 혹은 '계약'을 기본적으로 깔고 있다.

④ 처녀자리(수성) 조합 카드

58   59   60   61   62   63

58번부터 63번까지 모두 6장이다. 카드의 그림을 보면 왼쪽 상단과 하단에 처녀자리와 지배성인 수성이 고정되어 있고, 오른쪽은 또다른 별자리와 그 별자리의 지배성이 순서대로 흘러간다. 단, 중복된 별자리는 뺀다.

　처녀자리 조합 카드는 처녀자리(수성)의 속성이 나머지 6개 별자리의 속성과 결합하여 다양한 페르소나를 만들어낸다. 하지만, 이 6장의 카드에 드러난 페르소나 모두 처녀자리가 지닌 '노동' 혹은 '죄의식'과, 수성의 '정보' 혹은 '치밀함'을 기본적으로 깔고 있다.

⑤ 천칭자리(금성) 조합 카드

64   65   66   67   68

64번부터 68번까지 모두 5장이다. 카드의 그림을 보면 왼쪽 상단과 하단에 천칭자리와 지배성인 금성이 고정되어 있고, 오른쪽은 또다른 별자리와 그 별자리의 지배성이 순서대로 흘러간다. 단, 중복된 별자리는 뺀다.

천칭자리 조합 카드는 천칭자리(금성)의 속성이 나머지 5개 별자리의 속성과 결합하여 다양한 페르소나를 만들어낸다. 하지만, 이 5장의 카드에 드러난 페르소나 모두 천칭자리가 지닌 '배우자' 혹은 '파트너'와, 금성의 '물질욕' 혹은 '아름다움'을 기본적으로 깔고 있다.

⑥ 전갈자리(명왕성) 조합 카드

69	70	71	72

69번부터 72번까지 모두 4장이다. 카드의 그림을 보면 왼쪽 상단과 하단에 전갈자리와 지배성인 명왕성이 고정되어 있고, 오른쪽은 또다른 별자리와 그 별자리의 지배성이 순서대로 흘러간다. 단, 중복된 별자리는 뺀다.

전갈자리 조합 카드는 전갈자리(명왕성)의 속성이 나머지 4개 별자리의 속성과 결합하여 다양한 페르소나를 만들어낸다. 하지만, 이 4장의 카드에 드러난 페르소나 모두 전갈자리가 지닌 '중독성' 혹은 '죽음'과, 명왕성의 '구속' 혹은 '초월'을 기본적으로 깔고 있다.

⑦ 사수자리(목성) 조합 카드

73   74   75

73번부터 75번까지 모두 3장이다. 카드의 그림을 보면 왼쪽 상단과 하단에 사수자리와 지배성인 목성이 고정되어 있고, 오른쪽은 또다른 별자리와 그 별자리의 지배성이 순서대로 흘러간다. 단, 중복된 별자리는 뺀다.

사수자리 조합 카드는 사수자리(목성)의 속성이 나머지 3개 별자리의 속성과 결합하여 다양한 페르소나를 만들어낸다. 하지만, 이 3장의 카드에 드러난 페르소나 모두 사수자리가 지닌 '종교' 혹은 '절대성'과, 목성의 '원리' 혹은 '초월'을 기본적으로 깔고 있다.

⑧ 염소자리(토성) 조합 카드

76   77

76번부터 77번까지 모두 2장이다. 카드의 그림을 보면 왼쪽 상단과 하단에 염소자리와 지배행인 토성이 고정되어 있고, 오른쪽은 또다른 별자리와 그 별자리의 지배성이 순서대로 흘러간다. 단, 중복된 별자리는 뺀다.

염소자리 조합 카드는 염소자리(토성)의 속성이 나머지 2개 별자리의 속성과 결합하여 다양한 페르소나를 만들어낸다. 하지만, 이 2장의 카드에 드러난 페르소나 모두 염소자리가 지닌 '고통'과 토성의 '구속'을 기본적으로 깔고 있다.

⑨ 물병자리(천왕성) 조합 카드

78

물병자리 조합 카드는 78번 하나이다. 카드의 그림을 보면 왼쪽 상단과 하단에 물병자리와 지배성인 천왕성이 있고, 오른쪽에는 물병자리 다음 순서인 물고기자리와 그 별자리의 지배성인 해왕성이 자리한다. 이렇게 해서 심볼론 카드의 별자리와 지배성 조합이 끝을 맺는다.

이 카드는 물병자리(천왕성)의 속성이 물고기자리(해왕성)의 속성과 결합하여 하나의 페르소나를 만들어낸다. 이 카드의 페르소나에는 물병자리가 지닌 '보편'과 천왕성의 '기발함' 혹은 '초월'을 기본적으로 깔고 있다.

다음 표는 이제까지 설명한 심볼론 카드의 조합을 정리한 것이다. 표에서 ●와 ◆가 표시된 칸을 빼고 빈 칸을 전부 세면 모두 66개이다. 이것이 메이저 카드를 제외하고 달 카드+태양 카드+마이너 카드를 모두 합한 수이다. 여기에 메이저 카드 12장을 더하면 모두 78장이 된다.

• 심볼론 카드의 조합과 누락 카드

	양자리	황소자리	쌍둥이자리	게자리	사자자리	처녀자리	천칭자리	전갈자리	사수자리	염소자리	물병자리	물고기자리
양자리	●	◆	◆	◆	◆	◆	◆	◆	◆	◆	◆	◆
황소자리		●	◆	◆	◆	◆	◆	◆	◆	◆	◆	◆
쌍둥이자리			●	◆	◆	◆	◆	◆	◆	◆	◆	◆
게자리				●	◆	◆	◆	◆	◆	◆	◆	◆
사자자리					●	◆	◆	◆	◆	◆	◆	◆
처녀자리						●	◆	◆	◆	◆	◆	◆
천칭자리							●	◆	◆	◆	◆	◆
전갈자리								●	◆	◆	◆	◆
사수자리									●	◆	◆	◆
염소자리										●	◆	◆
물병자리											●	◆
물고기자리												●

※ ● 는 같은 별자리여서 누락된 카드이다.　◆ 은 별자리 조합이 중복이어서 누락된 카드이다.

2. 심볼론 카드에서 점성학적 시스템의 한계

심볼론 카드는 회화적 요소와 더불어 점성학 기호를 사용한다. 그 중에서 점성학 기호는 깊은 차원의 영적인 상징들로 가득하다.

예를 들어, 누군가가 21번 얼음여왕(The Ice Queen) 카드를 선택했다고 가정하자. 이 카드의 오른쪽 상단에는 염소자리가 있고, 왼쪽 상단에는 게자리가 있는데, 두 별자리는 점성학에서 상호관계의 의미를 갖는다. 즉, 게자리는 달 또는 토성, 염소자리는 토성 또는 달과 상호관계적 의미를 맺으면서 '깊은 차원의 영적인 상징'으로 작용한다.

특히, 카드 하단에 별과 별, 즉 달과 토성이 나란히 배치되어 있는 것을 볼 수 있다. 이렇게 별과 별이 서로 다양한 각도를 이루면서 상호관계적 의미를 발생시키는 것을 점성학 용어로 아스펙트(Aspect)라고 부른다.

21번 얼음여왕 카드

다음은 점성술에서 사용하는 천궁도이다. A의 경우는 게자리 안의 달과 염소자리 안의 토성이 거의 180°를 이룬다. 그리고 B의 경우는 게자리 안의 달과 황소자리 안의 토성이 약 62°를 이룬다. 참고로 태양계의 10개의 별들은 늘 공전하기 때문에 이 각도는 항상 변화무쌍하다. 특히 별들의 공전 속도는 저마다 다르기 때문에 앞서거나 뒤서거나 하기도 한다. 아스펙트는 정지한 상태의 각도를 보는데, 만약 지금 이 시각에 누군가가 태어난다면 바로 이 순간 스틸사진처럼 정지된 별들의 순간을 포착하게 되고, 이것이 자신만의 고유한 출생차트(natal chart)인 천궁도가 된다. 요즘은 점성학 프로그램이 있어서 태어난 장소와 시간만 입력하면 아래 그림처럼 그 당시의 천궁도를 볼 수 있다.

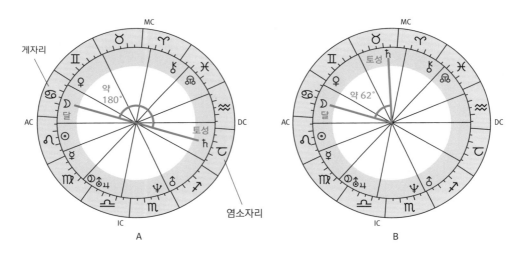

※ ⚷_ 키론(Chiron). 1977년에 천문학자 찰스 코월(Charles T. Kowal)이 발견한 소행성이다.

※ ☊ 승교점. 트루노드(true node)라고도 하며, 달의 궤도와 황도가 교차하는 지점을 표시한 것이다.

다시 아스펙트로 돌아가자. 예를 들어 42번 완벽한 바보(The Absolute Fool) 카드는 바보스러운 돈키호테가 그려져 있는데, 이는 심볼론 카드의 기획자가 화성과 해왕성의 각도

가 90°로 스퀘어(Square)를 이룬다고 가정하고, 그 상호관계적 의미에 부합하는 인물로 돈키호테를 그려넣었다고 이해할 수 있다.

42번 완벽한 바보 카드

물론, 카드에 천궁도를 그려넣지 않는 이상 우리가 그 아스펙트의 각도를 정확히 알 길은 없다. 다만, 카드 그림의 의미가 그 아스펙트를 추정하게 해줄 뿐이다. 만약 천궁도의 점성학적 해석에서 화성과 해왕성이 60°를 이루었다면 '완벽한 바보'가 아니라 오히려 '신비한 전사'가 될 수도 있다. 이 카드의 제목이 완벽한 바보이기 때문에, '이 심볼론 기획자는 아스펙트를 90° 혹은 180°를 생각하고 그렸구나!'라고 판단할 수 있는 것이다. 만약 칼을 멋지게 뽑아 든 아서왕을 그렸다면, 아마 '이 심볼론 기획자는 60°나 120°를 생각하고 이 그림을 그렸구나!'라고 추측할 수도 있다.

　　참고로 아스펙트 규칙에서는 60°나 120°는 긍정의 의미로 활용하고, 90°나 180°는 부정의 의미로 활용한다. 물론 점성학에서는 단순히 두 행성의 의미만 고려하는 게 아니라 무수한 규칙들이 서로 영향을 끼치는 것을 고려하기 때문에 해석이 매우 복잡하다. 그러므로 심볼론 카드에서 점성학적 상징을 활용하기 위해서는 '양자리 － 물고기자리' 혹은 '화성 － 해왕성'과 같은 점성학적 상호관계의 의미를 알아야만 한다. 물론 심볼론은 점성술에 비해 매우 단순한 점성학적 원리를 적용하며, 점성학 자체가 궁극적 목적은 아니다.

만약 태양과 천왕성의 아스펙트가 90°(스퀘어)일 때 점성학적인 의미를 알고 싶다면, 32번 몰락(The Fall) 카드를 찾는다. 카드 하단에 태양과 천왕성이 그려져 있다. 그리고 왕을 깔보며 모욕하는 괴짜가 그려져 있어서 이 카드의 의미를 궁중반란(측근의 배신), 타도(전복), 불충 등으로 추측해볼 수 있다.

32번 몰락 카드

앞에서도 설명했듯이, 이러한 의미는 아스펙트의 관점으로 접근하면 태양과 천왕성이 90°나 180°를 이룰 때 발생하는 부정적인 의미이다. 만약 이 카드의 아스펙트를 60°나 120°로 가정하고 그렸다면 개혁이나 개방, 독창성, 발명 등과 같은 긍정적인 의미가 되었을 수도 있다는 점을 알아야 한다.

하지만 심볼론 카드는 점성학의 단면을 이용할 뿐, 점성학 자체는 아니다. 따라서 그림의 이미지를 일차적으로 존중하면서도, 좀 더 넓은 점성학적 관점으로 보고 그림을 초월하여 내담자의 질문과 피드백에 따라 부정과 긍정을 아우르는 답(점성학적 의미)을 사용할 수도 있다. 바로 이 부분이 점성술에서 천궁도로 각도를 계산하여 고정된 답을 주는 것과는 다른 심볼론 카드만의 '직관의 영역'이다.

앞서 〈점성학의 기본 이해〉에서 12별자리와 10행성의 대응관계를 설명한 바 있다. 논의를 위해 다시 설명하면, 천왕성, 해왕성, 명왕성이 발견되지 않았던 18세기 이전의 고전점성학에서는 전통적으로 태양계의 7개 행성(별)과 12개 별자리를 짝지어서 별자리와 행성 간의 상호관계적 의미를 구축하였다. 즉, 달과 태양을 제외하고는 별 하나에 별자리를 2개씩 대응시키고 있는데, 지금도 고전점성학을 사용하는 사람들은 이 대응 시스템을 사용한다(p.25 고전점성학 대응표 참조).

하지만 현대심리점성학은 고전점성학과 엄연히 구별된다. 즉, 18세기 이후에 발견된 천왕성, 해왕성, 명왕성(현재는 태양계에서 퇴출되었지만 전문가들 사이에서는 재가입 여론이 있다)이 들어와 있고, 화성, 목성, 토성은 하나의 별자리와 대응된다. 따라서 현대심리점성학에서는 수성과 금성만이 여전히 2개의 별자리와 대응된다(p.26 현대심리점성학 대응표 참조). 고전점성학과 현대심리점성학은 일부 차이가 있지만, 이러한 대응관계는 점성술의 오래된 전통이다.

그런데 심볼론 카드에서는 약간의 점성학적 문제점을 발견할 수 있다. 예를 들어, 45번 상류층의 우리(The Gilded Cage) 카드와 51번 전략가(The Strategist) 카드를 보자.

45번 상류층의 우리 카드

51번 전략가 카드

45번 카드는 금성이 두 번 겹쳐 나오고, 51번 카드는 수성이 두 번 겹쳐 나온다. 하지만 이는 실제 점성술에서는 불가능하다. 수성은 단 하나뿐이기 때문에 천궁도에서는 2개의 수성이 동시에 표현될 수 없다. 금성 역시 마찬가지이다.

더 중요한 문제가 있다. 45번 상류층의 우리 카드의 경우 금성이 하나라면 황소자리와 천칭자리 중에서 시기적으로 어디에 머무는지에 따라 그 별자리의 성향이 더욱 강해지는데, 이 카드는 금성이 2개라서 점성학적 시스템 관점으로 해석하는 것이 불가능하다. 51번 전략가 카드의 경우 역시 수성이 하나라면 쌍둥이자리와 처녀자리 중에서 시기적으로 어디에 머무는지에 따라 그 별자리의 성향이 더욱 강해지는데, 이 카드는 2개의 수성을 그려놓았기 때문에 점성학적 시스템 관점으로 해석하기가 불가능하다.

다시 말하지만, 심볼론 카드는 비록 점성학적 원리를 빌려 쓰되 별자리와 행성이 가진 속성에 한정될 뿐이며, 전통점성학 원리 모두를 심볼론에서 구현하려고 한 것이 아니다. 따라서 45번 카드는 금성이 두 번 나왔으므로 금성, 즉 금전(재물)을 강조했다고 볼 수 있다. 카드 상단의 별자리와 관련지어 설명하면, 황소자리는 자상함이니 돈(이익) 앞에서 사람이 다소곳해지는 것이고, 천칭자리는 결혼(배우자)를 나타내니 결혼도 돈 많은 사람과 하기를 원한다고 이해할 수 있다.

51번 카드 역시 마찬가지이다. 수성이 두 번 나왔기 때문에 수성의 인격이 강화되었다고 이해하면 된다. 별자리와 관련하여 좀 더 엄밀히 말하면, 쌍둥이자리는 상대와의 관계 또는 거래이니, 사람과의 관계에서 지적으로 또는 분석적으로 대한다는 뜻이고, 처녀자리는 결벽증을 나타내니 사람과의 관계에서 수성의 분석과 정보가 그 결벽증, 즉 완벽한 거래를 하도록 돕는다고 이해할 수 있다. 물론 상징이란 것 자체가 포괄적이므로 사항에 따라 약간 다르게 변형될 수도 있다. 부연하면, 어차피 쌍둥이자리의 집주인은 수성이고 처녀자리의 집주인도 수성이다. 따라서 비록 수성이 하나이긴 하지만, 쌍둥이자리와 처녀자리 둘 다 수성의 성향을 가지고 있는 것이 사실이다. 물론 쌍둥이자리가 '중개자'를 나타내고 처녀자리는 '봉사자'나 '노동자'를 나타내듯, 서로 완전히 다른 성향을 가지고 있는 것 또한 사실이지만 말이다.

심볼론 기획자들은 심볼론 카드에서 두 기호의 조합, 즉 수성-수성 그리고 금성-금

성의 조합은 어떤 점성술 책에서도 소개하고 있지 않다고 지적하면서, 자신들은 이것이 별과 별자리의 조합이 아니라 '내면의 페르소나'라고 강조하고 싶다고 설명했다. 나아가, 우리는 심볼론 카드에서 엄밀한 점성학적 상관관계, 즉 별의 속도, 섹트(sect)의 개념, 밤 차트와 낮차트, 포르투나의 위치 등을 너무 깊이 고민할 필요가 없다. 심볼론 카드가 보여주는 별과 별자리가 가지고 있는 원형적 상징, 즉 내면의 페르소나에 주목하면 된다.

심볼론 매뉴얼에 따르면, 이 카드는 두 가지 방법으로 해석할 수 있다. 하나는 이미지 해석법이고, 다른 하나는 점성학적 해석법이다. 먼저 이미지 해석법을 다루고, 다음 장에서 점성학적 해석법을 다룬다.

심볼론 매뉴얼에서 아쉬운 점은 실전해석에서 정보의 한계가 있다는 점이다. 따라서 필자는 심볼론 매뉴얼을 충분히 활용하되, 타로마스터로서 필자의 실전경험과 방식들을 이용하여 두 가지 해석법에 좀 더 알기 쉽게 접근하고자 한다.

1. 이미지 해석법에서 주의할 점

이미지 해석법이란 말 그대로 카드의 그림, 즉 이미지만을 활용하여 해석하는 것이다. 이미지만을 활용한다고는 해도, 심볼론 카드의 그림이나 키워드의 근거가 점성학에 있기 때문에 그 영향에서 완전히 벗어날 수는 없다. 따라서 지금 소개하는 이미지 해석법은 점성학을 전혀 모르는 사람이 카드의 이미지와 필자가 소개하는 '키워드 요약'만을 사용하는 카드 해석을 말한다.

심볼론 카드 78장의 이미지 중에는 '선과 악' 또는 '긍정과 부정'에 대한 묘사가 뚜렷한 것과 모호한 것이 있다. 물론 보는 사람의 입장에 따라 달라지는 카드도 분명 존재한다. 하지만 심볼론 카드는 '예' 또는 '아니오'와 같은 단순한 답이나 피흉취길(避凶就吉)을 목적으로 하는 카드가 아니기 때문에 되도록 심리적 접근을 목적으로 해야 한다. 심볼론 카드의 목적은 내면의 페르소나에 대한 관찰과 통찰이기 때문이다.

심볼론 매뉴얼에서는 심볼론 카드 게임에서 비교적 사용할 가치가 없는 내담자의 질문 유형 몇 가지를 소개하고 있다.

① 언제 승진할 수 있을까요?
② 제가 꿈꾸는 여성을 만날 수 있을까요?
③ 승진하려면 어떻게 해야 합니까?
④ 제 아내(또는 남편)가 저 때문에 다른 사람을 질투하게 만들려면 어떻게 해야 할까요?

위의 질문 중 ①은 승진할 만한 능력을 어느 정도 갖춘 상태를 전제로 단순히 시기를 묻는 질문이며, ②는 단순히 자신의 능력(또는 조건)을 확인하거나 그러한 운이 자신에게 올 수 있는지를 묻고 있다. ③과 ④ 역시 자신의 문제를 해결할 방법을 묻고 있다. 하지만 심볼론은 그런 조언을 위한 카드가 아니다. 심볼론은 내담자 자신의 내면의 페르소나, 즉 열등의식을 통찰하는 게 목적이다. 예로 든 질문에 대한 조언은 내담자의 인격 변화를 위해서는 아무런 도움이 되지 않을 것이다. 따라서 내담자의 내면의 인격과 관련하여 그가 어떻게 해야 하는지에 대한 답을 줄 수 있는 방식으로 질문을 바꿀 필요가 있다. 그렇지 않으면 그들은 어떠한 정신적 노력도 하지 않을 것이다. 따라서 심볼론 카드 게임의 질문은 다음과 같은 유형이 될 것이다.

① 제 내면의 어떤 힘이 결혼을 거부하게 만들까요? (또는)

　왜 제가 파트너를 찾는 꿈을 꾸는 걸까요?

② 일에 대한 제 열정을 방해하는 것은 무엇일까요? (또는)

　왜 제가 직업능력을 발전시킬 필요가 있을까요?

③ 질투는 제게 무슨 의미가 있나요? (또는)

　왜 제 파트너는 제게 제 말버릇을 상기시켜주고 싶어할까요?

이 모든 질문들은 우리 자신의 내면적 페르소나에 관한 정보를 제공한다. 즉, 이 질문들은 심볼론 카드를 통해 스스로에 대한 내면적 통찰을 이끌어낸다. 심볼론 카드는 어떤 질문에 대해 '예' 또는 '아니오'라는 식으로 답하는 것을 거부한다. 이렇게 단답형으로 말하는 건 선과 악처럼 극단적이고 이분법적인 답에 불과하다. 우리의 영혼을 담당하는 뇌 중에서 왼쪽 뇌는 '예' 또는 '아니오'라는 주관적인 편견을 만들어낸다. 따라서 우리는 오른쪽 뇌에 주목해야 한다.

　그럼에도 불구하고 실전상담에서는 심리적인 문제를 묻는 내담자보다 현실의 길흉화복을 묻는 내담자가 더 많고, 심볼론 카드는 여러 상담도구 중 하나라는 것이 엄연한 사실이다. 필자의 개인적인 생각을 말해본다면, 상담을 오래한 타로전문가에게 모든 카드는 똑같은 도구일 뿐이다. 타로카드의 답이나 충고는 이미지를 원형으로 삼기 때문에, 심볼론 카드 역시 그 이미지만 가지고도 주제를 가리지 않고 훌륭한 상담을 할 수 있다고 본다.

2. 카드 배열법

다음은 이미지 해석법의 기본 배열법이다. 심볼론 매뉴얼에 따르면 이미지 해석법은 하나의 질문에 3장의 카드를 뽑는데, 각 장마다 다음과 같은 주제가 설정된다.

문제의 원인   문제해결방법   최종 결과

46번 꼭두각시 카드   44번 집착 카드   47번 물질과 영혼 카드

① 문제의 원인

이 단계는 문제의 시작으로, 문제의 근본원인이나 문제를 둘러싼 배경을 암시한다. 이 카드를 해석하기 전에 뒤따르는 카드들을 먼저 살펴야 이 카드의 의미가 더욱 명료해진다. 내면의 페르소나에 초점을 맞추기 때문에 '원형'이라고 부르기도 한다. 원형은 타고난 심리적 행동유형으로서 본능과 관련된다. 내면의 페르소나는 무의식 상태인데, 이 무의식

은 개인무의식이든 집단무의식이든 간에 상징의 차원에서 모두 원형적 관점을 지닌다. 왜냐하면 상징은 누구에게나 보편적인 의미를 갖고, 그 보편적인 원형의 작동이 곧 의식이기 때문이다. 물론 융이 말한 집단무의식의 자기(self)는 인류 보편의 매우 기본적인 상징이라서 메이저 카드 12장의 신화적 이미지를 가장 기본적인 원형으로 삼는다. 나머지 66장의 카드 역시 동화적이거나 전통적이고 관습적인 이미지를 차용함으로써 원형적 상징에 부합된다. 엄밀히 따지면 메이저 카드가 좀 더 원시적이고 광의적인 보편성을 갖는다고 할 수 있다.

그런데 이 3장의 카드를 상징의 관점에서 보지 않고 '역할의 관점'에서 보면, 첫 번째 카드는 문제의 시작인데 내담자의 문제는 내면의 페르소나 즉 열등의식이다. 이는 무의식 차원이거나 기억을 동원해야 알 수 있다. 따라서 이 첫 번째 카드의 이미지는 내담자가 자신의 문제를 아직 '모르고 있다'는 것을 가정하기 때문에 무의식 차원의 원형에 해당한다. 하지만 두 번째 카드는 첫 번째 카드에서 무의식의 문제가 명확하게 드러난 것을 전제로 상담자가 내담자에게 조언을 주는 카드이다. 상담자의 조언을 따르면 내담자의 문제가 해결된다는 차원이니 '알고 있다'를 전제한다. 마지막 카드 역시 미래가 그렇게 된다고 말하는 관점이기 때문에 역시 '알고 있다'의 관점이다.

총괄하면, 상징의 관점에서는 세 카드 모두 원형이 관여한다. 하지만 역할의 관점에서는 첫 번째 '문제의 원인' 카드만을 원형, 즉 무의식의 상황으로 간주한다.

→ 첫 단계로서 문제의 원인을 찾는 시점이다. 다시 말해 무의식으로 내면에 잠재해 있는 나의 열등한 의식 또는 인격을 탐색하는 과정이다. 하지만 무의식은 접근 자체가 불가능하다. 다행히 처음 나온 카드의 그림은 우연의 일치를 통해 무의식적인 내담자의 내면을 드러내고 있기 때문에 상담자는 그 원형적 이미지를 통해 내담자의 삶에서 문제가 되는 열등의식, 즉 내면의 페르소나를 찾아낼 수 있다.

② 문제해결방법

문제해결에 대한 방법을 제시하는 단계로, 내담자는 상담자에게서 통찰과 조언, 충고 등 많은 것을 얻을 수 있다.

→ 중간 단계로서 내담자가 내면의 열등의식을 수용하고 화해하기 위해 어떻게 생각하고 행동해야 하는지를 알려준다. 이 카드는 내담자에게 문제의 원인이 되는 열등의식을 '인정하고 수용하라'는 마음자세를 주문하기도 하고, 또는 좀 더 적극적인 행동을 통해 억눌린 감정을 표현하라고 주문하기도 하고, 때로는 좀 더 시간을 갖고 기다려야 하는 인내와 끈기를 주문하기도 한다. 하지만 카드에서 나온 것은 내담자의 문제를 해결하기 위한 하나의 중요한 방법일 뿐, 현실에서는 그것말고도 내담자에게 요구되는 또다른 다양한 조건들이 있을 것이다. 그러므로 내담자는 해당 문제를 해결하기 위해 다양한 노력을 해야 한다.

③ 최종 결과

문제에 대한 최종 결과를 보여준다.

→ 최종 목적지로서 이 카드는 내담자의 결과를 나타낸다. 만약 결과가 나쁘다면, 문제해결을 위한 내담자의 노력이 부족하다는 것을 예고한다. 결과가 보통이라면, 내담자의 문제는 근원적으로 해소되지 않고 단지 적당한 선에서 타협하고 지나간다는 예고이다. 하지만 이 두 경우를 실패라고 말할 순 없다. 왜냐하면 내담자의 노력이 일정 부분 반영되었다는 것을 의미하기 때문이다. 내담자가 심볼론 카드를 뽑는 순간, 내담자는 이미 자기 내면에 자리잡은 문제의 열등의식을 인식했기 때문이다. 내담자는 그것조차 몰랐던 이전의 내담자와 확연히 다르다. 다시 말해 내담자가 자신의 문제를 인식하기 위해 기억하려고 애쓴 만큼 그 기억은 내담자의 의식 속에 이미 인출되어 있고, 이 기억은 어떤 방법으로든 내담자에게 해결해달라고 끊임없이 신호를 보낼 것이기 때문이다.

심볼론 카드의 기획자는 이 카드를 펼쳤다면 문제의 원인을 인지하고 그 원인을 두려워하면서 "나는 안 돼", "나는 원래 이렇게 생겨먹었어" 같은 패배감에서 멈추지 말길 바란다. 예를 들어, 물 속에 조심스레 발가락을 담그기만 했는데 물이 두려워 회피하기보다는, 수영을 배워보려는 노력을 통해 물을 극복하라는 것이다.

결론적으로 말하면, 두려워서 시작 자체를 하지 않는다면 부분적인 성공도 얻지 못할 것이다. 반대로 시작을 했다면 비록 정상 등반에 실패하더라도 정상을 향해 나아가야 한다. 비록 중도에서 실패한다 해도 포기하지만 않으면 실패는 성공의 한 과정일 뿐이라고 심볼론 카드의 기획자는 주장한다.

심볼론 카드 해석의 두 축은 이미지와 점성학 기호이다. 물론 이미지를 활용할 때 자연스럽게 점성학 기호의 의미를 의식할 수 있고, 점성학 기호를 사용할 때 역시 이미지를 참고할 수 있다. 필자가 볼 때 심볼론 카드의 이미지는 점성학 기호를 먼저 설정한 다음, 그에 맞게 이미지를 그린 것이다. 사실 원시적 원형 차원에서는 이미지가 먼저이다. 이미지는 원형의 표현이고, 원형은 본능이며, 본능은 무의식적인 것이다. 하지만 심볼론 카드는 상담에 활용하기 위해 만들어졌고, 또 삶의 다양한 주제를 다루기 위해 기획되었기 때문에 주제를 변별할 때 인격(페르소나)의 분석적인 유형이 필요하다. 다행히도 점성학 기호는 그 인격의 주요 특성을 체계적으로 유형화해놓은 것이기에 매우 유효하다.

심볼론 카드 해석에서 점성학 기호를 활용하는 방법은 두 가지다. 기호의 속성만 단순하게 이용하는 일반적인 방법과, 하우스와 행성을 이용하는 좀 더 고급스런 방법이다. 점성학적 해석법 역시 기본은 3장 배열법이다. 6장을 배열하는 피라미드 배열법은 실전에서 생겨난 것으로, 사용하는 카드의 수가 많은 만큼 좀 더 복잡한 상황을 탐색할 수 있다는 장점이 있다. 배열법 자체의 차이는 없다. 카드를 해석하는 도구가 회화적인 이미지인가, 점성학적 상징인가만 다를 뿐이다.

1. 기호만 단순하게 이용하기(일반적 사용법)

가장 많이 사용하는 방법으로, 카드의 점성학 기호에 담긴 의미를 내담자의 상황에 맞게 좀 더 확장하여 적용한다. 〈Chapter 3 심볼론 카드의 점성학적 활용〉에서 심볼론 카드 78장의 점성학 키워드와, 별자리와 별의 상관관계를 자세히 소개하고 있다. 여기에서는 별자리와 별이 하나씩 있는 경우(메이저 카드)와, 별자리와 별이 각각 2개씩 있는 경우(달 카드 · 태양 카드 · 메이저 카드)로 나누어 설명한다.

1) 별자리와 별이 하나씩 있는 경우

별자리와 별(행성)이 1개씩 나와 있는 메이저 카드를 읽는 방법이다.

1번 전사 카드

♂
화성

♈
양자리

- **긍정_** 힘, 용감, 도전
- **부정_** 성욕, 폭력, 성급, 소란, 공격

- **긍정_** 도전, 모험, 과감, 투지
- **부정_** 충동, 무모, 자만, 이기

1번 전사 카드는 왼쪽 하단에는 화성이, 오른쪽 상단에는 양자리가 배치되어 있다. 만약 내담자가 "우리 남편이 왜 일을 자꾸 벌일까요?"라고 물었는데 이 카드가 문제의 원인으로 나왔다면, 이미지를 봤을 때 '강하다' 또는 '전투적이다'라는 느낌을 받을 수 있다.

하지만 화성과 양자리의 속성을 이용한다면 어떨까? 먼저 상담자가 직관적으로 "혹시 남편분의 성기능에 문제가 있나요?"라고 던졌는데, 내담자가 "예, 임포텐츠(발기부전)가 심해요"라고 대답했다고 치자. 이것은 이미지로는 쉽게 끌어내기 힘든 키워드인데, 상담자가 이 질문을 던진 이유는 화성의 부정적인 의미 중에서 '성욕'을 염두에 두었기 때문임을 짐작할 수 있다. 물론 여기에 나와 있는 키워드 중에서 무엇을 사용할지는 상담자가 직관적으로 정한다. 양자리와 화성의 속성을 다 사용해도 좋고, 둘 중 하나만 사용해도 좋다. 긍정의 의미와 부정의 의미 역시 내담자의 문제를 꿰뚫은 상담자가 직관적으로 취사선택한다.

사실 이 카드의 이미지와 점성학 기호의 관계를 고찰해보면 그림의 주인공은 전쟁의 신 아레스이다. 그는 매우 충동적이고 과감한 성격의 소유자로, 양자리의 속성이 이를 잘 설명해주고 있다. 또한 전쟁의 신 아레스가 들고 있는 칼과 방패가 바로 화성의 기호로 상징화되어 있는 것을 볼 때, 이미지와 점성학 기호가 서로 일치하는 것을 알 수 있다. 하지만 점성학 기호는 이미지에서는 금방 떠오르지 않는 디테일한 속성을 좀 더 분석적으로 다루고 있다.

　만약 이 카드가 문제해결방법으로 나왔다면, "남편의 임포텐츠를 근본적으로 치유하기 위해 병원을 찾아가거나, 욕구불만을 일이 아닌 다른 취미로 해소할 수 있게 해주거나, 억압된 성에 대한 심리적 안정을 위해 배우자로서 좀 더 긍정적으로 친절하게 다가가는 게 좋겠네요"라고 말해줄 수 있다.

　끝으로 이 카드가 최종 결과로 나왔다면, "남편이 아마도 당분간(타로카드는 3~6개월을 예상함) 일을 더 벌일 것으로 보입니다"라고 해석할 수 있다.

　점성학 기호의 속성인 여러 키워드 중에서 무엇을 선택할지는 내담자의 상황과, 그에 따른 상담자의 직관에 달려 있음을 다시 한 번 알려드린다.

2) 별자리와 별이 둘씩 있는 경우

별자리와 별이 둘씩 그려진 카드(달 · 태양 · 메이저 카드)를 읽는 방법이다.

13번 반항 카드

• **속성_** 음, 물, 느낌, 활동	♋ 게자리	• **속성_** 양, 불, 직관, 활동
• **긍정_** 감성, 보호, 양육, 헌신, 희생, 회귀본능 • **부정_** 불안, 고민, 나약, 냉정, 퇴행		• **긍정_** 도전, 모험, 활달, 과감, 투지, 순수 • **부정_** 충동, 즉흥, 무모, 자만, 이기, 주의 깊지 못한, 무조건
• **긍정_** 감상, 감정, 내면, 무의식, 기억, 과거 수용, 공감, 성장과 쇠퇴 • **부정_** 민감, 불안, 고독, 습관	☽ 달	• **긍정_** 힘, 용감, 도전 • **부정_** 성욕, 폭력, 성급, 소란, 공격
달+화성	• **긍정_** 기억하는, 지각 있는, 다재다능 • **부정_** 호전적, 들들 볶음, 지나친 감정	
별자리+별	• **게자리 – 화성 ⇒ 기능저하_** 억압된 감정의 분출, 보호하는 데 에너지 바침 • **양자리 – 달_** 열광 · 활동 · 도전, 독립적, 불복종, 욱하는 기질, 예리한 상상력과 강한 본능	

(우측 양자리 영역: ♈ 양자리 / ♂ 화성)

13번 반항 카드는 왼편에 게자리와 달, 오른편에는 화성과 양자리가 각각 배치되어 있어서 앞에 나온 1번 전사 카드보다 복잡한 형태이다. 만약 메이저 카드인 1번 전사의 성격을 '맹목적으로 투쟁적이다'라고 단순하게 정의한다면, 이 카드는 한 가지 조건을 더 달고 나온다. 예를 들어, '유독 자신을 보호하려는 것에 대해서만 투쟁적이다'라고 정의할 수 있다. 다시 말해 1번 전사 카드나 13번 반항 카드 둘 다 양자리와 화성이 있으므로 전투적이다. 하지만 13번 반항 카드는 게자리가 '보호'라는 의미를 갖고 있기 때문에, 평소에는 별일 없이 지내지만 누군가 자신을 필요 이상으로 보호하려고 하면 '반항심'이 발동하게 된다. 물론 심리학적 관점에서 보면, 어릴 때 부모의 과잉보호에 너무나 주눅이 들었는데 성장한 후에 그 억압을 자신의 의지로 밀어내고 싶은 마음이 발동했다고 추측할 수 있다. 그러니 이 카드는 단순히 맹목적인 '투쟁적'이 아니라, 투쟁적일 수밖에 없는 과거의 기억, 즉 내러티브(narrative, 서사)를 게자리와 달을 통해 우리에게 보여주고 있다.

　　만약 내담자가 "우리 남편이 왜 일을 자꾸 벌일까요?"라고 물었는데, 문제의 원인으로 이 카드가 나왔다면, 상담자는 내담자인 아내가 문제의 원인이라고 간주할 수도 있을 것이다. "아마 제 생각에는 (아내가) 하지 말라고 하니 더 하고 싶은 것 같아요"라고 말이다. 물론 이 남편의 근본적인 문제는 자신의 열등의식인 내면의 페르소나에 있고, 그 내면의 페르소나가 형성된 원인은 그의 어릴 적 친모, 즉 남편의 어머니와 관련되었을지도 모른다. 추측하건대, 남편의 어머니가 남편이 하는 일마다 위험하다는 등 공부에 방해된다는 등 이런저런 이유를 들며 사사건건 못하게 했기 때문에 성장한 남편은 무의식적으로 아내의 잔소리를 자기 어머니의 잔소리와 동일시했고, 순전히 '어머니(현실의 아내)에 대한 반항심' 때문에 일을 벌였다고 보인다. 물론 이것은 정답이라기보다 많은 경우의 수 중에 하나이고, 정답은 내담자와의 상담과정에서 상담자가 직관적 또는 논리적으로 유추해야 한다.

　　만약 앞의 질문을 놓고 문제해결방법으로 이 카드가 나왔다면, 상담자는 내담자에게 "남편을 너무 아이처럼 대하지 마세요. 그의 생각을 존중하고 문제가 어떻게 시작되었는지 논리적으로 판단하세요. 때로는 남편이 틀리더라도 잘했다고 칭찬해주는 것도 하나의

방법이 될 수 있어요"라고 말할 수도 있다. 물론 남편이 틀렸는데도 잘했다고 칭찬하는 건 어쩌면 독이 될 수도 있다. 내담자의 남편이 지금껏 자기 의지로 사는 것을 주위 사람들 모두가 불안한 시선으로 바라봤을 것이다. 하지만 정작 남편에게 필요한 것은 일의 승패가 아니라 주변의 지지와 격려였는지도 모른다. 나아가 지지와 격려를 바탕으로 부부가 신뢰를 쌓아야만 그 기초 위에서 문제를 논리적으로 분석할 수 있다. 물론 아내 역시 남편의 어머니처럼 남편에게 잔소리가 너무 많지 않은지 생각해봐야 하지만 말이다.

만약 앞의 질문을 놓고, 최종 결과로 이 카드가 나왔다면 어떨까? 상담자는 "남편은 아마 자신이 무작정 일을 벌이는 것이 무모하다는 걸 깨닫게 될 것입니다"라고 해석해줄 수 있다.

여기서 매우 중요한 부분이 있는데, 심볼론 기획자는 결과가 항상 긍정적으로 바뀐다는 믿음을 기본으로 삼고 있다. 이는 문제의 해결방법을 알고 노력한다면 당연히 그렇게 될 것이라는 게 심볼론 카드의 애초 목적이기 때문이다. 하지만 실전상담에서 상담자가 "아마 계속 반항할지도 모르겠네요"라고 해석하는 경우가 있는데, 이는 '해결책을 줘도 그렇게 행동하지 않을 것으로 보인다'는 상담자의 직관이 작용한 결과이다. 필자 역시 심볼론의 애초 목적과 현장상담의 현실 사이에서 늘 딜레마를 겪는다.

2. 하우스와 별 이용하기(고급자 사용법)

이 방법은 하우스와 별을 이용하는 매우 정교한 방법이다. 심볼론 카드 78장을 모두 사용하며, 하우스와 관련된 점성학적 상징을 잘 알고 있어야 한다. 참고로 12하우스는 저마다 삶의 기본적인 주제들이 설정되어 있고, 12별자리의 속성은 다음과 같이 메이저 카드 12장의 성격(인격·페르소나)과 일치한다.

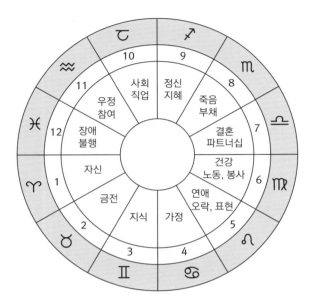

12하우스별 주제표

12하우스와 메이저 카드 대응표

하우스와 별을 이용한 실전상담 방법은 다음과 같다.

1. 먼저 내담자의 질문을 받는다.

2. 내담자에게 숫자 1~12 중에서 하나를 말하게 하고 그 숫자를 적어둔다.

3. 다시 내담자에게 숫자 1~12 중에서 하나를 말하게 하고 그 숫자를 적어둔다.

4. 내담자에게 78장의 카드 중에서 하나를 뽑게 해서 카드 아래에 그려진 별을 적어 둔다. 메이저 카드가 나오면 1개의 별을 적지만, 좌우 양쪽에 별이 2개 나오면 오 른쪽 별을 적는다.

4번 어머니 카드
별이 하나이므로
그 별(달)을 적는다

18번 가족 카드
별이 둘이므로
오른쪽 별(금성)을 적는다

만약, 내담자가 "집에 있으면 스트레스가 쌓여요. 남편이 제가 커피숍 하는 걸 싫어하는 데, 남편이 반대하는 걸 알면서 왜 자꾸 하고 싶을까요?"라고 묻고 숫자 4와 11, 그리고 금성을 선택했다고 가정하자. 이때 4는 4하우스이고, 11은 4하우스에 물병자리이고, 별은 금성이라는 뜻이다. 이를 알기 쉽게 그림으로 나타내면 4하우스에서 물병자리와 금성이 결합하는 경우임을 바로 알 수 있다.

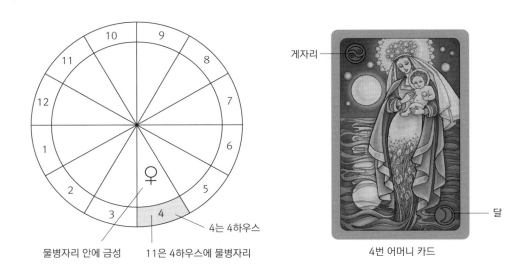

물병자리 안에 금성
11은 4하우스에 물병자리
4는 4하우스

게자리

달

4번 어머니 카드

p.68의 12하우스별 주제표를 보면 4하우스가 게자리임을 확인할 수 있다. 또한 12하우스와 메이저 카드 대응표를 보면 4하우스가 4번 어머니 카드와 대응되는 것을 알 수 있다. 따라서 4하우스 카드를 4번 어머니 카드로 도출할 수 있으며, 게자리와 달이라는 점성학 기호를 발견할 수 있다.

4하우스 카드를 찾았으므로 이어서 물병자리와 금성의 결합 카드를 찾으면 다음 49번 작별 카드가 나온다.

물병자리

금성

49번 작별 카드

이제, 금성이 지배하는 두 별자리인 황소자리 카드와 천칭자리 카드를 주목하면 2번 연인 카드와 7번 파트너 카드가 나온다. 참고로 만약 수성이 지배하는 카드를 찾는다면 쌍둥이자리 카드와 처녀자리 카드를 주목해야 한다. 달이나 태양의 경우는 각각 하나의 별자리만 지배하기 때문에 달이 지배하는 경우는 게자리 카드를, 태양이 지배하는 경우는 사자자리 카드만 찾으면 된다.

2번 연인 카드

7번 파트너 카드

다시 금성으로 돌아오면, 금성은 자신이 지배하는 황소자리와 천칭자리 모두의 내면, 즉 내면의 인격을 지니고 있다. 따라서 두 별자리는 서로 관련지어 고려할 필요가 있다. 금성은 일차적으로 나의 매력을 나타내지만, 금성이 지배하는 것은 천칭자리이므로 '파트너십의 필요성'에 관련될 수도 있다. 물론 황소자리도 이 상황에 자연스럽게 관여하게 된다. 황소자리의 안정적인 성향이 파트너십에 영향을 미치게 되는 것이다.

황소자리와 천칭자리 모두 4하우스에 있다면 게자리의 영역 내에 있게 되는데, 게자리를 지배하는 별은 달이다. 따라서 게자리는 '4하우스=게=달'이라는 기본적 관계의 틀로 정리할 수 있다.

이해가 됐다면, 이제 달을 나타내는 4번 어머니 카드를 2개의 금성 카드(황소자리 · 천칭자리)와 나란히 놓는다. 이것은 4하우스의 하위개념에 포함된다.

4하우스

황소자리

천칭자리

4번 어머니 카드

2번 연인 카드

7번 파트너 카드

하지만 금성과 달의 조합이 아직 남아 있는데, 14번 이브의 두 얼굴 카드와 18번 가족 카드이다. 우리는 이 카드들에서 작은 갈등이 시작되었다는 것을 짐작할 수 있다.

14번 이브의 두 얼굴 카드   18번 가족 카드

또한 18번 가족 카드는 7번 파트너 카드에서 시작되었다는 것을 알 수 있다(천칭자리-결혼). 14번 카드의 여자는 거울 앞에 서서 '나는 어머니가 되고 싶은가? 애인이 되고 싶은가?'를 고민한다. 어떤 선택을 해도 그녀에겐 미련이나 죄책감이 남을 것이다.

18번 가족 카드

7번 파트너 카드

그렇다면 '4하우스 금성'에 물병자리를 추가하면 어떻게 될까?

황소자리와 물병자리의 결합은　　게자리와 물병자리의 결합은　　천칭자리와 물병자리 결합은
49번 작별 카드가 된다.　　　　22번 해방 카드가 된다.　　　　67번 이별 카드가 된다.

위의 세 카드만 보면 14번 카드의 여자가 내면에 얽매이지 않고 자유롭고 자유분방한 마음을 가지고 있다는 것을 알 수 있다. 하지만 자유분방함에도 불구하고 모성애에 끌리는데, 그 이유는 금성과 천칭자리의 파트너십 그리고 게자리의 가정에 대한 끌림 때문이다. 만약 자유분방함을 유지할 수 있다면 그녀 내면의 인격이 파트너십과 가정에 대한 끌림을 차단하고 있다는 의미다. 자유로움과 모성 중에서 하나를 선택한다는 것은 동전의 앞뒷면처럼 두 욕망 중 어느 한쪽을 억압할 때 가능하다는 것을 14번 카드는 보여준다. 이 카드의 원리를 통해 점성학적 관계성과 그 쓰임을 잘 이해하기 바란다.

　　비록 그녀가 자유와 모성 중 어느 한쪽에 치우친다고 해도 나머지 한쪽을 사라지게 할 수는 없고 단지 억압할 수만 있다. 즉 이 카드에서 달과 금성이 서로 다른 속성일지라도 둘 다 내면의 인격이며, 그렇게 지향하는 것이 내면의 인격이 할 임무이다. 그러므로 이 카드에 그려진 상대적인 점성학적 상징을 거부하지 말고 받아들여야 한다. 만약 당신이 파트너십이나 모성을 끊고 자유를 원한다고 해도 그것을 영원히 끊을 순 없기 때문에, 내적인 조화를 위해 그것들을 내면의 인격으로 받아들이고 통합해야 한다. 따라서 1장의

카드에 그려진 모든 점성학적 상징은 내면의 인격(페르소나)이므로 어느 하나를 억압하는 대신 자신의 근본적인 동기로 인정하고 좀 더 친숙해져야 한다.

　기억은 망각이라는 억압의 형태로 머물고 있는 내면의 인격을 되살리고 통합하는 행위이다. 달과 금성이 서로를 외면하고 억압하는 것을 스퀘어(90°)라고 할 수 있는데, 이 경우 문제가 해결되는 것이 아니라 더욱 극단으로 치우치게 되고, 결국은 그만큼 정반대의 인격을 필요로 하거나 그리워하게 될 것을 예고할 뿐이다.

　다시 처음으로 돌아와서 "집에 있으면 스트레스가 쌓여요. 남편이 제가 커피숍 하는 걸 싫어하는데, 남편이 반대하는 걸 알면서 왜 자꾸 하고 싶을까요?"라는 질문에 대해 답한다면 아마 다음과 같이 결론지을 수 있을 것이다. "만약 당신이 남편을 무시하며 잠재되어 있는 가정 내의 문제(육아)를 끊고, 자신만의 고상함으로 치장하고 자유를 원한다고 해도 남편이나 집안문제를 영원히 끊을 순 없습니다. 결국 커피숍을 차리려고 하는 건 가정 내의 상황에서 도피하고 싶기 때문에, 고상함과 자유분방함만이 자기 모습이라고 생각하는 것은 아닌지요. 그것을 보장해줄 곳이 커피숍이라고 생각하는 것 같아요."

　만약 7하우스에 달과 금성이라면, 7하우스는 파트너십을 나타내고, 달은 4번 어머니 카드를 나타내며, 금성은 2번 연인 카드를 나타낸다.

7하우스

달

금성

7번 파트너 카드　　　　　4번 어머니 카드　　　　　2번 연인 카드

따라서 그것들이 결합된 카드는 14번 이브의 두 얼굴 카드이다.

14번 이브의 두 얼굴 카드

이 경우 또다른 문제점이 발견된다. 금성은 파트너십인데 달은 보살핌이므로 파트너를 통해 보살핌을 받고 싶어한다. 또한 금성은 스스로 아름답게 꾸미고 싶은데, 달은 보호라는 명목으로 어머니처럼 간섭한다. '내부'의 적이란 이런 경우를 두고 말한다.

이렇게 점성학의 관점에서 심볼론 카드를 보면, 1장의 카드에 그려진 점성학 기호와 관련된 카드를 추가로 뽑아서 상담을 좀 더 깊이 있게 끌고 갈 수 있다.

2

심볼론 카드의
이미지 활용

심볼론 카드의 3장 배열법과 주제 설정

메이저 카드의 회화적 의미

달 카드의 회화적 의미

태양 카드의 회화적 의미

마이너 카드의 회화적 의미

실전 사례

※ 이 장의 해석은 독일의 피터 오번이 직접 쓴 글이다. 원래 독일어인데 영어로 옮긴 원본을 다시 한국어로 번역하다보니 불완전하거나 거친 문장이 많았다. 집필자가 충분히 부드럽게 의역을 할 수 있겠지만, 그러한 해석은 피터 오번의 진의를 왜곡할 수 있기 때문에 최대한 영어 원문을 훼손하지 않고 그대로 살려서 독자가 판단할 수 있도록 최대한 심혈을 기울였음을 밝힌다.

symbol

이미지 해석법을 진행하는 방식은 다음과 같다.

1. 질문을 받는다(물론 주제는 내담자가 정한다).

2. 카드를 스프레드하고, 뒤집어진 카드에서 왼손으로 3장을 무작위로 뽑게 한다.

3. 해석을 위해 카드에 문제의 원인, 문제해결방법, 최종 결과 순으로 주제 설정을 하고 차례대로 배열한다.

| 문제의 원인 | 문제해결방법 | 최종 결과 |

각각의 카드는 어떤 위치에 놓이는가에 따라 해석이 달라지는데, 이제부터 심볼론 카드 78장의 위치별 기본 해석을 하나하나 자세하게 소개한다. 물론 이 해석은 질문자의 상황과 피드백에 따라 얼마든지 달라질 수 있다. 하지만 '키워드 요약'이라는 기본 키워드는 카드 해석을 위한 보편적 개념으로서 일관성을 지녀야 하며, 이 보편적 의미를 중심으로 좀 더 세밀하고 파생적인 해석으로 나아가야 한다.

상황과 때에 맞는 다양한 관점의 훌륭한 해석을 하기 위해서는 필자의 해석 이면에 숨어 있는 의미와 글과 글 사이에 숨어 있는 행간의 의미, 그림을 보는 관찰력, 그리고 상담 경험에서 파악되는 직관적인 의미를 종합해야 한다.

01

전사
The Warrior

키워드 요약 공격·투지, 성취할 수 있는 힘·공간·용량·가능성, 정복, 선동자, 남성적 화력, 새로운 시작의 에너지

＊고르디아스의 매듭(Gordian knot)＿ 고르디아스는 그리스 신화에 등장하는 프리기아의 왕으로, 손에 닿는 것은 모두 황금으로 변했다는 미다스의 아버지이다. 고르디아스가 프리기아의 수도 고르디온을 건설한 뒤 자신의 수레를 묶어둔 매듭을 고르디아스의 매듭이라고 한다. 이 복잡한 매듭을 푸는 이가 아시아의 지배자가 된다는 신탁이 전해 내려왔는데, 알렉산더 대왕이 칼로 매듭을 잘라버림으로써 매듭을 풀었다. 고르디아스의 매듭은 '아주 힘든 일'을 상징하기도 한다.

문제의 원인	문제해결방법	최종 결과
문제의 근본원인은 당신의 분노와 공격입니다. 당신 내면의 페르소나에게 대체 무슨 일이 생긴 걸까요? 당신은 왜 이러한 감정을 숨기나요? 아마도 당신은 그런 감정들을 부도덕하게 느끼는 것 같네요. 어쩌면 당신은 너무도 교양 있고 세련되어서 모든 것이 이성적으로 처리되어야 한다고 생각하는지도 모릅니다. 아니면 당신은 저렇게 폭력적인 자신이 비겁하다고 느끼거나, 아예 직시하고 싶지도 않은 것 같습니다.	앞으로 당신은 점점 더 적극적으로 행동합니다. 당신을 묶고 있는 고르디아스의 매듭＊을 풀기 위해 행동하라고 요구받고 있습니다. 행동할 각오 없이는 더 이상 단 한 발짝도 앞으로 나아가지 못할 것입니다.	당신은 행동할 수 있는 힘을 회복합니다. 당장이라도 재기할 수 있는 힘이 있습니다. 이 카드에 드러난 상징이 힘을 모을 수 있는 새로운 시점임을 예고하므로, 당신 안의 전사는 인생의 게임에서 새로운 라운드를 시작할 수 있습니다.

핵심 포인트		
• 분노와 공격성이 문제이다 • 너무 이성적이다 • 폭력적인 자신을 거부한다	• 더 적극적으로 행동해야 한다	• 행동할 힘을 회복한다 • 새로운 기회가 시작된다

연인

The Lover

키 워 드 요 약 가치, 매력·끌림, 소유, 사교성,
육체적 매력(물질적인 매력)

문 제 의 원 인	문 제 해 결 방 법	최 종 결 과
당신은 마음 속 깊이 자신이 무가치 하다는 생각에 사로잡혀 있습니다. 스스로에 대한 이러한 과소평가, 즉 '난 내 자신이 싫어'라는 감정을 밖으로 드러낼 수 있어야 합니다. 사랑받고 있는지 알기 위해 또는 이성을 유혹하기 위해서 남들의 시선이나 관심을 의식하는 것으로는 더 이상 충분하지 않습니다.	당신이 여태 깨달아왔듯이 물질과 육체를 놓아버려야 합니다. 당신 앞에 놓인 길은 비너스를 향해 펼쳐져 있습니다. 그것은 비너스와 친구가 된다는 의미입니다. 감각적인 경험으로 삶을 보고 배워야 합니다. 육체의 아름다움이나 물질에 대한 욕망 또는 소비가 아닌 영혼의 거주지로서 신체의 가치를 존중하고, 영혼을 풍요롭게 가꾸기 위한 수단으로 물질을 대해야 합니다.	당신의 길은 스스로에 대한 자부심을 갖게 합니다. 당신은 이제 현실적으로 판단할 수 있으며, 물질을 물질 그 자체로 보게 됩니다.

핵 심 포 인 트		
• 자신을 무가치하게 여긴다 • 자신을 표출해야 한다 • 사랑을 확인하려 한다	• 타고난 외모에 집착하지 말고 미적 감각을 키워야 한다 • 경험을 사용해야 한다 • 물질은 수단임을 이해해야 한다	• 자부심을 갖게 된다 • 현실적으로 판단할 수 있다 • 물질에 집착하지 않게 된다

중재자

The Mediator

키워드 요약 (신들의) 메신저, 지력(知力), 접촉,
구경꾼, 용이함, 수완이 좋음

문 제 의 원 인	문 제 해 결 방 법	최 종 결 과
당신은 현재의 삶이 불만스럽습니다. 이 삶이 너무 피상적이며, 진부하고, 권태롭습니다. 당신은 수성이 주는 의미와 요구를 받아들이고 싶지 않습니다. 당신은 수성의 메신저인 헤르메스를 거부하고 쫓아버렸습니다. 그래서 헤르메스의 날개, 즉 가벼움, 밝음, 긍정적 태도, 수완을 잃어버렸습니다.	헤르메스는 문제를 가진 사람에게 해결책을 제시합니다. 그의 메시지는 다음과 같습니다. "한 발 떨어져서 현재 상황을 조용하게 바라보고, 진실한 감정으로 다가가서 편견 없이 객관적 태도로 문제를 직시하시오!"	아무리 힘든 길도 헤르메스의 날개를 이용하여 무의식과 의식을 결합시키고, 좀 더 중립적으로 자신을 보게 될 것입니다. 이 과정이 끝나면 자신만만하게 입가에 엷은 미소를 띠며 웃게 될 것입니다.

핵 심 포 인 트		
• 현재가 불만스럽다 • 주변의 현실을 거부한다	• 한 발 떨어져 문제를 보아야 한다 • 진실한 감정으로 문제를 보아야 한다	• 중립적인 입장이 된다 • 좋은 결과를 얻을 수 있다

04

어머니
The Mother

키워드 요약 여성적, 가족, 유아, 감정, 헌신, 수용,
영혼의 고향

문제의 원인	문제해결방법	최종 결과
당신의 감정, 즉 당신 영혼의 물은 "아니요!"라고 외치는 내면의 아이에 의해 말라버리고 있습니다. 그리고 그 "아니요!"라는 외침은 당신의 내면을 닫아버립니다. 당신은 자아를 느끼는 것을 두려워하며, 자신의 여성적인 면과 그 여성적인 면이 불러올 무력감에 겁먹습니다.	이 카드는 느끼는 대로 나아가라고 분명하게 조언합니다. 이성을 잠시 버리고 직관적으로 행동하세요. 당신 안에서 그 아이를 찾고, 그 아이가 스스로를 표현하면서 살게 해주세요.	당신은 내면의 아이를 받아들이고, 조화롭게 함께 살 것입니다. 고향에 이르듯, 당신의 원래 감정과 여성성으로 돌아가게 될 것입니다. 당신은 곧 자신 안에서 안정을 찾게 될 것입니다.

핵심 포인트		
• 내면을 닫아버리려고 한다 • 무력감에 겁먹고 있다	• 이성보다 직관을 따라야 한다 • 감정을 억누르지 말아야 한다	• 조화를 이루게 된다 • 안정을 찾게 된다

자아

The Ego

키워드 요약 힘, 염원·소원, 독특함, 영광,
다산·풍요로움, 독창성, 섹슈얼리티

문 제 의 원 인	문 제 해 결 방 법	최 종 결 과
당신은 활력이나 즐거움, 마음 속 깊은 비정함 등 필수적인 감정이 부족합니다. 이것은 자신의 에너지를 잘 사용할 수 없다는 걸 뜻합니다. 당신은 지배적인 행동을 통해 무기력함과 부족한 힘을 보충하려 하는지도 모릅니다. 진정한 삶을 어디에서 찾을 수 있는지 스스로에게 물어봐야 합니다.	자신의 정체성과 주체성, 그리고 스스로를 표현하는 법을 배워야 합니다. 비록 다른 사람에게 상처를 주더라도 당신 방식대로 살아갈 필요가 있습니다. 이 말이 들리는 것만큼 쉽지 않을 수도 있습니다. "그냥 당신의 삶을 살아가세요!"	당신의 길이 당신을 진정한 삶으로 이끌어줄 것입니다. 비록 지금 이 순간은 부족할지라도 곧 힘과 활력을 되찾을 것입니다. 그러면 온 마음과 영혼을 다해 주어진 일에 몰입하게 될 것입니다.

핵 심 포 인 트		
• 감정 표현이 부족하다 • 지배적으로 행동하려 한다 • 힘으로 자신의 부족함을 은폐하려 한다	• 감정을 표현하는 법을 배워야 한다 • 자신의 삶을 살아야 한다	• 진정한 삶을 찾게 된다 • 다시금 일에 열정을 갖게 된다

봉사자

The Servitor

키워드 요약 이유, 현실 수용, 합리성, 맑은 정신, 영혼의 균형

문제의 원인	문제해결방법	최종 결과
당신은 삶에서 지금의 상황을 거부합니다. 다른 사람들을 탓함으로써 자신의 깨끗한 모습을 유지하려고 합니다. 하지만 다른 사람들을 향한 당신의 손가락질은 부메랑이 되어 결국 자신을 향하게 됩니다.	지금은 억울하고 불만족스럽고 남들이 원망스럽게 느껴지더라도 받아들일 수밖에 없습니다. "눈을 낮추고 현재 상황에 적응하세요!"	배움의 과정이 즐겁고 행복하지는 않습니다. 조용하고 따분하며 지루한 과정이겠지만, 그 일이 주는 깨달음을 통해 당신의 영혼은 제자리를 찾고 평온해질 것입니다.

핵심 포인트		
• 현재를 거부하려고 한다 • 다른 사람을 탓한다 • 자신만 옳다고 믿는다	• 현재를 받아들여야 한다 • 현실에 적응해야 한다	• 권태롭지만 깨닫게 된다 • 평온을 찾게 된다

파트너

The Partner

키워드 요약 구별, 관계, 균형, 상징, 거울, 보충, 더 나은 반쪽

문제의 원인	문제해결방법	최종 결과
당신은 아직 거울을 들여다볼 준비가 되어 있지 않습니다. 거울에 비친 모습이 자신의 일부임을 인식할 준비가 되어 있지 않습니다. 거울에 비춰지듯 다른 사람들에게 비춰지는 자기 모습의 일부를 인정하길 거부합니다.	그 길은 다른 사람들을 이해하는 법을 배우는 것이 포함되어 있습니다. 이것은 상호교류를 의미하고, 다른 이들에게 화해를 시도하는 것을 의미합니다. 그러므로 당신의 눈뜨게 해주는 다른 사람들을 만나는 일은 매우 중요합니다.	당신은 다른 사람들 속에서 스스로를 재발견했고, 내부(또는 내면)와 외부(또는 외면)의 파트너 사이에서 조화와 균형을 찾았습니다. 그것은 당신의 자아가 내면의 페르소나를 수용하여 하나로 합쳐지는 것과 같다고 할 수 있습니다.

핵심 포인트		
• 자신을 인식하지 못한다 • 자신의 모습을 인정하지 않는다	• 타인을 이해해야 한다 • 서로 교류하고 화해해야 한다	• 자신을 재발견하게 된다 • 조화와 균형을 찾게 된다

유혹자

The Seducer

키워드 요약 악마, 환상, 아이디어, 자살, 의무,
집착(몰입), 열광, 지하세계

＊ 베르길리우스(Vergilius, B.C. 70~B.C. 19년)_ 로마제국의 대시인.
"정복할 수 있다고 믿는 자는 정복할 수 있다." 즉, 스스로의 믿음이 그
어떤 새로운 방법보다 근원적이거나 지름길일 때가 있다는 말로 유명
하다.

문제의 원인	문제해결방법	최종 결과
당신은 어떤 아이디어에 집착하다가 곤경에 빠졌습니다. 그 결과로 더 나은 무언가를 받을 수 있기를 바라면서 영혼의 일부를 내줬습니다. 당신은 악마의 세력에 지배당하고 있습니다. 악마와 도박을 하고 있습니다. 지금 이 순간 당신이 무엇에 집착하고 있는지 깨달아야 합니다. 딱 해야 할 만큼만 하세요. 그 이상도 그 이하도 하지 마세요.	당신은 터널 끝의 빛에 도달하기 위해 발을 붙들고 있는 땅을 어떻게든 박차고 나아가야 합니다. 그 이상은 할 수 없으니 아예 더 나은 방법을 찾는 것을 포기하세요. 더 나은 방법을 찾는 것은 악마가 좋아하는 아이디어 중 하나입니다. 이제는 베르길리우스＊의 조언만이 당신을 도울 수 있습니다. "자세히 보고 계속 나아가라 !"	번데기가 나방이 되듯 변태가 일어날 것입니다. 성경에서 모세가 황금 송아지를 파괴한 것처럼 오래된 우상은 파괴되어야 합니다. 이 우상은 실제로는 존재하지 않았기에 결국 햇빛을 받은 아침안개처럼 녹아내릴 것입니다.

핵심 포인트		
• 강한 욕망에 사로잡혀 있다 • 양심을 팔고 있다 • 집착하고 있다	• 욕망을 내려놓아야 한다 • 얕은 수를 쓰지 말아야 한다 • 곧고 정직하게 나가야 한다	• 곤경에서 빠져나오게 된다 • 현실에 빛이 비치게 된다 • 고통에서 벗어난다

설교자

The Preacher

키워드 요약 성직자, 선교사, 내면의 치료사, 믿음,
통찰력, 철학적 세계관

※ 카드에 그려진 일곱 갈래의 촛대(메노라)와 삼각형 2개를 엇걸어놓
은 다비드의 별은 유대교의 전통이다. 메노라는 솔로몬 성전에서 영원
히 타오르는 촛불을 상징한다.

문제의 원인	문제해결방법	최종 결과
당신의 동정심과 영적인 과거의 기억은 어디에 있습니까? 당신은 자신의 생각과 지식을 다른 사람들에게 강요하지만, 정작 자신에게는 황폐함만 쌓입니다.	'기억하세요!' 이 카드가 당신에게 조언하는 말입니다. 필요하다면 당신의 거울이 되어줄 사람이나 내면의 치료사를 찾으세요. 그리고 무엇보다도, 발걸음을 되짚어 가세요. 해결책은 당신의 과거에서만 찾을 수 있습니다.	당신은 계속해서 개방적으로 관대하게 성장할 것입니다. 그리스 신화에 나오는 기억의 여신 므네모시네는 여정의 끝에서 당신을 위해 최고의 보물을 준비하고 있습니다. 통찰력이야말로 영혼의 재산입니다.

핵심 포인트		
• 자신의 생각을 강요한다 • 순수함과 과거를 잃고 있다	• 주변의 도움을 받아야 한다 • 과거를 되짚어봐야 한다	• 관대하게 성장하게 된다 • 좋은 결과를 얻게 된다

주인
The Master

키 워 드 요 약 정당한, 책임, 운명, 나이든 사람, 죽음, 냉엄한 감독자

문 제 의 원 인	문 제 해 결 방 법	최 종 결 과
당신은 고지식하고 경직되어서 점점 융통성을 잃어버렸고, 누구와도 소통할 수 없는 딱딱한 껍데기가 되어버렸습니다. 마치 깊은 산 속의 고독한 요새로 전락한 것 같아요. 그 요새는 당신의 일부입니다. 그 요새를 자세히 들여다보면서 그것을 지은 책임을 받아들이도록 노력해야 합니다.	삶의 원리를 인생에 적용하는 것을 배워야 이 문제를 해결할 수 있습니다. 게임이 끝났으니 이제 당신의 문제와 솔직하게 맞서야 합니다. 바로 '성인'이 되어가는 과정입니다.	결과는 객관적인 운명을 받아들이는 것입니다. 아무도 영향을 미칠 수 없는 절대적인 힘을 받아들이고 인정하는 것입니다. 이제 당신은 자신을 책임져야 합니다. 이는 굳은 각오로 '예!'라고 답하고 자신의 인생에 최선을 다하는 것을 의미합니다.

핵 심 포 인 트		
• 폐쇄적이라서 융통성이 없다 • 소통이 부족하다 • 자신만의 세계에 갇혀 있다	• 타인과 생각을 교류해야 한다 • 융통성을 키워야 한다 • 문제에 솔직하게 맞서야 한다	• 운명을 받아들인다 • 최선을 다해 인생을 산다

광대*¹

The Jester

키워드 요약 배달원, 자유, 외부인·외톨이·왕따,
진정한 영웅, 스테픈울프*²

★1 타로카드에서 광대는 보통 어릿광대, 피에로, 거지, 부랑자, 나그
네, 미친놈 등 다양한 이름이 있다.
★2 스테픈울프(Steppenwolf)_ 영화 〈저스티스 리그(Justice League)〉
에서 왕을 죽이고 세계 정복을 계획하는 캐릭터.
더 읽을거리 ● p.120

문제의 원인	문제해결방법	최종 결과
당신은 자유라는 말의 원래 의미를 잊어버렸습니다. 당신은 현재 상황에서 벗어날 필요가 있다고 생각할지 모르지만, 외부의 높은 장벽 앞에서 매우 무기력하게 흔들립니다. 당신은 광대의 진정한 메시지를 이해하지 못합니다. 인간은 상황으로부터 성장하기 위해 모든 기회와 모든 영적인 길에서 노력해야 합니다.	현재의 복잡한 문제를 넘어 영적 공간을 찾으세요. 자유로 향하는 길은 그저 내려놓는 것뿐입니다. 역설적으로 들릴지 몰라도 현재의 문제를 놓으세요. 당신의 광대와 마주하여 스스로를 비웃는 법을 배우세요.	이전의 당신은 궁여지책으로 위기를 모면하려고만 했으나, 자기계발이 당신의 등에 날개를 달아주었습니다. 날아오를 수 있지만, 당신은 자기 등에 날개가 있는지도 모르는군요. 자 이제 날아오르세요.

핵심 포인트		
• 주변의 장벽에 둘러싸여 있다 • 무기력하게 흔들리고 있다 • 노력하고 있지 않다	• 영적 공간을 찾아야 한다 • 문제를 잠시 내려놓아야 한다 • 스스로를 비판해야 한다	• 문제에서 해방된다 • 날개를 펼치고 날 수 있게 된다

천사

The Angel

키워드 요약 진실, 신성의 반짝임·영매, 지혜, 직관, 꿈, 환상

문 제 의 원 인	문 제 해 결 방 법	최 종 결 과
당신은 길을 잃었습니다. 환상 때문에 진실을 판단하는 능력이 흐려졌습니다. 자신 안에 숨어들다가 스스로의 속임수에 빠져버렸습니다. 당신은 억압하고 문제를 회피하려 노력합니다. 현실을 직시하는 것을 피합니다. 그것을 깨닫기 전까지는 문제를 해결하기 위해 갈 길이 멀어 보입니다.	'해방'이라는 말을 있는 그대로 받아들여야 합니다. 바깥세상에서 벗어나서 내면을 들여다보세요. 당신의 문제는 바깥세상과 아무런 관계가 없습니다. 당신은 오직 당신 자신을 더 자세히 들여다볼 수 있을 뿐입니다.	바깥세상에서는 여정의 끝을 볼 수 없기 때문에, 처음에는 당신의 여정이 어디에서 끝날지 알 수 없었습니다. 그러나 결국 진리를 배운 당신의 별은 당신의 마음 속에서 빛날 것입니다.

핵 심 포 인 트		
• 현실을 피하고 있다 • 문제를 해결하려 하지 않는다 • 길을 잃었다	• 자신의 내면을 들여다봐야 한다 • 외부에서 답을 찾지 말아야 한다	• 좋은 결과를 얻게 된다 • 노력의 끝을 보게 된다

반항

Defiance

키워드 요약 파괴적인 아이, 격노, 달아나는 아이, 끓어오르는 분노, 어머니에 대한 증오, 여성스러움을 거부함

문제의 원인	문제해결방법	최종 결과
당신 안의 어린아이가 밖으로 나가기 위해 악을 쓰며 마음 속 깊은 곳을 향해 주먹을 휘두르기 때문에 당신의 배가 아픕니다. 온 세상은 '악'이며, 그 악이 당신을 힘들게 합니다. 자신이 어린아이임을 인정해야 합니다. 그리고 현명한 성인이 되기 위해서 여전히 먼 길을 가야 합니다.	억눌린 분노가 폭발하려고 하네요. 우선, 당신은 가장 깊은 곳에 있는 자아를 표출하기 위해 고통스러운 출산을 경험해야 합니다. 쌓인 분노가 표출되고 경험되지 않는 한 당신의 에너지는 순환할 수 없습니다. 그러니 다른 사람들에게 피해를 주지 않으면서 분노를 자유롭게 표현하는 방법을 찾으세요.	어린 시절, 반항, 분노, 짜증나는 감정 등을 겪은 다음에야 비로소 당신은 당신 안에 있는 작은 독재자와 평화롭게 지낼 수 있게 됩니다. 언젠가는 그 아이를 포용해야 합니다.

핵심 포인트

• 힘든 현실 속에 있다 • 주변상황 때문에 힘들다 • 미숙함을 인정해야 한다	• 자신을 표출해야 한다 • 주위 사람에게 피해를 주지 말아야 한다	• 비로소 평화를 얻게 된다 • 힘든 상황에서 벗어나게 된다

14

이브의 두 얼굴

The Two Faces of Eve

키워드 요약 역할의 충돌, 양면적인 감정, 한 몸 안에 있는 두 영혼, 아내와 애인

문제의 원인	문제해결방법	최종 결과
당신은 어려운 결정을 앞두고 마음을 정하지 못합니다. 둘 중에서 무엇을 포기해도 희생이 너무나 큽니다. 그래서 주저합니다. 그것이 문제의 핵심입니다. 당신의 가슴 안에 서로 다른 두 여성성이 공존하고 있습니다. 당신은 어머니와 애인 중 누가 되고 싶습니까? 결정은 문제를 압박할 뿐입니다. 이 카드는 당신의 우유부단함을 인정하라고 요구할 뿐입니다.	해결할 수 없는 서로 다른 길이 있음을 인정해야 합니다. 서로 '나를 택해!'라고 말합니다. 이것은 당신이 한 가지 일만 해서는 안 된다는 것을 의미합니다.	궁극적으로 당신은 두 얼굴 모두 당신의 영혼에 존재할 가치가 있음을 발견합니다. 둘 다 자신만의 시간과 장소가 있어서 서로를 가깝게 느끼지 못하지만, 당신에게는 둘 다 가까운 것들입니다. 그들이 서로 유지하는 거리를 당신은 받아들이게 됩니다.

핵심 포인트

• 결정을 내려야 할 상황이다 • 주저하고 있다 • 우유부단하게 행동한다	• 둘 다 옳을 수 있다는 것을 깨우쳐야 한다 • 양쪽 일을 다 해야 한다	• 선택을 받아들이게 된다 • 두 가지 다 포용하게 된다

의사 표현

Articulation

키워드 요약 감정의 토론, 심리치료(정신분석), 감정과의 접촉, 마음과 배꼽의 연결

문 제 의 원 인	문 제 해 결 방 법	최 종 결 과
당신은 감정을 드러내지 않고 피상적으로 행동하는 것을 즐깁니다. 감정을 인식하거나 표현하는 걸 피하기 위해 온갖 짓을 다 합니다. 그러나 당신은 오랫동안 그 행동에 대해 고심해야 한다는 것을 알고 있습니다. 억눌린 감정이 점점 마음을 잠식하여 결국 질병까지 일으킬 수 있음을 알아야 합니다.	당신의 삶에서 일어난 일들과, 당신이 느끼는 것들을 표현할 때가 왔습니다. 토론하지 않으면 진전은커녕 퇴보만 하게 될 것입니다. 만약 친구들이 당신 말을 들어줄 준비가 되어 있지 않다면 심리상담사라도 찾아가야 합니다.	이성과 본능은 서로 연결되어 있습니다. 당신은 감정을 드러내지 못할 뿐만 아니라, 지배는 커녕 제거하지도 못합니다. 생겨나는 감정들을 그냥 표현해도 됩니다. 그리고 그 감정을 심각하게 문제 삼을 필요가 없습니다. 그 감정들은 그렇게 중요하지 않습니다.

핵 심 포 인 트		
• 자신을 표현하지 않는다 • 현실을 외면한다 • 감정을 억누른다	• 감정을 표현해야 한다 • 주변의 도움이라도 받아야 한다	• 감정을 드러내지 못한다 • 현재 상황이 유지된다 • 생각보다 심한 상황이 아니다

16

양립불가

Incompatibility

키워드 요약 낙원에서의 추방, 이중성, 결혼,
밤과 낮, 음과 양

문제의 원인	문제해결방법	최종 결과
문제의 핵심은 남자와 여자 사이의 불일치를 이해하지 못하는 것입니다. 남자인 당신은 당신 안에 있는 여자(아니마)를 이해하지 못하며, 여자인 당신은 당신 안에 있는 남자(아니무스)를 이해하지 못합니다. 변화를 위해 상대의 관점에서 보도록 하세요.	당신이 소홀히 했던 부분에 주의를 더 기울일 필요가 있습니다. 어떤 부분인지 당신이 더 잘 알 것입니다. 당신의 남성적인 면에 여성성을 수용해야 하고, 반대로 당신의 여성적인 면에 남성성을 수용해야 합니다.	양쪽 모두 똑같이 중요한 측면이 있습니다. 하지만 이것만으로는 양쪽의 비호환성을 해결할 수 없습니다. 당신은 지금 양쪽 모두를 잘 알고 있으며, 각자에게 가치를 두고 있습니다. 당신은 상대를 존중하는 것이 최선임을 잘 알고 있습니다. 하지만 가슴으로 인정할 때 힘을 더 얻게 됩니다.

핵심 포인트		
• 서로를 이해하지 못한다 • 자신만의 관점으로 보고 있다	• 상대를 수용해야 한다 • 많은 주의를 기울여야 한다	• 양쪽 상황이 모두 유지된다 • 서로를 잘 인식하게 된다

보살핌

Caring

키 워 드 요 약 동정, 누군가를 보살핌, 배려,
속상함(고민), 문제아동, 과잉보호(보호증후군)

문 제 의 원 인	문 제 해 결 방 법	최 종 결 과
당신의 동정심과 보살핌에 의존하는 사람이 있다는 것을 잊었네요. 바깥 세상에서 당신이 돌봐주길 바라는 사람은 곧 누군가의 관심을 기다리는 당신 내면의 어린아이입니다.	당신 자신을 돌보세요. 당신 내면의 행복을 추구하세요. 다른 사람의 감정에 혼란스러워 마세요.	당신 내면의 모자관계가 회복되었습니다. 스스로를 돌보는 법을 배웠기 때문에 당신은 그렇게 두려워하지도 않고, 그렇게 무력하지도 않고, 다른 사람들의 배려를 크게 의식하지도 않습니다.

핵 심 포 인 트		
• 주변에 의존하고 있다 • 누군가에게 기대고 싶어한다	• 자신을 찾아야 한다 • 다른 사람의 눈치를 보지 말아야 한다	• 스스로를 돌보게 된다 • 두려움과 무력감에서 벗어나게 된다

가족
The Family

키워드 요약 제3의 힘, 영적인 접촉, 우리, 관계에 대한 고백, 복합체, 응집력

문 제 의 원 인	문 제 해 결 방 법	최 종 결 과
당신은 제3의 힘(아이)을 창조하는 데 기여했지만, 그것을 책임지는 걸 거부합니다. 당신은 제3의 힘을 영적으로 받아들이지 않습니다. 다른 사람에게 떠넘기면서 책임을 회피합니다.	그 문제를 해결하는 방법은 솔직하게 고백하는 것입니다. 고백이란 정신적으로 무언가를 받아들이고 헤쳐 나가야 한다는 것을 의미합니다. 하지만 제3의 힘 자체만으로도 어려움을 겪는 것이 문제입니다.	개별적인 구성요소보다 더 큰 제3의 공동체가 만들어집니다. 그 힘은 당신에게 속하기보다는 자신만의 인생이 있습니다. 두 부모는 일정 기간 동안에는 아이의 정신적 에너지를 자라게 해줄 필요가 있습니다.

핵 심 포 인 트		
• 책임을 회피하고 있다 • 현실을 받아들이지 않고 있다	• 솔직하게 행동해야 한다 • 내 의지로 해결할 수 없는 것이 있다	• 타인의 삶을 존중하라 • 최소한의 지원은 해줘야 한다

낙태

Abortion

키 워 드 요 약 영혼을 팔다, 희생된 여성성, 지나친
감정, 정신적 의존, 우울, 어머니라는 의미

문 제 의 원 인	문 제 해 결 방 법	최 종 결 과
악마가 손아귀에 당신을 꽉 쥐고 있습니다. 당신은 영혼을 삶의 적에게 바쳤고, 이제는 다른 사람들에게 위로를 구합니다. 그리고 누군가가 당신을 어둠에서 자유롭게 해줄 수 있다는 희망에 집착합니다. 당신을 빛으로 이끄는 길은 멉니다. 살아있는 세계로 돌아오기 전에 당신은 먼저 심연으로 내려가야 합니다.	그리스 신화의 페르세포네처럼, 힘들지만 당신은 희망을 품고 지하세계로 내려가야만 합니다. 당신이 팔았던 영혼을 되돌려 받기 위해서 바닥 끝까지 내려가 당신이 가진 모든 것을 바쳐야 한다는 의미입니다.	당신은 대리모라는 상상과 자기망상으로 많은 희생을 치렀습니다. 당신의 영혼에서 많은 것이 찢겨져야 했습니다. 상처는 오랫동안 아프겠지만, 충분한 통찰을 통해 더 많은 자유와 독립을 성취했습니다. 그래서 당신은 더 이상 희생한 것에 얽매이지 않습니다.

핵 심 포 인 트		
• 남에게 지배당하고 있다 • 남에게 의지하고 집착한다	• 희생을 감수해야 한다 • 희망을 갖고 참고 견뎌야 한다	• 자유와 독립을 얻게 된다 • 얽매이는 삶에서 벗어난다

므네모시네*

Mnemosyne

키워드 요약 기억, 치료, 영혼의 통찰, 개인적인 진실, 뮤즈(그리스 신화에서 예술과 학문의 여신)

＊ 티탄신족과 그들의 다음 세대인 올림포스신족 사이에 전쟁이 벌어졌을 때, 티탄신족인 므네모시네는 올림포스신인 제우스 편에 섰다. 그녀는 제우스와의 사이에서 9명의 뮤즈를 두었는데, 이들은 철학, 역사, 문학, 음악, 미술 등을 관장한다.
레테가 '망각'의 여신이라면 므네모시네는 '기억'의 여신이다. 명계에는 레테의 강과 므네모시네의 강이 있는데, 망자가 환생하기 전에 레테의 강물을 마시면 전생의 기억을 모두 잃지만, 므네모시네의 강물을 마시면 전생의 기억이 전부 되살아난다고 한다.

문제의 원인	문제해결방법	최종 결과
레테의 물이 당신의 영혼에 흐르면 기억할 기회가 사라집니다. 당신 안의 치료자인 므네모시네를 거부하다가, 당신은 계속 잊어버리는 마법에 걸려 힘들어하고 있습니다. 하지만 므네모시네는 당신과 접촉하고 싶어합니다. 그녀는 당신의 문제는 기억함으로써 해결될 수 있다는 것을 알려주고 싶어합니다.	어떤 형태로든 문제 해결에 도움이 될 수 있는 치료법이 필요합니다. 비록 치료법이 유용하긴 하지만, 꼭 '세속적인' 치료사일 필요는 없습니다.	어렵긴 했지만, 그 과정에서 당신은 중요한 통찰력을 얻었습니다. 당신은 자신을 낮추고 기억을 되찾았습니다. 바로 당신에게 전해지고 기억되는 모든 것입니다.

핵심 포인트		
• 현실을 외면하고 있다 • 옳은 판단을 못하고 있다	• 해결책을 찾아야 한다 • 문제를 해결해야 한다	• 현실을 직시하게 된다 • 옳은 판단을 하게 된다

얼음여왕

The Ice Queen

키 워 드 요 약 무정한 여성, 외로운 아이, 엄격한 어머니, 죄책감, 우울증

문 제 의 원 인	문 제 해 결 방 법	최 종 결 과
당신 문제의 근본원인은 내면의 인격이 감정을 차단해버렸다는 것입니다. 당신은 고슴도치처럼 몸을 웅크리고, 감정을 벽으로 둘러쌓았습니다. 그래서 지금 당신은 차갑게 반응하며 외부와 거리를 둡니다. 문제의 원인을 세상에 돌리는 대신, 스스로 감정을 차단한 책임을 져야 합니다.	이제는 더욱 성숙해질 때입니다. 아무리 많은 눈물을 흘린들 무슨 소용이 있냐고 하소연할 수 있지만, 진정한 여자의 눈물은 자기연민에서 나오는 눈물이 아닌 진짜 고통을 겪으며 흘리는 눈물입니다. 그런 눈물을 경험해야 합니다.	당신은 무감각한 감정을 책임져야 합니다. 그러면 자신의 냉담함이 다른 사람들 때문이 아니라 자신 때문임을 깨닫게 됩니다. 이 깨달음만이 당신을 녹일 수 있습니다.

핵 심 포 인 트		
• 감정을 닫고 있다 • 세상과 소통하지 않는다	• 자기 연민에 빠지지 마라 • 제대로 된 고통을 겪어야 성숙해진다.	• 본인의 모습을 찾게 된다 • 감정이 되살아난다

해방
Deliverance

키워드 요약 감정을 쏟아내다, 애티를 벗다, 비정한 해방, 불안정, 고향에서 추방되다

문 제 의 원 인	문 제 해 결 방 법	최 종 결 과
당신은 보호단계를 이미 지나쳤다는 것을 인정하기 싫어합니다. 이제 알에서 부화할 때가 되었습니다. 당신이 좁은 울타리에서 벗어나는 걸 너무나 두려워하기 때문에, 아마도 보호 껍질은 바깥에서부터 부서져 열릴 수도 있습니다.	당신은 이미 껍질에 깊은 균열이 생겼고, 무언가를 새롭게 만들어야 한다는 것을 알고 있습니다. 당신 인생의 일부는 노화되었습니다. 노화된 껍질의 남은 부분을 쪼아내기 위해 힘과 노력이 많이 필요하지만, 지금은 되돌릴 수 없다는 것을 알고 있습니다.	당신은 껍질에서 부화했습니다. 밖은 춥지만 성인이 되는 과정의 일부라는 것을 당신은 알고 있습니다. 시간은 당신에게 힘을 줄 것입니다. 그리고 당신의 영혼에는 '깃털'이 자라날 것입니다. 플라톤에 따르면, 이 일은 인간의 삶에서 일어날 수 있는 가장 중요한 일입니다.

핵 심 포 인 트		
• 무언가에 갇혀 있다 • 깨고 나와야 할 때가 되었다	• 힘과 노력을 들여야 한다 • 새로운 것을 만들어야 한다	• 껍질을 깨고 나올 수 있다 • 성숙해질 수 있다

잠자는 미녀
Sleeping Beauty-Slumber

키워드 요약 꿈, 갈망, 아직 태어나지 않은, 황홀한 정신, 직관, 무의식 상태인, 기다림, 움직임이 없는, 잠

문제의 원인	문제해결방법	최종 결과
당신은 집도 없고 불안정하지만 기대에 차 있습니다. 마음 속에 솟구치는 갈망이 있습니다. 그것을 진정시킬 수 있는 사람은 아무도 없습니다. 이것은 달콤한 고통일지 모르지만, 당신을 억압하기 때문에 너무나 혼란스럽습니다. 이와 같은 갈망을 막거나 제거하지 못한 채 그저 참아낼 수밖에 없습니다.	외로운 건 사실이지만, 신은 집 없는 자에게만 가호를 내려준다는 걸 당신은 깨달았습니다. 마음껏 꿈을 바라보세요. 그러면 당신 내면의 메시지를 보다 명확하게 느낄 수 있습니다. 외부세계를 계속 바라보기만 한다면 그 탐색은 헛된 일이 될 것입니다.	당신은 좀 더 심오한, 눈에 보이는 세상 너머의 보이지 않는 세상을 발견하게 됩니다. 그리고 그 곳에서 가이드를 찾게 될 것입니다. 직관과 통찰을 지닌 가이드가 당신에게 외부세계의 기적을 보여주고, 외로움을 잊게 해줄 것입니다.

핵심 포인트		
• 솟구치는 갈망이 있다 • 자신을 억압하고 참고 지속하고 있다	• 꿈을 꾸고 노력해야 한다 • 자신의 내면을 바라봐야 한다	• 새로운 세상을 발견하게 된다 • 길을 찾고 외로움을 극복할 수 있다

24

전투
The Battle

키 워 드 요 약 **힘 겨루기, 피로스의 승리**[1], **자멸,
무아(無我), 자신의 목표, 무술연마, 섀도복싱**[2]

[1] 피로스(Pyrrhus)의 승리_ 이겨도 결코 득이 되지 않는 승리. 피로스는 고대 그리스 에페이로스의 왕으로, 피로스 전쟁에서 로마군과 싸워 여러 전투에서 승리했으나 그만큼 손실도 많이 입어 피로스의 승리라는 고사를 남겼다.
[2] 섀도복싱(shadow boxing)_ 원래는 권투에서 혼자 하는 연습을 뜻하는데, 요즘은 아무도 뭐라 하지 않았는데 혼자 가상의 공격상대를 만들어놓고 비판하거나 욕하는 모습을 의미한다.

문 제 의 원 인	문 제 해 결 방 법	최 종 결 과
당신은 격렬한 싸움에 휘말렸습니다. 타인이 적이라고 믿고 있습니다. 절망스럽게도, 자기 자신과 싸우고 있다는 걸 깨닫지 못한 채 승리를 추구하고 있습니다. 당신은 당신의 가장 나쁜 적입니다. 이기기 위해 격렬하게 노력할수록 당신이 소모하는 에너지가 당신을 자멸로 이끌 뿐입니다.	앞으로의 과제는 다른 지역을 점령하고 자신을 위해 땅을 차지하는 일입니다. 아무도 그 땅을 그냥 넘겨주지는 않을 겁니다. 치열한 싸움입니다. 아슬아슬한 승리나 패배에서도 무언가 배울 수 있는 게 있습니다. 약간의 용기를 내어 상대와 맞서 싸우는 방법을 배울 수 있을 것입니다.	당신은 외부의 적이 당신의 일부, 즉 내면의 인격이 반사된 모습임을 깨닫게 되었습니다. 그렇다고 해서 필요할 때 팔을 들지 말아야 한다는 의미는 아닙니다. 싸우느냐 마느냐를 결정하는 것은 바로 당신입니다.

핵 심 포 인 트		
• 싸움에 휘말린다 • 헛된 투쟁을 하고 있다	• 승리를 위해 노력해야 한다 • 용기를 내어 싸워야 한다	• 주도권을 쥐게 된다 • 옳은 결정을 내릴 수 있다

여왕

Queen

키워드 요약 여성적인 힘과 강함, 위엄과 화려함, 여왕, 감성적이며 섹시한 매력을 사용

* 빌린 깃털_ "공작은 남들 앞에서 자신의 화려한 꼬리 깃털을 감춘다. 그게 공작의 자존감이다." 니체가 『선악을 넘어서』라는 책에서 한 말이다. 내보이는 데 급급하면 결국 남의 것까지 훔쳐 쓰게 되고, 쓰면 그게 원래 자기 것인 줄 착각한다. 빌린 깃털은 빌린 위세를 말한다.

문 제 의 원 인	문 제 해 결 방 법	최 종 결 과
당신은 자존감에서 멀어지고 있습니다. 자존감은 다른 사람들을 통해서만 도달할 수 있습니다. 당신은 힘있고 강인한 누군가가 도와줄 거라 생각하고 그에게 의지하고 올인할 준비가 되어 있습니다. 당신은 자신의 자존감에 둔감합니다.	이제 당신은 원하는 것을 얻기 위해 자신만의 매력을 사용하는 법을 배워야 합니다. 이러한 자아인식은 우리 모두가 할 수 있는 것 중 하나로, 무엇도 이것을 대체할 수 없습니다.	당신은 자신이 통치자인 여왕이 아니라 다른 사람들에게 의존하는 존재임을 깨달았습니다. 여기에는 당신의 처지도 포함됩니다. 거짓으로 겸손하지 않고 빌린 깃털*을 숨길 필요를 느낄 것도 없이 당신은 친절하고 충성스러운 태도로 지위를 사용합니다.
핵 심 포 인 트		
• 강한 사람에게 의지하고 있다 • 자존심을 잃어버렸다	• 스스로 나서야 한다 • 자신의 장점을 사용해야 한다	• 내 자리를 찾게 된다 • 자신의 힘을 얻게 된다

배우
The Actor

키워드 요약 역할, 자기 묘사·표현, 가장된 정체성,
극장, 무대 뒷배경, 주지화

문제의 원인	문제해결방법	최종 결과
당신은 현재 상황에서 역할을 연기할 뿐이란 사실을 제대로 이해하지 못합니다. 본모습은 역할 뒤에 감추어져 있습니다. 당신이 역할에 대한 임무를 다하기까지는 다소 시간이 걸릴 수 있습니다. 지금은 역할을 인식하는 것만으로도 충분합니다. 물론, 당신은 마스크 뒤의 본모습이 드러나는 것을 두려워합니다. 그런데 과연 그가 누구일까요?	역할을 수행하세요. 무대를 걸으며 연기를 시작하세요. 캐릭터는 진짜 본인이 아님을 신경 쓰지 마세요. 무대는 이제 당신의 세계입니다. 그러니 할 수 있는 만큼 연기를 최대한 잘하세요. 이 모든 게 어쩌면 가짜라고 생각되시나요? 너무 신경 쓰지 마세요. 이것이 바로 당신의 길이 요구하는 것입니다. 당신에게 역할이 요구되는 만큼 진지하게 받아들이세요.	당신은 지금 무슨 역할인지도 모른 채 연기를 하고 있습니다. 단지 게임이라는 걸 알기에 이 배역을 진지하게 받아들이지 않고 있네요. 당신은 심지어 대놓고 아무 말이나 막 할 수도 있습니다. 이제 와서 과연 누가 당신의 가면을 벗길 수 있을까요?

핵 심 포 인 트		
• 현재 상황을 피하고 있다 • 자신의 모습을 드러내지 않는다	• 현재의 역할을 충실히 한다 • 스스로 움직여야 한다	• 현실을 외면하게 된다 • 진지하게 생각하지 않고 있다

병든 왕

The Ailing King

키워드 요약 환자, 일상생활의 무미건조함, 소모, 병으로 도피하다, 인내

★ 파티엔티아(patientia) _ 초기 그리스도인들이 로마제국의 극심한 탄압과 비난에 취한 태도가 바로 무저항적 인내(파티엔티아)였다. 여기에서는 왕에게 일상의 지루함도 인내로 버티라는 의미이다.

문제의 원인	문제해결방법	최종 결과
당신은 병으로 오해받을 수 있는 상황으로 도피합니다. 아무도 레드카펫을 깔고 환영하지 않기 때문에 당신의 자아는 일상적인 삶을 거부합니다. 당신은 현실의 길에 발가락이 닿기도 전에 접촉을 거부하고 침대로 가버립니다.	자아를 위해 일상적인 삶을 온전히 받아들여야 합니다. 당신의 하루하루는 늘 같은 회색과 무색뿐입니다. 당신은 부러지지 않는 고무줄 같은 적응력이 필요한 단계를 거치고 있습니다. 여기서의 주제는 '장기적'입니다.	당신은 파티엔티아*라는 단어에서 인내를 배웠습니다. 여기서 인내란 첫째 위급한 큰일을 처리하며 관대하게 참아내는 것, 둘째 사소하고 무의미해서 짜증나는 일과 매일매일의 일상을 인내하고 견뎌내는 것입니다.

핵심 포인트		
• 현실을 외면하고 있다 • 상황으로부터 도피하고 있다	• 삶을 받아들여야 한다 • 오래 노력하고 기다려야 한다	• 인내심을 배우게 된다 • 노력하는 시간을 갖게 된다

결혼

The Wedding

키워드 요약 사랑에 빠짐, 커플, 절정, 희열, 운 좋은 사랑, 반대편과의 연합, 관계에 의존함

문제의 원인	문제해결방법	최종 결과
당신은 다른 사람을 통해 본인의 행복을 이루려고 합니다. 다른 누군가가 사랑해주기를 기대합니다. 그들의 따뜻한 보살핌을 원합니다. 당신도 뭔가 줄 게 있다고 했습니까? 그렇다면, 공정한 거래이니 다행이네요. 하지만 다른 이들과 무관한 사랑을 당신 안에서 발견했나요? 지금 살펴보세요!	이 길은 다른 사람과 함께만 갈 수 있습니다. 당신의 태양은 당신 옆에 누군가가 있어야만 빛날 수 있기 때문에 서로 합의하여 계획을 세워야 합니다. 함께하면 당신의 진심으로 이어지는 길을 발견할 수 있습니다.	당신은 이미 하나됨을 이루어가고 있습니다. 사랑이란 당신을 돌아오게 하는 여성스런 안내자입니다. 당신은 다른 사람을 통해 자신 안에 있는 사랑을 찾게 됩니다.

핵심 포인트		
• 사랑을 기대하고 있다 • 행복을 찾으려고 하고 있다	• 서로 함께해야 한다 • 함께 노력해야 한다	• 사랑이 찾아온다 • 좋은 사람을 만나게 된다

마법사
The Magician

키워드 요약 생명을 창조하기 위한 노력(시험관 생명), 흑마법과 백마법, 긍정적 사고, 완벽주의자, 유전공학

★ 호문쿨루스(Homunculus) _ 연금술사들이 만들 수 있다고 믿었던 인공생명체이다. 16세기 스위스의 의학자이자 연금술사인 파라켈수스는 『물의 본성에 대해』에서 인간의 정액을 증류기 속에 밀폐해 40일 간 부패시키면 투명한 생명체가 탄생한다고 했다. 여기에 인간의 혈액을 공급하여 태내 온도를 약 40주 정도 유지시키면 인간을 닮은 작은 아이가 탄생한다는 것이다. 이 아이는 선천적으로 모든 지식을 갖고 있지만 유리용기 안에서만 살 수 있다고 한다. 괴테의 『파우스트』 제2부 제2막에도 호문쿨루스가 등장한다.

문제의 원인	문제해결방법	최종 결과
당신은 마법의 주문에 걸려 있습니다. 하지만 잘못 받아들이지 마세요. 주문에 걸려 희생당하고 있다고 느낄지라도 마법의 과거가 돌아온 것뿐이에요. 지금 당신은 영적인 사슬에 묶여서 상상 속의 삶대로 살기 위해 수많은 노력과 에너지를 소비하고 있습니다.	마치 호문쿨루스★가 시험관 안에서 살듯이 당신은 거품 속에서 살고 있어요. 당신은 그 생명을 잉태하기 위해서 몹시 애쓰며 노력했고, 이제 성장한 생명을 방출하기 위해 시험관을 깰 시간이 다가왔네요. 하지만 기억하세요. 깨지는 것은 당신의 상상일 뿐, 현실에서는 아무 일도 일어나지 않습니다.	자신이 창조자가 아니라 피조물임을 알게 되었기에 당신은 마음의 안정을 찾게 되고, 당신의 진정한 별이 있는 궤도로 이동하게 될 것입니다. 당신은 그 별 외에 수많은 별들이 할리우드의 작품이라는 것을 압니다. 몇몇은 예쁜 사진이고 몇몇은 화려하고 반짝거리지만, 다 종이로 만들어졌죠.

핵심 포인트		
• 헛된 노력과 에너지를 소비하고 있다 • 잘못된 상황에 놓여 있다	• 헛된 수고라는 것을 깨달아야 한다 • 현실은 변하지 않는다는 것을 알아라	• 마음의 안정을 찾게 된다 • 모든 것이 허상이라는 것을 깨닫는다

행운

Fortuna

키 워 드 요 약 행운, 영적인 깊이, 관용, 별에 도달하기, 찬양받길 원하다, 낙관주의, 내면의 치유자, 믿음(신뢰)

문 제 의 원 인	문 제 해 결 방 법	최 종 결 과
당신은 믿음이 부족하여 고통받고 있습니다. 당신은 자긍심을 잃었고 더 이상 자신의 통찰력을 믿지 않습니다. 당신의 자아는 더 이상 그 어떤 내적인 치료를 원하지 않습니다. 신과의 합일을 위한 다리는 파괴되었습니다. 방치하면 과대망상증으로 이어질 수 있습니다.	당신은 자신이 '은총의 수혜자'이고, 하늘의 가호가 당신을 인도해주리라는 확신만 가지면 됩니다. 하늘이 당신의 치료제입니다.	노력할 가치가 있습니다. 당신은 다시 풍요로워질 것입니다. 통찰이 돌아오고, 우리가 운이라고 부르는 것을 다시 체험할 수 있습니다.

핵 심 포 인 트		
• 고통받고 있다 • 자신감을 잃어버렸다	• 의지할 곳을 찾아야 한다	• 다시 평온을 찾게 된다 • 운이 따른다

짐

The Burden

키 워 드 요 약 괴롭고 힘든 노동, 의식, 지속적인 운명,
윤리, 죄책감, 책임

문 제 의 원 인	문 제 해 결 방 법	최 종 결 과
무거운 짐이 당신의 영혼과 의식을 짓누르고 있습니다. 그 짐을 없애는 과정이 길고 고통스럽다는 것을 당신은 여전히 인정하지 않습니다. 당신은 스스로를 책임져야 합니다. 오로지 자신만을 의존해야 하기에 당신의 삶이 더욱 고달픕니다.	당신 앞에 놓인 수많은 문제를 해결하는 길은 가파릅니다. 헌신과 노력이 필요합니다. 오직 당신만이 그 일을 할 수 있습니다. 진을 빼는 과정이고, 다소의 좌절감이 따른다는 것도 알아야 합니다. 하지만 당신은 그 책임을 감당할 만큼 강합니다.	정상에 이르렀으므로 당신은 명확하게 보고 판단할 수 있게 됐습니다. 법과 양심이 삶의 척도가 되었습니다. 칸트가 말했듯이 '머리 위에 빛나는 별, 마음 속에 양심'이 당신의 행동을 결정합니다.

핵 심 포 인 트		
• 무거운 짐을 지고 있다 • 고달픈 삶을 살고 있다	• 헌신과 노력이 필요하다 • 책임을 지고 가야 한다	• 정상에 도달하게 된다 • 명확한 판단을 할 수 있다

몰락

The Fall

키 워 드 요 약 궁중 반란(측근의 배신), 타도(전복),
변화시키다, 자아의 추락, 힘을 잃음, 불충

문 제 의 원 인	문 제 해 결 방 법	최 종 결 과
당신은 추락하는 고통을 겪었지만 그걸 이해할 수도 없고 받아들일 수도 없습니다. 당신은 이 배신이 위에서 온다는 걸 전혀 알지 못합니다. 그 대신, 다른 사람들이 당신을 속였거나 배신했다고 탓합니다. 그러나 그 전복은 정당하고 더 큰 것을 이루기 위함입니다. 자존심이 상해도 받아들여야 합니다.	당신은 지칠 줄 모르고 힘써 이룩한 왕좌와 왕국을 포기해야 합니다. 이제 당신이 해야 할 일은 자신 안에서 광대를 찾는 것입니다. 만약 당신이 짐을 싸고 잠시 동안 떠날 준비가 되었다면 말입니다.	결국 당신은 자신도 바보였으며, 그 전복이 마땅하다는 것을 깨닫게 됩니다. 당신은 이제 왕의 입장보다 광대의 입장을 더 잘 이해하게 됩니다.

핵 심 포 인 트		
• 배신을 당하게 된다 • 자존심 상하는 현실에 처하게 된다	• 포기할 것을 알게 된다 • 역지사지를 배워야 한다	• 깨달음을 얻게 된다 • 현실을 받아들이게 된다

후퇴

Retreat

키워드 요약 **후퇴**, 자아의 망각, 명상, 증명 불가, 눈에 띄지 않음, 깨닫지 못함, 존재의 위기, 무(無)를 느끼기

문 제 의 원 인	문 제 해 결 방 법	최 종 결 과
더 이상 할 일이 없습니다. 무대에서 작별인사를 할 시간입니다. 당신의 세상은 황량한 회색과 무색이 됩니다. 원인을 찾지 마세요. 원래 그런 겁니다. 지금 당장은 당신이 할 만한 역할이 없습니다. 이 사실을 받아들이도록 노력하세요.	에너지를 낭비하지 마세요. 당신은 이제 무인도를 건너야만 합니다. 당신은 배의 방향을 잡을 수 없습니다. 뗏목을 타고 해안에서 멀리 표류하고 있습니다. 마음 편히 자신을 흐르는 대로 내버려두세요. 막으려 할수록 혼란스러워질 뿐입니다.	해결책은 바깥 세상에서가 아니라 자기 안에서만 찾을 수 있다는 것을 당신은 결과로부터 배웁니다. 또한 세상을 향한 눈을 감고 내면의 눈을 뜨는 게 무슨 뜻인지 알게 됐습니다. 한 걸음 성장한 당신의 자아는 좀 더 작아지고, 당신의 존재는 훨씬 더 풍요로워집니다.

핵 심 포 인 트		
• 거부할 수 없는 상황이다 • 더 이상 할 일이 없다	• 내버려둬야 한다 • 상황을 그대로 두고 본다	• 깨달음을 얻게 된다 • 풍요로움을 얻게 된다

사랑

Eros

키 워 드 요 약 성적 매력, 성교, 추파·찜·유혹, 신체 접촉, 여자를 찾아라*

★ 여자를 찾아라(cherchez la femme) _ 모든 사건의 배후에는 여자가 존재한다는 의미.

문 제 의 원 인	문 제 해 결 방 법	최 종 결 과
이 카드는 당신의 성적 욕망을 상기시키고 싶어합니다. '인간은 정신만으로 살아갈 수 없다. 우리는 또한 몸을 가지고 있다.' 이 말은 두 가지를 의미할 수 있습니다. 성적으로 지나치게 집착하거나 아예 냉담하다는 것입니다. 아무튼 당신의 성적 매력을 더 가꾸세요. 큐피드가 목표물을 찾고 있습니다.	성적 욕망에 대한 용기를 되찾아야 합니다. 당신이 성적 욕망을 억제하거나 반대로 과도하게 집착하는 것을 제대로 이해해야 합니다. 큐피드는 사랑의 조각을 결합하는 자신만의 방법이 있다는 것에 주목하세요.	당신은 성적 욕망의 중요성을 과대평가하거나 과소평가하지 않습니다. 적당한 성적 욕망의 범위를 잘 알고 있습니다. 하지만 누군가가 현명하게 말했듯이, 지나친 성생활은 최고의 경박함입니다.

핵 심 포 인 트		
• 이성과 관계가 있다 • 이성에게 관심이 있거나 아예 무관심하다	• 용기를 가져야 한다 • 이성을 제대로 파악해야 한다	• 이성과 좋은 관계를 갖게 된다

차꼬*

The Stocks

키 워 드 요 약 뒷담화, 중상모략(명예훼손),
말실수(소문), 신음, 투덜댐, 인신공격(비방), 독설

★ 차꼬_ 과거에 죄수를 움직이지 못하게 매어두던 형틀을 말하는데,
바보 같은 사람을 뜻하기도 한다.

문제의 원인	문제해결방법	최종 결과
당신은 악의적인 거짓말을 퍼뜨리거나, 스스로 거짓말의 희생양이 되려고 합니다. 이는 당신이 사건의 피해자건 아니면 가해자건 간에 전체 상황을 이해하지 못한 것입니다. 어느 쪽이든 상관없이 남의 험담과 거짓말에 민감하다는 의미이므로 당신은 남보다 고상하지 않습니다. 어찌됐건 그런 소문이 퍼지는 것에 당신이 연루되지 않는다고 믿는다면 큰 오산입니다.	당신은 바보라고 놀림당하는 것에서 자유롭지 않습니다. 당신의 행동은 대중에게 드러나게 되므로 그 상황에 맞닥뜨릴 준비를 하는 게 좋습니다. 할 수만 있다면 그 상황을 자신에게 유리하게 주도해 나가세요. 그렇지 않으면 당신이 도리어 당할 수 있습니다. 가장 쉬운 방법은 대중에게 공개하는 것입니다.	당신이 숨겨놓은 문제가 밝혀졌습니다. 이제 그것을 인정하세요. 차꼬에 묶여 있다는 것은 당신의 부도덕한 행위, 특히 언어의 폭력성을 인정해야 한다는 의미입니다.

핵 심 포 인 트		
• 나쁜 일에 휘말리게 된다 • 피해 또는 가해상황이 생긴다	• 나쁜 일에 대비해야 한다 • 일의 진행을 공개해야 한다	• 일의 결과를 인정하게 된다 • 일이 나쁜 결과를 맞게 된다

36

죄책감

Guilt

키워드 요약 의도하지 않은 행위, 옳은 신념에서 한 행동, 투사, 가해자와 피해자의 관계, 죄책감과 결백함

문제의 원인	문제해결방법	최종 결과
당신 안의 가해자는 무죄를 위해 사투를 벌입니다. 그는 방어에 열중합니다. 당신 안의 가해자 때문에 당신은 죄를 자백하지도 못합니다. 피해자와 가해자를 얽어맨 실이 심장을 옭아매어 당신은 호흡과 자유를 빼앗겼습니다.	죄의식은 피할 수 없습니다. 문제 해결을 위해 어떤 방법을 선택해도 누군가는 다치게 됩니다. 오직 한 가지만이 당신을 도울 수 있습니다. 자백하세요.	"아무튼 왜 귀찮게 묻습니까? 인간은 운명에 속박되어 있습니다." 델포이의 신탁에서 따온 이 말이 여정 끝에 도달한 사원의 벽에 쓰여 있습니다. 당신은 죄의식을 인생의 한 부분으로 받아들입니다. 죄의식이 없던 시기는 오로지 추방되기 전 에덴동산에 있던 때, 즉 선악과를 알기 전 혹은 가해자와 피해자의 관계가 분리되지 않았을 때뿐입니다.

핵심 포인트		
• 잘못을 저질렀다 • 그로 인해 자유롭지 못하다	• 솔직하게 행동한다	• 자신의 잘못을 인정하고 받아들인다

불일치

Disagreement

키워드 요약 남녀의 전쟁, 충돌, 도끼,
증표(약속 · 연대 · 조화)를 깨뜨리다

문제의 원인	문제해결방법	최종 결과
당신은 관계의 갈등을 인식하고 싶지 않습니다. 그것은 파트너, 이웃, 친구 또는 가족과의 갈등을 의미할 수 있습니다. 당신은 논쟁하고 충돌하는 것을 두려워합니다. 당신의 공격성을 대변하는 파트너는 당신의 적이 되었습니다. 당신이 상대의 압력을 참으려 할수록 그 압력은 경련, 통증, 발열, 동요 등의 신체화로 드러날 수 있습니다.	당신이 할 수 있는 유일한 일은 갈등의 핵심을 제거하는 것입니다. 갈등은 대화를 통해서만 해결할 수 있습니다. 이렇게 해야 그나마 관계에서 작은 조화라도 만들 수 있습니다.	당신은 남녀 간에 타협할 수 없는 차이를 가지고 살 수밖에 없다는 것을 깨우쳤습니다. 당신이 자존심을 세워 나를 부르짖으면 우리를 잃을 것이고, 반대로 자존심을 낮추고 우리를 부르짖으면 나를 잃을 것입니다. 두 마리 토끼는 잡을 수 없는 법입니다.

핵심 포인트		
• 갈등이 생긴다 • 주변과 관계가 불편해진다	• 갈등을 해결하기 위해 노력한다 • 대화를 해야 한다	• 차이에 대해 타협할 수 없음을 깨닫는다

38

흡혈귀
The Vampire

키워드 요약 정신으로의 침투, 강간, 들러붙음,
희생자, 좀비(되살아난 시체)

문제의 원인	문제해결방법	최종 결과
당신의 일부가 죽었습니다. 이것은 당신이 스스로 다른 누군가에게 속박된 것을 의미합니다. 당신은 그 사람을 가해자로 지목하고 스스로를 희생자라고 생각합니다. 당신은 살아남는 행운을 원하므로 그 사람의 에너지를 공유하고 싶어하지만, 사실상 상대방은 놀라울 정도로 당신을 통제하게 됩니다. 당신은 침입자를 불러들여 스스로를 희생자로 만들었어요. 이제 둘 다 '위험한 관계'에 휘말리게 되었습니다.	당신의 일부가 다른 힘에 조종당한다는 것을 인정하세요. 당신의 어떤 페르소나가 그림자와 지하세계로 내려와서 외계 생명체를 침범했는지 발견하세요. 이 기생물이 무엇인지 알아보세요. 그것이 당신을 억제하는 족쇄입니다.	흡혈귀는 죽습니다. 그 사실이 당신을 두렵게 하지만, 그것이 치료입니다. 그것은 완전한 죽음을 의미하지 않습니다. 당신 인생의 일부를 훔치는 흡혈귀가 드러나고, 당신은 빛의 의식을 통해 새로운 시작을 위한 공간을 만들어낼 것입니다.

핵심 포인트		
• 위험한 관계를 맺게 된다 • 그러한 관계에 집착하게 된다 • 수동적인 태도	• 현재 맺고 있는 관계가 좋지 않다는 것을 깨달아야 한다	• 새롭게 시작하게 된다

십자군

The Crusader

키워드 요약 종교적인 분쟁, 굴하지 않는 임무(전도) 수호, 이교도와의 싸움, 신념이나 설득의 힘(신념을 유지하다)

문제의 원인	문제해결방법	최종 결과
당신은 습득한 통찰력을 억제하고 자신의 판단에 반하여 행동하며, 반대 의견을 가진 자들에게 검을 휘두릅니다. 당신은 자신의 '옳은' 신념이 승리하기를 원하지만, 그런 행위는 전쟁을 수행하고 파괴하는 구실일 뿐임을 알지 못합니다.	때로는 싸움을 하더라도 소신을 밀고 나가야 합니다. 행동으로 그 소신을 보여줄 준비가 되지 않았다면 습득한 통찰력과 지식만으로는 충분하지 않습니다.	결국 당신은 이해와 깨달음에 따라 행동하게 됩니다. 더 이상 맹목적인 공격에 지배되어 행동하지 않고, 신념에 따라 사려 깊게 행동합니다. 아시다시피 자신과의 싸움을 시작하는 것은 어렵지 않습니다. 섀도복싱을 하는 것처럼.

핵심 포인트		
• 다른 의견을 배척한다 • 신념은 좋으나 행동은 그러하지 못하다	• 행동으로 옮기지 못할 소신은 포기하거나 더 단련해야 한다	• 통찰력과 이해를 통해 행동한다 • 신념에 의해 사려 깊게 행동한다 • 자신과의 싸움이 수월하다

헛수고

Prevention

키워드 요약 헛수고, 운명의 힘, 장애물·막힘·굴레,
망신을 주다, 권위에 의한 패배

문제의 원인	문제해결방법	최종 결과
자신의 노력이 아무런 결실을 맺지 못한다는 것을 모르는 채 당신은 지금 막무가내로 일에 덤빕니다.	포기하세요! 당신이 결정할 문제가 아닙니다. 칼집에서 칼을 빼낼 수 없습니다. 솔직히 말해서 그건 당신의 검이 아닙니다. 그러니 노력하지 마세요.	당신은 운명이 요구하는 대로 힘을 적절히 사용하는 법을 배웁니다. 이것은 당신의 개인적 욕망이 더 높은 목표를 향해 나아가고, 당신의 힘이 다시 새로운 방향으로 흐를 수 있음을 의미합니다.

핵심 포인트		
• 이후를 생각하지 않고 덤빈다 • 무모하다	• 포기할 줄 알아야 한다	• 힘과 노력을 적절한 곳에 사용할 줄 알게 된다

골칫덩이
The Spiteful Troublemaker

키워드 요약 말썽을 일으키는 버릇없는 놈,
룸펠슈틸츠헨*, 골칫거리, 문제인물, 짜증나는 것, 퇴마사,
위험한 존재, 사기꾼, 내 편

★ 룸펠슈틸츠헨(Rumpelstilzchen) _ 독일 민화에서 물레를 돌려서
지푸라기를 황금으로 만드는 재주를 가진 요정. 영국에서는 톰 틧 톳
(Tom Tit Tot)이라는 이름으로 불린다.
더 읽을거리 ◐ p.120

문제의 원인	문제해결방법	최종 결과
당신의 페르소나 중 하나가 당신 또는 다른 사람을 눈치채지 못하게 이용하고 있습니다. 그것은 상대와 서로 멀어지게 만드는 엄청난 힘을 가지고 있습니다. 그것은 당신의 배후에서 움직이는 배신자이며, 당신과 세상을 갈라놓는 말썽꾸러기 혹은 사악한 존재입니다.	당신의 내면에서 작고 주름이 쪼글쪼글한 룸펠슈틸츠헨과, 그가 지닌 비밀을 찾으세요. 그가 왜 그렇게 하는지 이유를 찾아보세요. 그 이유 중 하나가 과거의 무언가로부터 당신을 구출할 것입니다.	여정의 끝에서 당신은 이 말썽꾸러기 페르소나를 자신의 편으로 만들 것입니다. 당신은 더 이상 다른 사람들의 견해에 의존하지 않습니다. 더 이상 그들의 견해를 의무적으로 받아들이거나 그들에게 부탁할 필요 없이 당신의 방식대로 살아갈 수 있습니다.

핵심 포인트		
• 관계에서 자꾸 문제가 생긴다	• 자신을 돌아보며 내면에 쌓인 문제를 찾아내야 한다	• 내면의 문제를 나를 위한 것으로 바꿔놓게 된다

p.89 선지자 예레미야

성서에는 왕에게 맞서는 광대에 비유할 수 있는 선지자 예레미야(Jeremiah)가 등장한다. 그의 사명은 유대인들에게 잘못된 태도를 고치지 않으면 파멸하고 만다는 예언을 전하는 것으로, '흐느끼는 선지자'로 불렸다. 그는 이스라엘 민족에게 회개하라고 외쳤지만 미친놈 취급을 당하며 우물에 던져지거나 매질을 당했다. 그는 마음이 여리고 수줍음이 많았지만, 왕과 사제, 그리고 가짜 선지자들에게 바른 말을 주저하지 않았다. 결국 예레미야의 예언대로 예루살렘은 바빌로니아에 정복당하고 말았다.

많은 예술작품에서 예레미야를 볼 수 있는데, 보통은 흐느끼는 노인의 모습이다. 히브리어 'Jeremiad'는 '여호와께서 높이심'이라는 의미가 있으며, 여기에서 유래한 영어 'jeremiad'는 비탄, 탄식, 하소연, 원한, 비애 등의 뜻으로 널리 쓰인다. 이 카드의 주인공 제스터(Jester) 역시 광대이면서 연민, 동정, 슬픔을 뜻하는 페이소스(pathos)를 가지고 있다.

p.119 룸펠슈틸츠헨과 방앗간 주인의 딸

옛날에 한 방앗간 주인이 자신의 딸은 물레로 짚을 자아 황금으로 바꿀 수 있다고 거짓말을 했다. 근처를 지나가던 황금을 좋아하는 왕이 그 말이 사실인지 시험해보기로 하고, 방앗간 주인의 딸을 왕궁으로 데려왔다. 왕은 방을 물레와 짚으로 가득 채우고 딸에게 사흘 후 아침까지 짚을 황금으로 바꾸어놓지 못하면 살려두지 않겠다고 말했다.

절망에 빠져 울고 있는 딸 앞에 한 난쟁이가 나타나 짚을 황금으로 바꿔줄 테니 대가를 달라고 말했다. 딸은 난쟁이에게 자신의 목걸이를 주었고, 난쟁이는 방 안 가득했던 짚을 황금으로 바꾸어주었다. 다음 날 황금을 보고 놀란 왕은 더 큰 욕심이 생겨 방에 더 많은 짚을 가져다 놓고 같은 일을 시켰다. 이번에도 난쟁이가 나타나서 딸의 반지를 대신 가져가고 다시 짚을 황금으로 바꾸어주었다. 세 번째 날, 왕은 몹시 기뻐하며 마지막 하루도 성공하면 딸을 왕비로 삼고, 성공하지 못하면 죽이겠다고 말했다. 그날 밤에도 난쟁이가 딸을 찾아왔지만, 그녀는 더 이상 줄 것이 없었다. 난쟁이는 딸에게 왕비가 된 후 낳는 첫 아기를 달라고 요구했고, 그녀는 결국 그 제안을 받아들였다. 다음 날 왕은 이번에도 황금이 있는 것을 보고 약속대로 딸과 결혼했다.

1년 후, 왕비가 된 딸이 아기를 낳자, 난쟁이가 다시 나타나서 약속한 아이를 내놓으라고 했다. 왕비는 온갖 보물을 주겠다면서 아기를 데려가지 말라고 사정했지만, 난쟁이는 계속 고집을 부렸다. 왕비가 울면서 사정하자, 결국 난쟁이는 사흘 내에 자신의 이름을 알아맞히면 아이를 데려가지 않겠다고 말했다. 이틀 동안 왕비는 자신이 아는 모든 이름을 말해보았고, 신하를 시켜 나라 안의 희귀한 이름도 찾아보게 했지만, 난쟁이의 이름을 알아맞히지 못했다. 사흘째 되는 날, 왕비는 난쟁이를 찾아 숲속을 돌아다니다가 난쟁이가 숲속에서 노래부르는 것을 듣게 되었다. "오늘은 빵을 굽고, 내일은 술을 빚고, 모레는 왕비의 아이를 데려올 거야. 내 이름이 룸펠슈틸츠헨이라는 걸 아무도 모른다는 게 정말 좋아." 마지막으로 아기를 데리러 온 난쟁이에게 왕비는 처음에는 시치미를 떼고 다른 이름을 대다가 마지막에 룸펠슈틸츠헨을 말했다. 화가 난 난쟁이는 길길이 날뛰다가 사라졌고 다시는 나타나지 않았다.

완벽한 바보
The Absolute Fool

키워드 요약 헛고생, 에너지 낭비, 실패자·패배자, 부랑자, 정직함, 잠자는 군인, 무기력, 영웅의 꿈, 퍼시벌*

★ 퍼시벌(Percival) ◐ p.133

문제의 원인	문제해결방법	최종 결과
지금 당신은 세상과 타협할 만큼 에너지가 충분하지 않다는 것을 받아들일 수 없습니다. 당신은 패배자입니다. 피곤하고 약한 몸이 이러한 무책임함을 잘 보여주고 있습니다.	당신은 경쟁과 싸움을 거부하는 법을 배워야 합니다. 당신의 임무는 다른 사람의 확인을 구하지 않고, 눈에 띄지 않게 독립적인 길을 택하는 것입니다.	당신은 두 세계를 존중하는 법을 배웠습니다. 당신은 이제 스스로를 지치게 하지도 않고, (돈키호테처럼) 풍차를 공격하거나 붕괴될 운명인 성을 쌓지도 않습니다.

핵심 포인트		
• 몸과 마음이 지친 상태이다 • 만성피로이다 • 행동할 힘이 부족하다	• 불필요한 싸움을 피해야 한다 • 독단적인 면모를 보여야 한다	• 필요를 고려하여 자신만의 목표를 향해 나아가게 된다

황금소녀
The Golden Girl

키 워 드 요 약 신데렐라, 여성 간의 경쟁, 가치 제시,
페히마리*, 인텔리 여성(사상과 학문에 관심이 많은 여자),
아름다움과 추함

★ 페히마리(Pechmarie) ◐ p.133

문 제 의 원 인	문 제 해 결 방 법	최 종 결 과
마음 속 깊이 당신은 열등감을 느낍니다. 누군가가 당신을 멋없고 부족해 보이게 한다고 생각하거나, 이것이 당신의 본모습이라고 생각하는 낮은 자존감 때문에 고통받습니다. 둘다 장기적으로 스스로를 잃게 만드는 비교와 경쟁에 집착하게 만듭니다. 매력적으로 보임으로써 자존심을 높이려 한다면 자기 자신의 포로로 남게 될 것입니다. 당신은 자신을 믿지 않습니다. 열등하다고 느낍니다.	당신의 경쟁적인 행동을 잘 살펴보는 것이 여정의 중요한 일부입니다. 실제보다 더 잘 보이기 위해 당신은 어떻게, 어떤 사람으로 치장합니까? 자부심이 얼마나 부족한지 솔직하게 살펴보세요.	문제가 해결된 후 당신은 자존심을 내세우는 것은 단지 연극적인 역할을 할 뿐임을 알게 됩니다. 역할을 계속할지 아니면 그만둘지는 당신에게 달려 있습니다. 하지만 무슨 결정을 하든 그다지 큰 결과가 있지는 않을 것입니다.

핵 심 포 인 트

• 경쟁 구도에 집착한다 • 자존감이 낮다 • 자신을 믿지 않는다 • 남과 자꾸 비교하려 한다 • 자신을 부풀리려고 한다	• 자기 자신을 솔직하게 되돌아봐야 한다 • 열등감에서 벗어나려고 노력해야 한다	• 진정으로 자기 자신을 대하고 내세울 줄 알아야 한다

집 착

Clinging

키워드 요약 탐욕, 살찌다(무게를 늘리다), 매달리는, 보호막과 감옥으로서의 물질세계, 안전보장

문 제 의 원 인	문 제 해 결 방 법	최 종 결 과
어느 시점에 당신은 스스로 벽을 쌓았고, 두려움에 안전을 추구하면서 스스로 감금된 노예가 되었습니다. '지나침'은 여기에서 중요한 역할을 합니다. 당신은 많을수록 더 좋을 거라고 생각합니다. 하지만 이런 생각은 유연함을 잃게 만들고, 결국 더 심하게 당신을 가둘 것입니다.	외부에서 도움과 위로를 받으려고 하는 당신을 보세요. 그게 나중에 장애가 되고 어려운 상황을 더 어렵게 만들 수 있습니다.	의심의 여지없이 물질세계에는 시간과 장소가 있어서 당신을 잘 보호해 줄 것으로 보입니다. 하지만 당신이 두려워하는 한 보안과 안정은 그 자체로 끝이 없습니다.

핵 심 포 인 트		
• 마음의 벽을 쌓은 상태이다 • 물질로 모든 것을 보장받으려 한다 • 안전만 추구하게 된다	• 나보다 남에게 더 의존해서는 안 된다	• 물질은 결코 자신을 보호해줄 수 없다 • 두려움은 끝이 없다

상류층의 우리

The Gilded Cage

키 워 드 요 약 구속하는 관계, 소유로서의 파트너,
질투, 파트너 매수, 헌신

문 제 의 원 인	문 제 해 결 방 법	최 종 결 과
사고, 팔고……. 당신의 연인관계에 서 볼 수 있는 씁쓸한 모습입니다. 이 런 관계는 소유와 질투로 이어질 수 밖에 없습니다. 당신이 소유주이든 소유물이든 상관없이 갇혔습니다. 당 신은 시간이 흐를수록 수동적으로 변 해 유연성이 떨어지는 황금빛 새장 속의 죄수입니다. 당신은 보호받기 위해 많은 대가를 지불했습니다.	당신의 관계 또는 우정을 보다 의미 있게 만드세요. 그것을 위해 노력해 야 하고, 자유를 잃을 가능성도 받아 들여야 합니다. 그렇지 않으면 기초 적인 관계의 토대가 계속 부실해지게 됩니다.	당신은 새장 문이 닫혀 있지 않았다 는 것을 깨닫게 됩니다. 서로 따뜻한 마음을 가져야 하는 파트너는 상대를 존중하고 관심을 기울여야 합니다. 그 대가로 개인적인 자유를 지불해야 할 수도 있습니다.

핵 심 포 인 트

• 수동적인 관계이다 • 물질적인 관계이다 • 마음에서 우러나온 관계가 아니다	• 관계를 의미 있게 만들기 위해 노력해야 한다 • 자신보다 관계를 우선해야 한다	• 진정한 관계 속에서 안정감을 느낄 수 있게 된다

꼭두각시
The Marionette

키 워 드 요 약 **바비인형 신드롬**＊, 원격제어 감각,
완벽한 모습, 물질에 홀린, 섭식장애

＊ 바비인형 신드롬(Barbie Syndrome)_ 소녀와 여성들이 바비인형
과 같은 외모를 갖기 위해 다이어트를 하고 성형수술도 마다하지 않는
현상.

문제의 원인	문제해결방법	최종 결과
당신은 보이지 않는 실에 매달립니다. 이미지에 맞춰 살려고 하는 것을 스스로 깨닫지 못하고 있습니다. 비유적으로 표현하면, 당신은 애벌레가 되고 싶어합니다. 지하세계의 신이 당신을 너무도 완벽하게 미혹하여 상상과 현실을 구분할 수 없게 합니다. 마치 언제 어디서 감염되었는지 기억하지 못하는 긴 잠복기를 가진 바이러스처럼 말이지요.	이 외계의 바이러스가 어떻게 당신을 인형으로 바꾸었는지 알아보세요. 당신이 할 일은 번데기에서 벗어나 자신의 진정한 개성을 되찾는 것입니다. 변태 후에 자기도 모르게 다른 모습으로 옮겨갈 위험이 있기 때문에 이 일은 쉽지 않습니다.	당신은 필요한 자존감을 되찾습니다. 더 이상 자신의 모습이나, 당신이 원하는 어떤 모습에 조종당하지 않습니다. 이 길은 다른 사람이 통제하는 모습이나 피상적인 것, 그리고 당신에게 적합하지 않은 가치에서 멀어지게 합니다.

핵심 포인트		
• 이미지에 맞춰 살려고 한다 • 상상과 현실을 구분하지 못한다 • 남을 지나치게 의식하거나 남에게 통제된다	• 자신의 진정한 모습을 찾아야 한다 • 세상의 기준보다 자신의 기준에 맞춰 살아야 한다	• 자신에게 맞는 가치를 찾게 된다

물질과 영혼
Matter And Spirit

키워드 요약 영적인 기능, 뉴에이지* 사업(영적인 산물), 행복을 구매하기, 종파(또는 종단)

★ 뉴에이지(New Age)_ 현대의 서구적 가치를 거부하고 영적인 사상, 점성술 등에 기반을 둔 생활방식과 관련된 것들을 말한다. 영국의 뉴에이지주의자들은 현대사회의 가치를 거부하고 이동주택을 타고 유랑하며 살기도 한다.

문제의 원인	문제해결방법	최종 결과
당신은 중요한 통찰력을 사려고 하는 참입니다. 또는 그걸 다른 사람에게 팔아넘기려고 합니다. 이것은 당신이 가지고 다니는 영적인 재산이 실제로는 당신 것이 아님을 의미합니다. 당신은 아직 영혼으로 향하는 여정을 시작하지 않았습니다. 당신이 가진 건, 여전히 자존심을 위해 장식으로 사용하려는 상품입니다.	새로운 통찰은 대개 당신 안에 갇혀 있거나, 스스로를 포로로 만드는 가치 있는 무언가를 놓아줘야 한다는 깨달음입니다. 그러기 위해서는 희생이 필요한데, 그 희생은 물질적인 것입니다.	당신의 통찰, 즉 영적인 창조물은 오직 스스로를 위한 것임을 알게 됩니다. 아무도 그것을 살 수 없고, 다른 사람에게 팔 수도 없습니다. 영적인 가치를 찾는 사람들은 자기만의 스타일(핸드메이드)을 좋아합니다.

핵심 포인트

• 자존심이 세다 • 자신을 포장하려고 한다 • 능력을 사고팔 수 있다고 생각한다	• 물질적인 희생이 필요하다	• 자신의 능력은 사고팔 수 있는 것이 아니다.

창조에 대한 책임

Responsibility for Creation

키워드 요약 세계에 대한 책임, 창조와 자연, 보살핌과 관심, 사용권, 의존하려는 자와 약한 이를 돌봄

★ 아시시의 성 프란치스코(Saint Francis of Assisi, 1182?~1226)_ 이탈리아의 수호성인이며, 프란치스코 수도회의 창설자. 부유한 상인의 아들로 태어났으나, 평생 가난한 사람들과 함께하며 청빈과 겸손의 삶을 살았다. "우리가 다른 사람을 위로한 만큼 위로받으려고 하지 말라"는 유명한 말을 남겼다.

문제의 원인	문제해결방법	최종 결과
당신 주변에 동물이나 식물, 도움이 필요한 사람처럼 약하고 의존하려는 생물체가 존재합니다. 하지만 당신은 부주의합니다. 당신이 보살피지 않으면 생명체가 시들어 죽게 된다는 것을 깨닫지 못합니다. 그것을 돌보는 것이 앞으로의 과제입니다.	다른 누군가를 대신하여 당신이 세계 또는 주변에 개입해야 합니다. 당신에게 의존하는 약한 생명체를 위해 책임감을 갖고 보호하는 것이 여정에서 할 일입니다. 그것은 동물이나 식물 아니면 인간일 수도 있습니다. 그들을 돌보며 짐을 덜어주지 않으면 당신의 여정은 결코 끝나지 않을 것입니다.	이제 당신은 자신 안에 있는 아시시의 성 프란치스코*에 대해 알게 되었습니다. 당신은 의식하거나 의도하지 않고서 세상에 선을 행하고자 하는 자신의 일부를 깨웁니다. 당신은 책임질 준비가 되어 있습니다. 그러므로 당신은 자연과 조화를 이룹니다.

핵심 포인트		
• 부주의하다 • 돌보는 데 취약하다 • 주변에 돌봐야 할 것이 많다	• 책임감을 가져야 한다 • 돌보는 일이 필요하다	• 책임진 것의 결과를 거두게 된다

작별
The Farewell

키워드 요약 고국에서 추방당함(또는 망명), 추방, 갑작스런 물질의 붕괴·몰락, 외부인, 장소 변경, 우정의 종말(또는 관계의 종식, 친구의 배신)

문 제 의 원 인	문 제 해 결 방 법	최 종 결 과
당신은 주변의 보호막 안에 남기를 원하지만, 삶의 일부가 너무 경직되었습니다. 뿌리가 너무 깊이 내려가고 있어서, 자유를 위한 힘을 다시 찾지 못할 위험에 놓였습니다. 그것이 강제로 떠나야 할 운명에 처한 이유입니다. 강제퇴거나 추방은 자유와 개인의 성장에 도움이 됩니다.	당신을 보호하고 안정감을 주는 물질적인 것들, 또는 친구나 중요한 사람들조차 포기해야 합니다. 당신 삶의 어떠한 인간관계 혹은 조건들은 이미 낡아버렸습니다. 그들에게서 얻을 수 있는 것이 더는 없습니다.	수많은 여정에서 당신은 안전이란 물질적인 형태가 될 수 없음을 배웠습니다. 당신은 매어둠과 내버려둠, 자연적인 리듬의 썰물과 밀물, 자유와 화합을 받아들입니다. 모든 일에는 때와 장소가 있습니다.

핵 심 포 인 트		
• 남에게 의존한다 • 자립심이 부족하다 • 배척당하는 상황에 놓이게 된다	• 관계에서 포기할 줄 알아야 한다	• 자립할 수 있게 된다

영혼의 정원
The Garden of Spirits

키워드 요약 세상 이면의 세계, 노숙자, 정처 없는, 신데렐라 증후군, 물질세계에 대한 무관심, 보이는 세상에 대한 풍자나 우화

문제의 원인	문제해결방법	최종 결과
당신은 뜻하지 않게 몽상에 빠져들었습니다. 꿈이 실현되기를 기다리면서 현실에서 도피합니다. 이런 종류의 꿈은 마약과도 같아서 세상에서 더 멀어지게 하고, 떠나기 어려운 사람들을 멀어지게 합니다. 그들은 당신을 속여서 거짓된 현실감에 부풀게 했습니다. 무엇보다도 그들은 당신을 수동적으로 만듭니다.	고향을 떠나는 순간 발전을 위한 중요한 단계가 시작됩니다. 물질적인 것들은 너무나 제한적입니다. 그래서 이 떠남은 당신이 소유물에서 자유로워짐을 의미합니다. 가진 것에 집착하는 것은 거대한 맷돌을 목에 건 채 옴짝달싹 못하는 꿈을 꾸는 것과 같습니다.	지구상에 나타나는 개별 현상은 은유일 뿐입니다. 당신은 궁극적으로 이것이 무슨 의미인지 이해하게 되었습니다. 따라서 더 이상 본질이 중요한지, 아니면 발현된 것이 중요한지 따질 필요가 없습니다. 은유를 보고 자신을 이해하는 법을 배우는 데 시간을 할애하세요.

핵심 포인트		
• 현실도피적이다 • 허황된 꿈을 꾼다 • 매사에 수동적이다 • 늘 상상만 하고 움직이지는 않는다	• 도전과 모험을 필요로 한다 • 과감함이 필요하다 • 무소유	• 자신이 가진 것보다 스스로에게 더 시간을 쏟아야 한다

전략가

The Strategist

키워드 요약 지식인, 전술, 지배하다, 과학, 머리에
의한 삶, 외교관, 인과관계(인과율)

문제의 원인	문제해결방법	최종 결과
당신의 인생은 메말랐습니다. 당신은 이성 또는 합리성이라 불리는 바이러스의 덫에 걸렸습니다. 책을 통해서만 감정을 알 수 있으며, 머리를 사용하여 세상을 통제하려 합니다.	신중하게 고려한 후에만 지능적으로 행동하세요. 신중하게 행동 계획을 세우고 감정에 이끌리지 마세요. 차근차근 상황을 챙겨보세요. 우선, 모든 일에는 원인과 결과가 있다는 것을 기억하세요.	많은 것들이 명확해지고 재정비될 것입니다. 요점은 삶의 방향을 더 많이 이해하는 법을 배우는 것입니다. 원인과 결과를 전체적으로 볼 수 있게 됩니다. 이제 당신은 특정한 효과를 초래하는 원인을 제대로 이해하고, 그 원인에 초점을 맞춥니다.

핵심 포인트		
• 지나치게 합리적이다 • 감성이 메말랐다 • 모든 것을 계산적으로 따진다	• 신중하게 계획하라 • 감정에 의존해서는 안 된다	• 계획과 시간에 더욱 신중하면 좋은 결과를 얻을 것이다

허영의 시장
Vanity Fair

키워드 요약 보임과 보여짐, 자기도취적인 관계, 시간 보내기, 누군가와 함께 지내기, 함께 있는 모습을 연출하기

문제의 원인	문제해결방법	최종 결과
상대와의 관계에서 자신의 결핍을 채우려 하기 때문에 당신은 지금 공허합니다. 당신은 자아를 부풀리기 위해 상대를 이용하거나, 이미 누군가의 장식이 되었습니다. 상대와 깊은 유대감을 쌓는 대신, 지루함과 무관심을 허영심으로 대체하려 합니다.	당신은 상대와의 관계에서 매우 평범하고 특별할 것 없는 단계를 거치고 있습니다. 최고도 최악도 아닙니다. 당신들 둘은 단순히 공생하는 관계이며, 이는 지금의 권태를 해결할 유일한 방법입니다. 그러면 당신은 긴장을 풀고 평화로울 수 있습니다. 좀 더 객관적일 수 있게 거리를 두세요.	외모는 삶과 인간관계에서 평범한 구성요소입니다. 그것은 대인관계의 일부이며, 그것에 너무 신경 쓰지 않고 참여하는 법을 배워야 합니다.

핵심 포인트		
• 공허한 상태이다 • 허영심이 있다 • 나를 위해 남을 이용한다 • 애정결핍이 있다	• 관계 자체의 소중함을 알아야 한다 • 권태에서 벗어나야 한다 • 주변을 돌아봐야 한다	• 외모에 집착하지 않으면 관계에 집중하게 될 것이다

피리 부는 사람*

The Pied Piper

키워드 요약 속임수에 넘어가다, 제안, 선동자, 사기꾼, 구매중독, 광고(사람들을 유혹하기 위해 고안된 형태)

★ 피리 부는 사람 ◉ p.133

문제의 원인	문제해결방법	최종 결과
당신은 자신이 어떤 사람, 또는 어떤 생각에 빠졌다는 것을 깨닫지 못합니다. 당신은 지금 포로입니다. 매혹적인 피리의 음색에 혼란스러워합니다. 불행하게도, 사이렌의 달콤한 노래에 빠져들지 않기 위해 돛대에 몸을 묶었던 율리시즈처럼 당신을 돛대에 묶어줄 사람이 없습니다.	공허한 약속이라 해도 피리소리에 이끌려 가는 것을 피하기란 불가능합니다. 삶에 대해 더 많이 알게 되고 당신에게 가장 좋은 것이 무엇인지 알게 될수록 미래의 유혹에 빠지지 않게 될 것입니다.	궁극적으로 당신은 무엇이 약속되었는지도 모를 것입니다. 즉, 누군가가 당신의 코 밑에서 당근을 흔들고 있음을 깨닫게 됩니다. 지금 당장은 자신이 당나귀처럼 느껴질 수도 있습니다. 하지만 진실은 마침내 당신이 안락의자에서 일어났다는 것입니다. 당근이 당신을 움직이게 만들었네요.

핵심 포인트

• 유혹에 약하다 • 홀려 있다는 사실을 깨닫지 못한다 • 주변에서 도와줄 수 없다 • 자신에 대한 판단도 내리지 못하는 상태이다	• 자신의 삶과 스스로를 성찰해야 한다 • 경거망동하지 말고 옳고 그름을 생각해야 한다	• 스스로를 알면 함정에 빠져도 살아날 길이 있다

p.121 퍼시벌(Percival)

아서왕의 전설에 등장하는 원탁의 기사이며, 이 카드의 그림에도 등장한다. 퍼시벌은 성배를 찾으면 모든 게 다 잘 풀린다는 대마법사 멀린의 이야기를 듣고 다른 기사들처럼 모험을 떠난다. 이 성배는 예수 그리스도가 제자 유다의 배신으로 로마군에 체포되기 전, 제자 12사도와 최후의 만찬을 할 때 사용한 잔으로 전해진다.

퍼시벌이 성배를 찾는 여정에 대한 이야기는 여러 가지가 있다. 불구가 된 피셔왕이 들고 있던 성배를 지나쳐버리고 자신의 실수를 한탄한 이야기, 퍼시벌이 아니라 랜슬롯의 아들인 갤러해드가 성배를 찾는다는 이야기, 퍼시벌이 결국 성배를 찾아 피셔왕을 치유하는 이야기 등이다.

p.122 페히마리(Pechmarie)

그림 형제의 동화 〈홀레 아주머니〉에 등장하는 소녀. 어느 계모에게 친딸 마리와 의붓딸 마리가 있었는데, 착한 의붓딸은 계모에게 차별과 학대를 받으며 살았다. 어느 날 착한 의붓딸이 실수로 우물에 물렛가락을 빠뜨리자, 계모가 우물에 들어가서 찾아오라고 했다. 우물 속으로 뛰어든 소녀는 낯선 세계에서 홀레 아주머니를 만났고, 집안일을 성실하게 도와주는 마리에게 홀레 아주머니는 온몸에 황금이 덮이는 상을 준다. 소녀가 지상의 집으로 돌아오자, 계모는 똑같은 행운을 기대하고 친딸을 우물 속으로 내려 보낸다. 하지만 게으른 딸은 홀레 아주머니와의 약속을 지키지 않아 온몸에 역청이 덮이는 벌을 받는다.

그림 형제는 두 소녀의 이름을 밝히지 않았지만, 독일 작가 루트비히 베히슈타인은 두 소녀를 각각 골트마리(황금의 마리), 페히마리(콜타르의 마리)라고 이름 지었다.

p.132 피리 부는 사람

독일 하멜른(Hameln)의 전설로 '피리 부는 사나이'라고도 한다. 그림 형제가 옮겨 쓴 동화로 잘 알려져 있다. 하멜른에 쥐들이 들끓자 마을사람들은 쥐를 없애는 사람에게 상을 주겠다고 했다. 이에 피리 부는 사나이가 자신의 마술 피리를 불며 도시의 모든 쥐들을 강물로 유인해 빠트렸다. 하지만 마을 시장은 약속을 지키지 않고 마을사람들과 함께 사나이를 내쫓았다. 화가 난 사나이는 피리소리로 마을 아이들을 유인하여 함께 자취를 감추었다. 뒤늦게 후회한 마을사람들이 사나이를 찾았지만, 다시는 그를 볼 수 없었다.

54

스승과 제자
Master and Disciple

키워드 요약 배움과 가르침, 영적인 차이, 영원한
학생, 사기꾼, 영적 헌신이 없음, 수행하지 않음

문제의 원인	문제해결방법	최종 결과
당신은 학생과 교사의 어중간한 위치에 놓여 있습니다. 당신은 학생으로 볼 수 없지만, 가르치려는 용기도 없습니다. 이 모호한 위치가 당신의 지적 에너지를 빼앗고, 존재[有]와 비존재[無] 사이에 갇힌 느낌을 줍니다. 당신이 얻은 지식은 여전히 책임감이 없기 때문에 당신은 이 순간 영적으로 성장하지 못합니다.	당신은 두 길 모두를 이겨내야 합니다. 왼쪽 길에서 학생으로 남고, 오른쪽 길에서 교사가 되어야 합니다. 두 길에서 당신은 같은 시간을 투자하고 같은 발전을 이루어야 합니다.	당신은 영적인 매개자가 되었습니다. 필요에 따라 당신이 속한 곳에서 지식을 주기도 하고 나누기도 합니다. 당신은 지금 둘 다 할 수 있습니다. 당신의 지식은 치료의 힘을 얻었고, 거기에는 책임이 뒤따릅니다. 그 지식이 깊은 곳까지 도달하여 흙을 풍성하게 하는 강이 되었습니다. 이제 당신은 강이 바다로 흘러들어갈 긴 시간을 받아들일 수 있습니다.

핵심 포인트		
• 어중간한 상태이다 • 용기와 책임감이 부족하다 • 양쪽 길에서 고민하는 중이다	• 두 가지 모두 실천해야 한다	• 두 가지 모두 성취할 수 있을 것이다

고난

Affliction

키 워 드 요 약 손상, 힘든 과정 배우기, 접촉 없음, 무효, 성찰과 반영, 생각의 명료화

문 제 의 원 인	문 제 해 결 방 법	최 종 결 과
당신은 지금 민첩함을 상실했습니다. 움직임이 둔하고 절름발이여서 전진할 수 없습니다. 당신은 아직도 이 발전의 시점이 왜 중요한지 모르며, 그렇기에 왜 이토록 오래 머물러야 하는지 이해하지 못합니다.	자신의 생각과 행동에 대해 더 많이 책임져야 합니다. 이 길은 장애를 견디고 스스로에게 좀 더 인내하라고 조언합니다.	누구나 자기만의 길을 가게 됩니다. 사막에서 혼자 방황하는 시간과, 기뻐서 춤추고 날뛰며 의기양양한 순간이 있습니다. 당신은 인생의 여정에서 이 두 단계를 알게 되고, 그 순간을 책임져야 한다는 것을 배웠습니다.
핵 심 포 인 트		
• 불만족스럽다 • 앞으로 나아가야 하는데 지쳤다 • 인내심이 부족하다	• 인내해야 한다 • 느리더라도 앞으로 나아가야 한다 • 자신에게 주어진 책임을 깨달아야 한다	• 인생을 돌아보며 앞으로 나아가야 한다

꿈꾸는 남자
Dreaming Johnny

키 워 드 요 약 꿈꾸는 사람, 별을 따다, 허우적거리다, 발을 헛딛다, 무의식적 발언·말실수, 무모함, 자유연상, 사소한 원인이 중대한 결과를 초래함

문 제 의 원 인	문 제 해 결 방 법	최 종 결 과
당신은 무언가를 무시하고, 길 수 있기도 전에 걷기를 원합니다. 자연스런 흐름을 거스르는 경솔함과 성급한 행동이 스스로를 벼랑 끝으로 이끌었습니다. 첫 번째 단계와 세 번째 단계 사이의 중간 단계가 비었습니다. 당신은 한 번에 한 걸음씩 걷는 노력을 하지 않고 단번에 성공을 거두고 싶어합니다. 그래서 글자 그대로 허공에 떠 있습니다.	일반적인 방법과 수단을 사용하여 앞서나갈 수는 없습니다. 비관습적이고 자발적인 행동이 필요한 상황입니다.	당신은 규칙적인 일상에서 벗어나서 자유로워졌습니다. 당신은 하늘의 징조를 읽는 법을 배웠을 것입니다. 이성이 가르쳐주는 것들보다 나비에게서 더 많은 것을 배울 수 있습니다.

핵 심 포 인 트		
• 경솔하고 성급하게 행동한다 • 일확천금을 꿈꾼다 • 노력하지 않으려 한다 • 성공에 눈이 멀었다	• 자발적으로 노력해야 한다 • 생각의 전환이 필요하다	• 자신이 아닌 다른 무언가에게서 배울 수 있다

침묵

Silence

키워드 요약 불가시성, 침묵, 침묵은 금이다, 비밀 지키기, 무용성, 무관심

문제의 원인	문제해결방법	최종 결과
세상의 혼란은 당신이 통제할 수 없기 때문에 아무리 노력해도 소용 없습니다. 당신이 하고자 하는 말을 제대로 전할 수 없는 상황입니다. 그러니 묵묵히 있어야 해요. 하지만 당신은 아직 익숙하지 않은 '침묵의 세계'를 배워야 합니다.	언젠가는 묵묵히 있는 법을 배워야 합니다. 천사는 당신이 비밀을 누설하도록 허락하지 않습니다. 당신 인생은 오직 당신만의 일이니 굳이 다른 사람에게 설명하려 하거나, 좋은 인상을 주려고 꾸며대지 마세요.	침묵이 금이라는 걸 알지만, 그것을 지키긴 쉽지 않습니다. 꾸며댈 말이 당신에겐 더 이상 남아 있지 않다는 것을 잘 안다고 해도…….

핵심 포인트		
• 자신의 주장이 묵살당한다 • 노력이 빛을 보지 못한다 • 침묵하는 법을 모른다	• 침묵할 때를 배워야 한다 • 거짓된 이미지를 만들지 말아야 한다	• 침묵해야 할 때 침묵할 줄 알아야 한다

일상적인 관계

Everyday Life in the Relationship

키워드 요약 흥미 없음, 무료함, 의무적인 관계, 단조로움, 부식(침식), 동기부여가 부족함

문 제 의 원 인	문 제 해 결 방 법	최 종 결 과
당신이 맺고 있는 관계의 일부가 그 묘미와 색을 잃어갑니다. 양측 모두 관계를 개선하려 하지 않습니다. 그 관계는 연인 사이일 수도, 부부일 수도, 직장에서의 관계일 수도 있습니다. 한때는 서로 잘 지내게 될 줄 믿었던 관계가 이제는 의무적이고 서로의 요구에 따라 조정해야 유지되는 관계가 되었습니다.	관계는 당신이 순응해야 할 힘을 만들어냅니다. 관계가 좋을 때 당신의 환상(밀월기간이 영원히 지속되리라 꿈꾸는)을 직시하고 일상의 가치를 회복하는 법을 배우는 것이 중요합니다.	궁극적으로 당신은 공생이 이기적인 나로 있는 것보다 더 중요함을 알게 될 것입니다. 다음 단계는 일상생활을 그저 활동으로 이해하는 것입니다. 도전이 아니라 연습으로 말입니다.

핵 심 포 인 트		
• 관계가 의무적으로 느껴진다 • 권태기이다 • 관계에 흥미를 잃었다	• 일상 자체의 가치를 깨달아야 한다	• 공생의 가치를 깨닫게 된다

자책

Castigation

키워드 요약 자책, 죄의식에서 벗어나고자 하는 강박, 채찍질, 강박증, 엑소시즘(악령 쫓기), 완벽주의

문제의 원인	문제해결방법	최종 결과
당신은 가벼울지 모르지만 강박적인 상상의 주문에 걸려 고통받습니다. 또한 결백과 청결의 강박적인 악순환에 갇혔습니다. 당신은 꾸준한 자기 정화를 통해 생각이나 행동에서 악령을 물리칠 수 있다고 믿습니다. 이러한 의식은 너무도 미묘하고 자기실현적이어서 평범한 일상처럼 느껴질 수 있습니다. 그러나 사실 그것들은 당신에게서 생명력의 중요한 요소를 빼앗고, 당신을 마치 꼭두각시 인형처럼 무의식적으로 조종합니다.	누구나 인생을 살면서 때때로 더 높은 이상을 만족시키기 위해 욕망을 포기할 필요가 있습니다. 앞으로의 길은 이상에 복종하는 것입니다.	의식은 지속적이고 반복적인 행동, 또는 이러한 행동들의 조합으로 만들어지는 에너지입니다. 당신은 의미 있는 의식(당신이 지배하는)과 의미 없는 의식(당신이 지배당하는)을 구분하는 법을 배웠습니다.

핵심 포인트

• 강박관념에 사로잡혀 있다 • 자기완벽을 추구한다 • 결벽증이 있다	• 뚜렷한 목표의식을 갖고 앞으로 나아간다	• 목표를 향한 행동에서 필요한 것과 필요 없는 것을 구분할 수 있게 된다

종교재판
The Inquisition

키워드 요약 심문, 불관용, (정치적) 위선, 견해 차이
묵살, 적합하다고 느끼는 감정의 안전감, 죄인 찾기

문제의 원인	문제해결방법	최종 결과
당신은 다른 사람의 생각과 믿음을 멸시하며 자기 잘못을 변명하려는 위선자처럼 보입니다. 당신은 그들의 믿음을 무시하고 자신의 믿음만 추구합니다. 너무나 확신에 차 있어서 다른 사람의 말을 들을 수 없습니다.	당신은 극심한 심문이나 고발을 당할 수 있습니다. 운명은 진실을 캐내기 위해 강압적인 힘과 종교재판의 힘을 이용합니다. 이것은 표면적으로는 유죄냐 무죄냐의 문제로 보이지만, 실상은 협박이나 압박으로 생긴 문제입니다. 이 과정이 당신을 인생에서 한 걸음 더 나아가게 해줍니다.	당신은 여정의 끝에서 믿음과, 영적으로 또는 종교적으로 깊이 있는 경험을 얻게 되는 것을 믿어야 합니다. 스스로에게나 다른 사람에게 너그러워지고, 더 이상 당신만 알고 있다는 걸 증명해야 한다고 느끼지 않을 겁니다.

핵심 포인트		
• 고집이 세다 • 자신의 생각에만 갇혀 있다 • 타인의 생각을 무시한다 • 의견을 듣지 않는다	• 나에게 닥친 억압을 떨쳐내야 한다	• 타인을 받아들이는 것이 불쾌한 일은 아니다

공포

Fear

키 워 드 요 약 삶과 죽음에 대한 공포, 어둠에 대한
공포, 운명의 지배, 죽음이라는 친구, 바꿀 수 없는 것

＊ 그림 리퍼(Grim Reaper)_ 죽음의 신. 죽음의 천사라고도 불린다. 흰
색 로브를 걸친 노인의 모습으로 알려져 있기도 하지만, 주로 검은 로
브를 뒤집어쓴 해골이나, 해골 가면을 쓴 인간의 모습으로 많이 알려져
있다.

문 제 의 원 인	문 제 해 결 방 법	최 종 결 과
당신은 지금 죽음의 신을 차단하려 애쓰느라 거의 마비되었습니다. 당신 영혼의 일부는 돌로 된 방어벽 뒤에서 죽음의 신이 들어오지 못하게 막고 있습니다. 당신은 지금 죽음의 신을 거부하면서 두려움을 억누르고 있습니다.	이 길이 죽음의 공포를 만나는 중요한 순간으로 당신을 이끕니다. 이제 죽음의 책을 읽을 시간입니다. 그 책에는 죽음과 더욱 친숙해지고, 죽음과 친구가 되도록 가르쳐줄 중요한 의식들이 씌어 있습니다. 죽는 법을 배움으로써 당신은 우리의 존재를 형성하는 수많은 자아(에고)의 죽음에서 살아남을 용기와 힘을 얻습니다.	당신은 더 이상 죽음이 두렵지 않습니다. 당신은 수없이 죽었고, 모든 걸 내려놓는 법을 배웠습니다. 죽음의 신 그림 리퍼＊는 이제 당신의 편이고, 당신이 어딜 가든지 의지할 수 있는 동반자입니다.

핵 심 포 인 트		
• 두려운 것(죽음)을 회피한다 • 회피하기 바빠서 생활이 어렵다	• 죽음을 받아들여야 오히려 이겨낼 수 있다	• 죽음을 인정해야 삶을 배우게 된다

퓨리스

Furies

키워드 요약 복수의 화신, 편집증(피해망상), 광기, 관습의 폐기, 복수의 여신들(퓨리스)*에게 붙잡힘, 극도의 심적 동요

★ 복수의 여신들_ 그리스 신화에서 티시포네, 알렉토, 메가이라 등의 세 에리니스(Erinys)를 말한다. 영어로는 퓨리스(Furies). 3명 모두 추악한 노파의 모습을 하고 있으며, 회색 머리카락은 뱀이라고 한다. 이들은 타르타로스라는 지옥에 살며, 온갖 죄를 처벌하지만 특히 근친을 살해한 중죄인을 집요하게 쫓아다니며 광기에 빠뜨린다. 미케네의 왕 아가멤논의 아들 오레스테스가 아버지의 복수를 위해 어머니 클리타임네스트라를 죽였을 때, 오레스테스를 따라다니며 괴롭혔다.

문제의 원인	문제해결방법	최종 결과
지금 당신은 억압된 두려움으로 나타나는 죄책감에 시달리고 있습니다. 당신은 들춰내지만 않으면 아무도 그것을 모를 거라고 생각합니다. 그러나 당신은 이미 오래 전에 죄책감의 노예가 되었고, 이제 그것 때문에 극도의 심리적 동요가 일어납니다.	이제 당신의 죄의식과, 그로 인한 행동을 전부 불러들일 집이 필요한 때입니다. 그 집은 유일한 집이고 당신의 의식 속에 있습니다. 당신 영혼에게 한 행동을 규명하고 그것을 해결한 후, 당신의 양심은 점차 평화로워질 것입니다.	당신은 퓨리스를 피해 도망치는 걸 포기했고, 처벌을 회피하기란 불가능하다는 것을 현명하게 받아들였습니다. 당신이 그들의 판정을 받아들이는 순간, 퓨리스는 분노를 누그러뜨리고 인자한 모습으로 바뀔 수 있습니다.

핵심 포인트		
• 죄책감에 시달린다 • 지난 일을 묻어두려고 한다	• 잘못을 인정하고 문제를 해결하면 안정을 찾을 수 있다	• 잘못을 인정하는 순간 죄가 가벼워질 것이다

속임수

Deception

키 워 드 요 약 자기기만, 반칙, 사기, 교묘한 손기술, 사기꾼, 혼돈 속의 질서

문 제 의 원 인	문 제 해 결 방 법	최 종 결 과
당신은 상대에게 꼼수를 부려서 문제를 착각하고 오답을 찾게 만듭니다. 이 거울에서 당신의 모습을 보기가 힘듭니다. 하지만 피하면 피할수록 당신의 내면은 더 흐려지고 불투명해질 것입니다.	당신은 혼돈과 혼란에 빠져 있습니다. 빠져나갈 길을 더 이상 찾을 수 없습니다. 하지만 이러한 혼란은 꿈과 안정성, 이상과 도덕적 의무를 구별하게 하므로 자기기만에서 치유될 수 있습니다. 두려움을 의식하며 초조하게 사는 것과 그냥 닥치는 대로 사는 것 사이에서 중심을 잡기 위해 노력해야 합니다.	가짜가 드러나 진실이 밝혀졌습니다. 당신은 생각조차 할 수 없는 인생의 혼돈을 대항할 용기가 생겼습니다. 불안 속에 사는 법을 배웠습니다. 그렇습니다. 당신이 오로지 의지할 수 있는 것은 예측할 수 없다는 것뿐입니다.

핵 심 포 인 트		
• 다른 사람들에게 자주 거짓말을 한다 • 개인의 이익을 위해 사기를 친다	• 잘못을 인정하거나 도망치는 수밖에 없다	• 늘 불안 속에 살아야 한다 • 미래가 불투명하다

재앙

Disaster

키워드 요약 사슬, 지옥 같은 관계, 마술과의 접촉,
검은 결혼식, 노예화, 가학피학증, 포르노

문제의 원인	문제해결방법	최종 결과
당신은 어떤 사상에 현혹되어 그것의 포로가 되었습니다. 현실 혹은 상상 속에서 파트너에게 전부를 바쳤습니다. 당신을 이러한 곤경으로 처음 이끈 마법, 즉 사상에 현혹되어 포로가 된 시점과 상황을 기억할 때까지 사슬에 묶이게 됩니다.	당신은 이 관계가 어둠의 세계로 이어지는 것을 막지 못합니다. 심각한 의무에 갇혀 있지만 성숙함이 더욱 드러나게 되며, 당신의 길을 계속 걸어갈 것입니다.	정을 나누고 개인적으로 성장하는 힘든 과정을 같이할 수 있는 유일한 사람은 당신의 운명적인 파트너입니다. 당신이 꾸며낸 사람, 즉 꿈에서 그리는 이상형이 아닙니다.

핵심 포인트		
• 관계에 묶여 있다 • 관계에서 수동적이다 • 상대방에게 헌신적이다	• 관계에 끌려가게 된다 • 불합리한 관계 속에서 오히려 자아성찰을 할 수 있다	• 진정한 파트너는 지금 당신 옆에 있는 사람이다

믿음
The Symbolon*

키워드 요약 관계의 의미, 사랑 안의 사랑, 결혼서약, 의논하는 파트너십, 금혼식

*상징(symbol)을 의미하는 심볼론(symbolon)의 어원은 그리스어의 동사 심발레인(symballein)이다. 심볼론은 어떤 것을 둘로 나눈 다음, 각각의 소유자가 그것을 합쳐서 상호 신원을 확인하는 증표나 표식을 의미한다.

문제의 원인	문제해결방법	최종 결과
지금 당신은 인간관계의 문제에 대해 아무런 관심이 없습니다. 인간관계에서 할 일을 이미 다했다고 생각하거나, 완벽한 파트너 자체가 없다고 생각합니다. 어쨌든 당신은 자신의 내면을 다루는 데 있어 한두 가지 배워야 할 것이 있습니다. 당신은 파트너십에 대한 이해가 부족합니다.	당신은 관계에서 의미 있는 신전으로 향하는 계단에 직면합니다. 올라가는 것을 주저하지 마세요. 당신이 가야 할 길은 이제 분명합니다. 파트너에게서 단점을 보기보다는, 더 높은 목표를 향한 비전을 갖고 의식적으로 앞을 바라보세요. 개인적인 요구를 충족시키는 것보다 영적으로 같이 태어나는 것을 목표로 삼으세요.	여정의 끝에 이르러 이 카드는 행운을 의미합니다. 영적으로 함께함으로써 커질 수 있는 행복을 뜻합니다. 따라서 당신은 관계의 중요성과 결혼서약의 신성한 의미를 이해하게 됩니다.

핵심 포인트

- 관계 맺기에 대한 이해가 부족하다
- 겉치레만 하는 경우가 있다
- 관계를 무조건적으로 신뢰하지 않는다
- 내 이익을 바탕으로 관계를 맺으려 한다

- 이익보다는 공생에 목적을 두어야 한다
- 타인의 단점보다는 장점을 보아야 한다
- 관계를 지나치게 불신해서는 안 된다

- 좋은 관계 끝에는 행복이 찾아올 것이다

슬픔

Sadness

키워드 요약 버려짐, 관계에서의 고독, 슬픔과 애도, 분리를 만드는 운명의 힘, 미망인

문제의 원인	문제해결방법	최종 결과
당신은 진실에서 너무 멀리 벗어났습니다. 당신은 통증을 억누르고 상처가 치유되는 것을 무의식적으로 막습니다. 관계로 인한 슬픔을 이겨낼 수 있게 도와줄 가까운 사람을 빨리 찾아야 합니다. 눈물로 그 상처를 깨끗이 씻어낼 준비가 되어 있다면, 시간이 그 모든 상처를 치유할 것입니다.	당신이 맺고 있는 관계나 파트너십과 작별해야 합니다. 슬픔과 고독의 순간이 당신 앞에 놓여 있습니다. 모든 일들은 지나가게 되어 있다는 사실만 기억한다면, 이러한 어둠의 시기에도 용기를 잃지 않을 것입니다.	이 관계에 대한 책임은 전적으로 당신에게 있습니다. 이 여정의 끝에서 파트너의 반응과 기분을 살펴왔다는 당신의 생각이 환영에 불과함을 깨닫게 됩니다.

핵심 포인트		
• 상처를 공유하려고 한다 • 혼자서 슬픔을 극복하려고 하지 않는다	• 내가 내 슬픔을 달랠 줄 알아야 한다	• 타인은 타인이기에 내 자신의 슬픔은 내가 다스려야만 한다

이별
Separation

키워드 요약 해방, 이혼, 관계에서 탈출, 휴식·떠남, 얽매이지 않음, 관계를 맺을 수 없음

문제의 원인	문제해결방법	최종 결과
당신은 새로운 계획 때문에 평행한 두 궤도가 절단되어 각자의 길을 가야 하는 것을 받아들이기 싫습니다. 마치 물과 기름을 힘껏 저어 일시적으로 뒤섞듯이, 당신은 모든 힘과 마음으로 서로가 공생할 수 있게 노력합니다. 하지만 서로가 알아서 각자의 길을 가도록 그냥 내버려두어야 합니다.	당신 인생의 여정에는 너무 많은 '우리'와 너무 적은 '당신 자신'이 있습니다. 이제 당신이 해야 할 것은 날개를 펼치고 인생에 대한 자기 생각을 발전시키는 것입니다.	그 관계와 상관이 있든 없든 당신은 자신만의 자유를 만들어냈습니다. 언제나 자유로운 날개를 펼칠 수 있을 것입니다.

핵심 포인트		
• 사람들과 조화를 이루려고 한다 • 꼭 다 같이 해야 한다는 믿음이 있다	• 남보다는 자신의 일에 초점을 맞춰야 한다 • 꼭 공생해야 하는 것은 아니다	• 내 자유가 우선시되어야 한다

왕의
두 자녀
The King's Two Children

키워드 요약 낭만적 관계, 꿈의 파트너(2개의 영혼),
관계 없는, 하나가 된다는 환상, 사랑의 꿈

문제의 원인	문제해결방법	최종 결과
당신은 관계에 대한 환상에 빠져 있습니다. 갈망이 당신 영혼의 비옥한 땅을 오염시킵니다. 당신은 외로움에 눈감으며 당신을 태우지도 못할뿐더러 따뜻하게 해줄 수도 없는 마법의 양탄자를 엮습니다.	환멸이 앞에서 당신을 기다리고 있습니다. 사랑과 파트너십에 대한 당신의 갈망은 단지 성장을 위한 동기 부여, 즉 당나귀 코 밑에서 흔들리는 당근에 불과합니다. 스스로 거품을 터뜨리지 않으면 당신은 환상 속에서 길을 잃을 것입니다.	당신은 채워지지 않는 갈망에는 특정한 목적이 있음을 알게 됩니다. 그것은 당신이 놓친 것을 느끼게 해주고, 그것을 발견할 수 있는 세계로 나아가게 해줍니다. 그리고 당신에게 '인생의 비밀스러운 길'을 알려줍니다. 우리 모두는 통합된 전체의 일부이기에 언제나 하나로 통합되기를 고통스럽도록 그리워합니다.

핵심 포인트		
• 외로움에 약하다 • 늘 사람들과 함께 있어야 한다 • 사랑과 우정 등에 환상을 갖고 있다	• 환상 때문에 상처받기 쉽다 • 기대치가 높아 실망을 많이 하게 된다	• 관계를 추구하면서 포기할 줄도 알아야 얻는 것이 있다

광신도

The Black Mass

키워드 요약 우상숭배, 밀교의 도그마*, 흔들리지 않는 믿음, 긍정적 사고, 숭고한 광신자, 절대적인 확신

* 도그마(Dogma)_ 절대적 권위를 가진 철학적 명제나 종교상의 진리를 뜻한다.

문 제 의 원 인	문 제 해 결 방 법	최 종 결 과
당신은 어떤 통찰에 빠져들어 진리를 발견했다고 믿습니다. 그러나 단지 그 진리의 미묘한 개념에 속았을 뿐입니다. 당신은 영적으로 덫에 갇혀 있습니다.	영감과 깨달음을 얻는 방식대로 살기 위해 온 힘을 다해 꾸준히 노력해야 합니다. 방식을 찾지 못하면 결코 영적인 통찰에 이를 수 없을 것입니다. 그러나 시간이 흐르면 그 방식이 너무나 확고해지게 되고, 자연스럽게 도그마가 될 수 있음을 깨달아야 합니다.	당신은 죽은 무언가에 영적으로 매여 있었다는 걸 깨달았습니다. 이 통찰력을 통해 도그마의 연결고리를 끊을 수 있습니다. 죽은 그것에 속박당한 사실을 깨닫게 되면 유령은 제 스스로 사라질 것입니다.

핵 심 포 인 트		
• 어떤 믿음에 빠져 있다 • 빠져나올 생각도 하지 않는다	• 극도로 신뢰하는 믿음을 의심해봐야 한다	• 지나친 믿음은 독이 될 수 있다

우울
Depression

키 워 드 요 약 갇혀 있는, 망연자실(화석이 됨), 망각의 방*, 망각의 의자, 영혼의 어두운 면

★ **망각의 방**_ 단테의 장편 서사시 『신곡』에 따르면, 천국에 가기 위해 연옥에서 회개한 영혼들은 두 개의 강물을 마셔야 하는데, 첫째는 인간의 죄를 지우는 망각의 강인 레테강이고, 두 번째는 덕과 선행의 기억을 새롭게 하는 에우노에강이다. 망각의 방은 자신의 죄에 대한 기억으로 괴로운 상태, 즉 아직 레테의 강물을 마시기 전의 상태를 말한다.

문 제 의 원 인	문 제 해 결 방 법	최 종 결 과
당신 삶의 중요한 일부가 굳어가고 있습니다. 그 과정을 인식하고 책임이 있는 내면의 페르소나를 찾는 것 외에는 할 수 있는 게 전혀 없습니다. 당신은 '무의식적인 고통'에 속아 쉬게 되었습니다. 그리고 진실(내면의 페르소나)을 피하기 위해 스스로 그 상태를 원했습니다. 당신에겐 받아들이기 싫은 무언가가 있고, 치러야 할 대가는 어둠과 공허함입니다.	당신은 내면의 일부가 굳어가는 과정을 피하지 못할 것입니다. 당신은 망각의 방을 통과하게 되고, 그로 인해 기억하게 됩니다. 당신이 무엇을 보든 베르길리우스가 단테를 지하세계로 인도하면서 했던 말을 생각하세요. "앞만 바라보고 계속 걸어라."	당신은 어려운 시기를 거쳐왔고 이제 터널 끝의 빛이 보입니다. 오래된 것들은 느리고 장기적인 삶을 거치며 변형되었습니다. 명백하게 무에서 창조된 새로운 삶이 당신을 기다리고 있습니다.

핵 심 포 인 트		
• 받아들이고 싶지 않은 사실이 있다 • 그러한 사실로부터 도피하려고만 한다	• 인정하는 태도를 가져야 한다 • 미련을 갖지 않고 미래를 내다보며 살아야 한다	• 어떤 사건은 결국 과거가 되고, 나는 미래를 살아갈 것이다

불사조

The Phoenix

키워드 요약 돌연변이, 영적인 새의 해방, 죽음과
부활(죽음과 재탄생), 방향 상실, 털갈이

문제의 원인	문제해결방법	최종 결과
얼마나 구식인지 모르는 채 당신은 오래되고 낡아서 사라질 사상과 사고 방식, 상황 등에 집착하고 있습니다. 어떤 면에서 당신은 '죽은 무언가'에 매달려 있습니다.	어떤 것도 변하지 않고서 삶이 유지될 순 없습니다. 마치 불사조가 잿더미에서 날아오르는 것처럼 죽음의 과정을 거쳐야 합니다. 당신이 붙잡고 있는 낡은 것들을 놓을 용기가 있어야만 다시 떠오를 것입니다. 상승은 몰락 뒤에만 올 수 있기 때문입니다.	불사조는 과거의 몰락에서 찬란한 깃털로 날아오릅니다. 인생의 한 막이 끝났습니다. 당신의 영혼은 자유를 얻었고, 고집 세고 융통성 없음에서 해방되었습니다.

핵심 포인트		
• 낡은 사고의 소유자이다 • 새로운 사상을 받아들이지 못한다 • 고집이 세다 • 융통성이 없다	• 새로운 것을 받아들일 줄 알아야 한다 • 낡은 사고방식을 버려야 한다	• 새로운 사고방식을 받아들여 더 넓은 시야를 갖게 된다

거짓된 후광

The False Halo

키워드 요약 선과 악(양극성), 천국의 개념, 위선, 추락한 천사, 한쪽에 치우침 없이 공정한

문제의 원인	문제해결방법	최종 결과
악의 천사가 지금 당신을 속이고 있습니다. 빛나는 옷을 입고 신을 경외하는 영적 지도자의 모습으로 당신과 고상한 관계를 맺으려 합니다. 하지만 그는 단지 당신의 코 밑에서 당근을 흔들며 당신을 움직일 뿐입니다. 선행을 하려는 당신의 마음이 그의 뜻에 좌우되는 것을 깨닫지 못합니다. 진정 선한 마음에서 선행을 베풀려고 하는지 자문해야 합니다.	당신의 길은 고통스러운 학습과정으로 당신을 이끕니다. 간단히 말하면, 어떠한 우상으로도 신성을 만들어내면 안 됩니다. 모든 우상은 고상해 보일지라도 당신의 자아를 유혹할 뿐이며, 당신의 영혼을 오염시킬 뿐입니다. 이제 당신의 그림자에 가려진 일로 돌아가서 우상과 관념의 가면을 벗길 순간입니다.	어둠의 그림자 없이는 빛이 없고 빛의 그림자 없이는 어둠이 존재할 수 없다는 것을 이제 당신은 이해하게 될 것입니다. 전체에서 부분을 보고 부분에서 전체를 보듯 편견을 버릴 때가 되었습니다.

핵심 포인트		
• 가면을 쓰고 있다 • 속에서 비롯된 선한 마음이 아니다 • 사소한 이익에 매달린다 • 공익보다는 개인의 이익을 중시한다	• 가면을 벗어야 한다 • 남에게 보여주고자 일을 해서는 안 된다	• 편견을 버리게 된다

고해

Confession

키워드 요약 고해, 사심의 정화, 치료사의 책임감(사제), 운명에 대한 통찰, 주관과 객관 사이의 다리

문제의 원인	문제해결방법	최종 결과
영혼의 고통을 바깥 세상에 드러내야 합니다. 고해해야만 합니다. 그러나 이것이 당신의 위대함을 약하게 만든다고 생각하겠죠? 당신은 사람들이 믿어주길 바라겠지만, 그들은 생각만큼 당신이 총명하거나 원숙하지 않다는 걸 알게 될 것입니다.	죄에 대해 말하는 것으론 충분하지 않습니다. 죄를 진심으로 뉘우쳐야 합니다. 그것이 바로 이 카드가 당신에게 요구하는 바입니다. 영광을 잃을 수 있지만, 여기까지 오기 위해 한 모든 일을 고백해야만 합니다.	이제 당신은 죄를 지었다는 것을 알았고, 이 과정이 당신을 고해하게 만들었다는 것을 압니다. 인정할 때마다 자아가 위축되겠지만, 신의 영광을 드높입니다.

핵심 포인트		
• 잘못에 대해 솔직하지 못하다 • 주변을 많이 의식한다	• 속죄해야 한다 • 죄를 고백하고 뉘우칠 줄 알아야 한다	• 대가는 치르겠지만 성장할 것이다

양자도약*

The Quantum Leap

키워드 요약 패러다임의 변화, 미지의 세계로의 도약, 종교적 도그마에서의 해방, 인도의 승려, 지붕 위의 바보, 무지의 지

* 양자도약 _ 양자역학에서 양자가 원자핵의 주위를 공전할 때 자신의 궤도를 절대 이탈하지 않는다. 그런데 만약 다른 궤도로 가게 될 때는 자신의 궤도에서 순간 사라져 다른 궤도에 나타나게 된다. 사람은 횡단보도를 걸어서 지나가야만 건너편으로 갈 수 있지만, 양자는 걷는 중간과정이 생략되고 반대편으로 이동이 가능하다. 이를 양자도약이라고 한다. 이는 축지법과는 다르며, 인간의 의식체계로는 이해할 수 없다.

문제의 원인	문제해결방법	최종 결과
당신은 혼란에 빠져 방향을 잃었습니다. 당신은 더 이상 낡은 것들을 붙들고 있을 수 없으며, 그것들에서 도약해야 할 필요성을 명백히 느낍니다. 그러나 용기가 부족합니다.	당신은 어디론가 도약해야만 합니다. 당신은 낡은 사고방식을 뒤로하고 새로운 의식의 차원 위로 올라섰습니다. 이 도약은 항상 위험이 뒤따릅니다. 그래서 오래된 친구들조차 당신이 미쳤다고 생각할 수 있고 당신과 어떻게든 연관되기 싫어할 수도 있습니다.	당신은 옛날과는 완전히 다른 새로운 의미를 발견합니다. 새로운 차원의 인생을 찾으며, 오랜 친구보다 더 잘 통할 수도 있는 새로운 친구를 발견합니다. 당신은 도약하게 되었습니다.

핵심 포인트		
• 용기가 부족하다 • 새로운 시작을 꿈꾼다 • 변화에 대한 두려움이 있다	• 반대를 무릅쓰고 변화를 이뤄야 한다	• 새로운 곳에는 새로운 이야기가 있다

피티아*

Pythia

키워드 요약 직관, 신탁의 여사제, 점쟁이, 점성학(점성술의 해석)

---

* 피티아_ 델포이의 신탁, 즉 고대 그리스 델포이에 있던 아폴론의 성소에서 아폴론이 내리는 예언을 받아 전하던 무녀. 당시 양들이 이 곳의 한 장소에서 어떤 증기를 맡으면 발작을 일으켰는데, 사람들이 이를 신의 영감으로 여겨 아폴론의 신탁소가 자리잡게 되었다. 피티아들은 양 대신 그 증기를 대신 맡아 신탁을 행했다.

문제의 원인	문제해결방법	최종 결과
당신은 누군가가 말해준 조언이나 예언에 매달립니다. 당신은 덫에 걸렸습니다. 영혼의 물줄기를 외부의 강바닥으로 흘려보냈기 때문에 당신은 직관의 원천이 메말랐습니다. 이런 식으로는 수수께끼를 절대 풀 수 없습니다.	당신은 아마도 즉시 이해되지는 않을 신탁을 받게 됩니다. 수수께끼를 풀기 위해 진지하게 고민하다가 거의 무의식적으로 영적인 참된 자각에 이르게 됩니다. 만약 당신의 직관으로, 즉 외부세계가 아니라 내면의 직관을 통해 해결점을 찾으려 노력한다면, 이것은 미래의 영혼을 위한 중요한 걸음이 될 수 있습니다.	오래된 밀교의 가르침이 하나 있습니다. "어떤 것이 의미하는 바가 무엇이냐고 묻는다면, 그 질문은 받아들여지지 않을 것이다." 말로 가르쳐주지 않지만, 이제 당신은 신탁을 통해 이해할 수 있습니다. 자신의 직관을 신뢰하는 것과 지성을 믿는 것만큼 스스로를 의지하는 방법을 배우게 될 것입니다.

핵심 포인트		
• 남의 말에 쉽게 휘둘린다 • 본인이 판단할 수 없다 • 늘 조언을 구하려 한다	• 조언은 조언으로 받아들여야 한다 • 스스로 판단하는 힘을 길러야 한다	• 내 생각으로 내 판단을 내려야 한다

감금

Captivity

키워드 요약 과도한 압박감, 이미 던져진 주사위,
긴장, 폭발하기 직전, 자유를 강요(강탈)

문제의 원인	문제해결방법	최종 결과
문제는 당신이 죄수이며, 이 상황에서 스트레스가 계속 커지고 있다는 것입니다. 자유로워지기 위해 쇠창살을 흔들수록 당신은 더 큰 압박감에 시달립니다.	이 과정에서는 책임과 자유 중 어느 하나를 선택하기란 불가능하다는 것을 이해해야만 합니다. 이 과정이 당신에게 약이 된다는 믿음을 가지세요. 외부세계 대신 자기 안에서 뜻을 찾아야 합니다.	이제 당신은 바로 당신이 던져진 주사위라는 사실을 깨닫습니다. 여정이 정해져 있어서 바꿀 수 없다는 것을 인식하는 순간 자유를 얻게 되고 당신의 길을 찾을 것입니다.

핵심 포인트		
• 자유에 대한 갈망이다 • 목표에 대한 과도한 스트레스이다 • 이상향을 지나치게 갈망한다	• 자신만의 시간이 필요하다 • 남보다 본인에게 의지해야 한다	• 현실을 받아들여야 평화가 온다

운명의 여신
Moira

키 워 드 요 약 **운명을 수용하다, 지혜, 쓰라림, 운명에 직면한 무력감, 해빙**

✱ 모이라이(Moirai) _ 그리스 신화에서 운명의 여신. 보통 세 자매로 알려졌고, 단수형은 모이라(Moira)이다. 모든 인간의 운명을 주관한다고도 하고, 인간의 수명을 주관한다고도 하는데, 서사시인 헤시오도스에 의하면 세 자매들 중에서

1. 클로토는 운명의 실을 뽑아내는 여신,
2. 라케시스는 인간에게 운명을 배당하는 여신,
3. 아트로포스는 운명의 실을 가위로 끊는 여신의 역할을 담당한다.

전설에서는 무섭게 생긴 노파에 절름발이로 전해지는데, 그래서 운명의 걸음걸이는 무거운 것이라고 해석되고 있다.

문제의 원인	문제해결방법	최종 결과
당신은 운명과의 싸움에 이르는 길에 서 있습니다. 그 길이 당신을 굳어지게 만들고 숨막히게 한다는 걸 깨달아야만 합니다. 당신은 너무나 적대적이어서 아무도 당신을 달래거나 접근할 수 없습니다.	당신은 내면의 선택과 투쟁해야 합니다. 지금 당신의 문제를 다루는 두 가지 방법이 있습니다. 하나는 삶의 조건과 조화를 이루거나 수용하는 것입니다. 다른 하나는 그것을 거부하고 공고해지는 건데, 이로 인해 당신 자신이나 다른 사람 또는 당신의 운명을 용서할 수 있는 기회를 놓칠 수 있습니다. 지혜와 비판적인 마음이 당신의 영혼을 장악하기 위해 싸우고 있습니다.	당신은 모이라이✱가 되었습니다. 세상을 지혜와 은총으로 바라보고, 쉴 새 없이 자신들의 운명과 싸워온 사람들을 공감과 부드러운 회한에 가득 찬 눈길로 바라봅니다. 그래서 이제 당신의 지혜는 자신의 운명과 맞서 싸운 사람들에게 희망의 모델이 됩니다.

핵 심 포 인 트		
• 의심이 많다 • 현실도피적 사고이다 • 경계가 심하다 • 스트레스에 민감하다	• 주변에 대한 원활한 수용이 필요하다 • 혼자 결정하고 혼자 움직이는 태도가 필요하다	• 불신보다는 믿음이다

성배*의 질문
The Question of the Grail

키워드 요약 구원의 문제, 영원한 탐구, 사라진 지식,
집단무의식, 원형의 깊이, 근본원인, 신에 대한 탐구

★ 성배_ 신약성서에는 성배라는 말이 나오지는 않지만 최후의 만찬에
대해 이야기하고 있다. 예수는 유월절 식사를 제자들과 함께한 뒤 술잔
을 가리키며 이렇게 말했다. "이것은 죄 사함을 얻게 하려고 많은 사람
을 위하여 흘리는 바 나의 피 곧 언약의 피니라(마태복음 26장 28절)."
전설에 따르면 성배는 예수가 최후의 만찬에서 사용한 잔으로, 신도들
중 한 사람(아리마대의 요셉으로 추정된다)이 십자가에 못 박힌 예수의
피를 받았다고 한다. 술잔은 요셉에게서 다른 사람들에게 넘어가면서
마법의 힘을 가졌다는 소문이 퍼졌다.

문제의 원인	문제해결방법	최종 결과
당신은 엉뚱한 질문을 하다가 실패하곤 합니다. 주관적인 시각으로 보면서 그 질문으로 자신에게 편한 답을 찾으려 합니다. 하지만 이것은 당신을 잘못된 곳으로 이끌어 계속 제자리걸음하게 만듭니다. 더 이상 자신에게 집중하지 않는 질문을 찾아야 한다는 사실을 명심하세요.	도중에 '빛'의 초점을 다시 맞추어야 합니다. 당신의 문제는 지극히 개인적이고 주관적인 것이 아닙니다. 그 문제는 근원적인 것이며 당신이 낙원에서 추방당했다는 사실입니다. 이제 당신은 질문의 답을 찾지 않는 용기를 갖고, 오히려 더 강한 확신을 가지고 질문에 매달리세요. 이런 태도야말로 당신이 넘어질 때마다 일어설 수 있게 도와줍니다.	당신은 더 이상 대답이 없는 지점에 이르렀다는 것을 압니다. 당신은 차분합니다. 어떤 힘에 인도되어 근원적이고 위대한 힘을 신뢰하게 되며, (당신이 한 살 때 그랬듯이) 걷는 걸 배우기 위해서는 언제나 몇 번 넘어지게 된다는 것을 다시 한 번 깨닫게 됩니다.
핵심 포인트		
• 편한 답을 원한다 • 근본적인 것에 집중하지 못한다	• 넓은 시야를 가져야 한다 • 사적인 질문보다 근원적인 확신이 필요하다	• 근원적이고 보편적인 깨달음에 이른다

앞서 심볼론 카드 78장의 이미지 해석에서 이해를 돕기 위해 3장 배열법과 주제 설정을 먼저 다루었으므로 여기에서는 배열법을 생략한다(p.78 참조). 실전 사례는 질문(Q)과 대답(A) 그리고 피드백(F)으로 구성되며, 그 전에 먼저 두 가지를 언급하고 싶다.

첫째, 심볼론 카드는 심리적인 카드로서 우리의 기억(무의식)을 되찾아와서 통찰에 이르게 하는 것이 목표이다. 하지만 통찰이라는 건 말로 간단히 설명할 수도, 누군가가 족집게처럼 딱 집어줄 수 있는 문제도 아니다. 따라서 여기 소개한 실전 사례의 질문은 심볼론 카드를 활용하는 현장에서 이루어지는 유형을 토대로 하되, 앞서 소개한 카드별 키워드를 중심으로 해석하였다.

둘째, 필자가 심볼론 카드로 오랫동안 상담하며 느낀 바를 덧붙인다. 혼자서 자신의 문제를 통찰하거나 심리학의 상담 도구로 이용할 때는 이미지 활용이 그런대로 괜찮다. 하지만 타로샵 실전현장에서는 이미지에 기초하거나 이미지를 초월한 점성학적 활용이 더욱 효과적이고 흥미로웠다. 이 중에서 이미지를 초월한 점성학 해석에 대해 설명이 필요할 것 같다. 만약 첫 번째 사례에 나오는 28번 결혼 카드처럼 결혼하는 장면을 본다면 그 그림에 갇혀서 결혼 이외의 주제는 관심에서 멀어진다. 하지만 점성학의 관점에서 이 카드를 보면 어떨까? 천칭자리와 사자자리가 나와 있는데, 천칭자리는 결혼 말고도 동업이나 사교 또는 균형의 의미를 갖고 있고, 사자자리는 리더의 의미를 갖고 있다. 따라서 이 카드를 동업자 간의 주도권 다툼 내지는, 리더를 강조해서 리더십의 균형감 문제로도 얼마든지 활용할 수 있다.

제가 명상과 관련된 책을 출간하려고 합니다. 그런데 명상 분야의 책은 일반인이 이해하기 어려운 전문적인 단어와 설명들이 나옵니다. 인도의 명상을 다루다보니 한국어로 번역하기 어려운 내용들이 많아서 나름대로 애를 썼지만 여전히 일반인이 읽기에는 부담스럽다는 평가가 나옵니다. 출판사와 가계약은 했는데 과연 출판사에서 이 최종원고를 보고 어떤 반응을 보일지 궁금합니다. (42세 남자)

문제의 원인	문제해결방법	최종 결과

13번 반항 카드	28번 결혼 카드	61번 공포 카드

- 힘든 현실 속에 있다
- 주변 상황 때문에 힘들다
- 미숙함을 인정해야 한다

- 서로 함께해야 한다
- 함께 노력해야 한다

- 죽음을 인정해야 삶을 배우게 된다

 먼저 문제의 원인 카드를 보면 책을 쓰면서 '현실적 어려움'이 있는 것 같네요. 예를 들어, 인도 명상의 전문용어가 나온다는 사실, 그리고 그것을 번역하는 어려움 등이 있습니다.

하지만 문제해결방법 카드에서는 '함께 노력해야 한다'고 나왔기 때문에, 아마도 출판사에서는 전문용어에 대해 지적할 것으로 보입니다. 당신에게는 책의 내용이 중요하지만, 출판사는 책을 파는 것이 더 중요할 테니까요. 책이 팔리려면 일단 독자가 쉽게 읽을 수 있어야겠지요. 만약 당신의 원고를 수정하게 된다면 많은 부분을 고쳐야 하며, 엄청난 고충이 따를 것으로 보입니다.

그 이유는 최종 결과 카드가 '죽음을 인정해야 삶을 배우게 된다'고 말하고 있는데, 여기에서 '죽음과 배움'이라는 단어가 큰 변화를 예고하기 때문입니다.

 2개월 후에 내담자와 재상담을 했는데, 출판사가 원고의 전면적인 수정을 요구했다고 했다. 애초에 이 책의 독자층을 전문적인 명상전문가로 정했지만, 출판사의 검토 후 고등학생 이상의 일반인을 대상으로 수정되었다. 또 전문적인 명상을 목표로 하기보다 스트레스 해소를 위한 가벼운 정보를 주는 쪽으로 수준을 낮추자고 해서, 그 출판사와 작업을 진행할지 아니면 출판사를 옮길지 계속 고민하고 있다고 말해주었다.

양 자 택 일 의 진 짜 이 유

 제가 타로샵에서 오랫동안 상담을 해왔는데, 사주나 타로공부가 부족함을 느끼고 있어요. 타로샵을 그만두고 집에서 인터넷 상담을 해볼까 하는데 괜찮을까요? (41세 여자)

문제의 원인

8번 유혹자 카드

• 강한 욕망에 사로잡혀 있다
• 양심을 팔고 있다
• 집착하고 있다

문제해결방법

14번 이브의 두 얼굴 카드

• 둘 다 옳을 수 있다는 것을 깨우쳐야 한다
• 양쪽 일을 다 해야 한다

최종 결과

55번 고난 카드

• 인생을 돌아보며 앞으로 나아가야 한다

먼저 문제의 원인 카드를 보면, 내담자는 인터넷으로 타로 상담을 하면 돈을 많이 벌 수 있거나 편하게 벌 수 있다는 유혹에 사로잡힌 것 같아요. 문제는 편하게 돈을 벌 수 있다는 생각 바로 그 자체입니다.

그런데 문제해결방법 카드는 두 가지를 다하라고 합니다. 만약 타로샵에 올인하면 집에 있으면 서 공부하기 힘들 테니, 집에서 아이를 보는 이 그림은 집에서 틈틈이 온라인 상담을 하거나 공 부하는 모습으로 여겨집니다. 반면, 집에서 온라인 상담이나 공부를 '틈틈이' 하기가 힘든 이유 는 화장을 하고 밖으로 나가야 하는 또다른 모습 때문입니다. 이 카드는 우리의 에너지는 총량 이 있기 때문에 두 가지 다 완벽하게 할 수는 없다는 것을 말하고 있습니다. 하지만 우리의 인생 은 어느 한 가지만 열심히 하게 내버려두지도 않아요. 이게 인생의 딜레마죠. 둘 다 못할 바엔 하 나라도 제대로 하자고 말할 수 있겠지만, 이 카드는 못하더라도 둘 다 해야 한다고 말하는 카드 지요. 이 문제해결방법 카드는 '둘 다 옳을 수 있다는 것을 깨우쳐야 한다'고 되어 있으니까요. 한쪽에 올인하면 한쪽을 버려야 하므로, 타로샵을 계속하면서 온라인 상담도 하거나 타로샵을 그만둔다 해도 집에서 하는 온라인 상담이 자리잡기까지는 아르바이트(오프라인상담이나 다른 분야의 일)라도 해야 할 것 같아요.

그런데 애석하게도 최종 결과 카드가 절름발이의 모습으로 '인생을 돌아보며 앞으로 나아가야 한다'고 말하는 걸 보니, 온라인 상담이 신통치 않을 것 같아요. 현재 직장을 그만두고 온라인 상담을 하려는 이유가 혹시 '나의 게으름' 때문은 아닌지 돌아봐야 할 것 같아요. 문제의 원인 카드는 분명 '강한 욕망에 사로잡혀 있다' 내지는 '양심을 팔고 있다'고 말하고 있으니까요.

 몇 개월 후, 내담자가 전화로 "온라인 상담을 시작했지만 신통치 않고 공부도 잘 안돼요. 어쩌면 다시 타로샵에 나가야 할지도 모르겠어요"라고 알려왔다.

스 터 디 모 임 의 갈 등

 서양원전을 공부하는 스터디를 하고 있는데, 회원 중 한 명이 동양원전도 같이 하자고
제안하면서 회장인 저와 서양원전 강독리더인 후배랑 갈등이 있어요. 저는 서양원전
도 벅차다는 입장이고, 후배는 어차피 시간은 늘 부족하니 하고 싶은 거 아무거나 하자
는 거죠. 처음에는 회원들이 제 편을 들다가 모두 후배 편이 되었어요. 우리 모임은 앞
으로 어떻게 될까요? (31세 여자)

문제의 원인	문제해결방법	최종 결과

66번 슬픔 카드	5번 자아 카드	24번 전투 카드

- 상처를 공유하려고 한다
- 혼자서 슬픔을 극복하려
  고 하지 않는다

- 감정을 표현하는 법을
  배워야 한다
- 자신의 삶을 살아야 한다

- 주도권을 쥐게 된다
- 옳은 결정을 내릴 수 있다

 먼저 문제의 원인 카드를 보면 여자가 실의에 빠진 모습이네요. 강독리더인 후배와 삐걱거린다
고 했는데, 카드는 '상처를 공유하려고 한다'고 말하고 있어요. 혹시 당신은 자신의 주장을 설득
력 있게 논리적으로 말하지 못하고 회원들의 감정에 호소하는 것은 아닌지 궁금하네요.
문제해결방법 카드는 '감정을 표현하는 법을 배워야 한다'고 말하네요. 아마 당신은 후배나 회
원들을 설득할 때 논리나 설득보다 회장이라는 명분을 내세우거나, 선배라는 이유로 윽박지르
는 것은 아닌지 의심스럽네요.

이전처럼 현재의 당신 주장을 밀고 나간다면 결과는 부정적일 테지만, 자신의 주장을 좀 더 논리적으로 설명한다면 아마 최종 결과 카드처럼 반대하는 회원과 싸우게 되더라도 당신이 주도권을 쥐게 될 것이고, 동양원전도 다루자는 의견은 폐기될 수 있을 것으로 보입니다.

몇 주 후, 내담자는 밤새 생각을 정리한 인쇄물과 함께 자신의 솔직한 생각과 모임의 취지를 설명했고, 그로부터 2주 동안 몇 번의 토론을 거쳐 자신의 생각을 관철시켰다고 알려주었다. 특히 후배와 토론을 그렇게 진지하게 해본 적이 없었고, 또 후배를 많이 모르고 있었다는 사실에 스스로도 놀랐다고 말해주었다.

학 업 과   연 애

Q 대학교 3학년입니다. 연애를 접고 공부를 제대로 하고 싶은데 가능할까요? 대시하는 남자가 많아 공부가 번번이 좌절됩니다. (25세 여자)

문제의 원인	문제해결방법	최종 결과

59번 자책 카드	10번 주인 카드	4번 어머니 카드

• 강박관념에 사로잡혀 있다 • 자기완벽을 추구한다 • 결벽증이 있다	• 타인과 생각을 교류해야 한다 • 융통성을 키워야 한다 • 문제에 솔직하게 맞서야 한다	• 조화를 이루게 된다 • 안정을 찾게 된다

 먼저 문제의 원인 카드를 보면 스스로에 대한 자책이 심하네요. 이 카드는 '강박관념에 사로잡혀 있다'는 의미입니다. 공부를 해야 한다는 강박관념이 문제의 시작인데 남자의 대시를 문제삼고 있어요. 물론 남자가 공부에 도움이 되지 않을 수도 있지만 말입니다.

오히려 문제해결방법 카드는 '타인과 생각을 교류해야 한다', '융통성을 키워야 한다', '문제에 솔직하게 맞서야 한다'고 말하고 있어요. 공부를 방해하는 장애물이 남자라기보다는 자신의 습관이나 노력 부족 또는 학습방법은 아닌지 생각해보라는 의미이지요.

만약 그것을 깨닫게 된다면 최종 결과 카드가 '조화를 이루게 된다', '안정을 찾게 된다'고 말하는 것으로 보아 남자친구와 공부 둘 다 얻을 수도 있다고 보이네요.

 내담자는 무남독녀로 태어나 아버지의 사랑이 너무도 강하며, 늘 원하는 것을 아버지에게서 편하게 얻어왔다고 귀띔해주었다. 또 여자보다 남자와 함께 있을 때 더 편하다고도 했다. 그러므로 만약 그녀에게 공부를 위해 남자를 멀리하라고 한다면, 오히려 정서적으로 더욱 힘들게 해서 공부에 몰입할 수 없게 만들거나, 만약 남자를 멀리했는데 성적마저 떨어지면 남자 때문이라는 강박관념이 더욱 심해질지도 모른다는 판단이 들기에 충분했다.

이번에 부서 이동을 하게 되었는데, 앞으로 잘 적응할 수 있을까요? 승진도 해야 하는데 윗사람에게 칭찬도 받고 싶고 적응도 잘하고 싶어요. (38세 여자)

문제의 원인	문제해결방법	최종 결과

75번 피티아 카드	73번 고해 카드	69번 광신도 카드

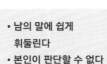

• 남의 말에 쉽게 휘둘린다
• 본인이 판단할 수 없다
• 늘 조언을 구하려 한다

• 속죄해야 한다
• 죄를 고백하고 뉘우칠 줄 알아야 한다

• 지나친 믿음은 독이 될 수 있다

먼저 문제의 원인 카드를 보면 '늘 조언을 구하려 한다', '본인이 판단할 수 없다'고 말하네요. 그래서인지 문제해결방법 카드는 그런 과오를 '뉘우칠 줄 알아야 한다'고 방법을 제시하고 있어요. 이 말은 당신의 문제는 주체성이고, 해결방법은 스스로 문제에 대해 통찰하라는 거예요. 하지만 최종 결과 카드가 '지나친 믿음은 독이 될 수 있다'고 말하고 있으니 '조언'을 통해 문제를 해결하는 것, 즉 남의 견해를 자신의 통찰 없이 따르는 것은 독이 된다는 걸 명심하셔야 해요.

몇 달 후 내담자는 예전보다는 스스로 해결하는 일이 많지만, 새로 옮긴 부서에서도 여러 번 지적을 당했다고 알려주었다. 어릴 때 너무 오냐오냐 귀하게 자란 것이 문제 같다고 털어놨다.

 휴학을 하고 영국을 다녀오고 싶어요. 영어랑 여러 가지 공부와 알바를 할 예정인데, 제가 하고 싶은 일이 예술기획 분야거든요. 한국에서는 그 쪽 공부 해봐야 인정 안 해 줄 것 같아 영국으로 갈 계획이에요. 제가 잘 생각하고 있는지 궁금해요. (22세 여자)

문제의 원인

55번 고난 카드

문제해결방법

53번 피리 부는 사람 카드

최종 결과

65번 믿음 카드

- 불만족스럽다
- 앞으로 나아가야 하는데 지쳤다
- 인내심이 부족하다

- 자신의 삶과 스스로를 성찰해야 한다
- 경거망동하지 말고 옳고 그름을 생각해야 한다

- 좋은 관계 끝에는 행복이 찾아올 것이다

 (이 문제는 내면의 페르소나를 마주하는 것과는 거리가 있지만, 실전상담에서는 영업적인 측면 에서 충분히 수용할 수 있는 질문이다.)

최종 결과 카드를 보면 두 사람이 믿음을 갖고 목적지를 향해 걷고 있습니다. 그런데 문제의 원인 카드를 보면 유학을 떠나서 맞닥뜨릴 문제는 생각대로 잘 진행되지 않는다고 나와요. 특히 공부 가 그렇다고 나오네요. 이 사람은 헤르메스로 지식과 정보를 상징하는데, 보다시피 다리를 다쳐 서 잘 걷지 못해요. 헤르메스는 사업을 의미하기도 하는데, 알바 일도 썩 편하지 못할 수 있어요. 문제해결방법 카드를 보면, 피리 부는 사나이가 아이들을 홀려서 어디론가 데려가고 있네요. 만약 당신이 누군가의 소개로 그 곳에 간다고 가정하고 마지막 최종 결과 카드가 나쁘게 나왔다면 '아이들을 홀리니까' 사기를 조심해야 할 수도 있어요. 하지만 최종 결과 카드가 좋게 나왔으니 힘들어도 포기하지 않고 일과 공부에 매달린다면 좋은 결과가 있을 것으로 보입니다.

이후 내담자는 유학을 떠났고, 2년 후에 필자를 찾아와 거기서 대학을 다닌다고 알려주었다. 자신이 얼마나 노력했는지에 대해 오랫동안 이야기를 나누고 다시 영국으로 떠났다.

술 주 정 의 이 유

Q 남편이 포크레인 기사인데 출장이 잦아요. 그런데 술만 먹으면 자는 아이들을 깨워요. 그리고 훈계를 하기 시작하면 2~3시간은 보통이에요. "숙제는 했냐?"부터 "꿈이 뭐냐?"까지 정말 아이들이 피곤해해요. 한동안 잠잠하다가 또 시작이에요. 남편이 도대체 왜 그러는 걸까요? (40세 여자)

문제의 원인	문제해결방법	최종 결과

62번 퓨리스 카드	71번 불사조 카드	73번 고해 카드
• 죄책감에 시달린다 • 지난 일을 묻어두려고 한다	• 새로운 것을 받아들일 줄 알아야 한다 • 낡은 사고방식을 버려야 한다	• 대가는 치르겠지만 성장할 것이다

 우리는 보통 주변에서 이런 행동을 하는 사람을 보면, 으레 "술주정이 시작되었군" 하고 쉽게 판단하고 맙니다. 하지만 술을 먹을 때마다 같은 행동을 반복하는 것은 그 사람의 무의식 중에서 어떤 억눌린 의식이 술을 통해 밖으로 드러나는 것입니다. 그러므로 이런 행동에 관심을 가지는 것이 마땅하고, 해결을 위한 노력도 해야 한다고 믿습니다.

전체 카드를 살펴보면 문제의 원인 카드와 최종 결과 카드가 죄의식과 관련됩니다. 첫 번째 카드의 퓨리스는 친족에게 죄를 지은 사람을 끝까지 따라다니면서 벌을 주는 신이고, 세 번째 카드는 고해성사를 하는 모습입니다. 가운데 문제해결방법 카드는 부활의 의미인데, 세 카드를 함께 보면 어떤 죄의식에 대한 통찰을 거쳐 거듭남을 요구하는 것처럼 보입니다.

먼저 문제의 원인 카드는 자는 아이들을 깨워서 잔소리를 하며 괴롭히는 아빠의 모습 같기도 하고, 반대로 남편이 자신의 죄에 대해 끊임없이 질책당하는 모습으로도 볼 수 있습니다.

문제해결방법 카드는 거듭나야 한다고 말하고 있네요. 먼저 남편의 나쁜 습관을 고쳐야 한다는 의미일 수도 있고, 아니면 모두가 남편을 이해해야 한다는 의미일 수도 있습니다. 이 카드에서 천왕성은 '똘기'이고, 물병자리는 '공감'이기도 하니까요.

일단 두 번째 카드를 보류하고 세 번째 최종 결과 카드를 보면, 아버지를 상징하는 염소자리의 남자가 무릎을 꿇고 고해하고 있는 모습입니다. 이로 미루어 남편의 그러한 행동은 과거의 죄책감이 응어리진 채 해결되지 않은 것으로 보입니다. 그 죄책감을 털어내야 합니다.

어쩌면 술 먹고 한 남편의 행동은 자기 자신에게 하고 싶었던 행동은 아닌가 합니다. 심리학적 관점에서 보면 일종의 투사입니다. 아이들을 자신으로 대체하는 모습이지요. 아마도 남편은 공부와 꿈에 대해 응어리진 것이 있고, 그런 자신의 모습을 아이들에게 투사한 것으로 보입니다. 하지만 아이의 인생이 나의 인생은 아니며, 아이의 성공이 곧 내 콤플렉스의 완전한 해결책은 아니란 겁니다. 그리고 현재의 내 삶을 있는 그대로 받아들이는 게 중요합니다. 어린 시절 남편의 꿈이 무엇이었는지 들어보고, 그가 느끼는 열등의식을 인정하고 받아들일 수 있게 해주세요. 그리고 남편의 지금 일도 직업도 꿈도 매우 가치 있다고 일깨워주세요.

 이후 그녀는 남편에게서 어린 시절에 대한 이야기를 들었다고 했다. 남편은 어릴 때 공부를 잘했지만 중학교 때 도벽이 있는 친구와 물건을 훔치는 것에 맛을 들인 뒤 공부와 담을 쌓게 되었고, 결국 고등학교도 자퇴했다고 한다. 남편의 아버지는 공무원이었는데, 그런 자식이 너무도 미웠는지 가끔 술에 취하면 한밤중에 남편을 밖으로 내쫓곤 했다고 알려주었다. 내담자는 상담 이후에 남편을 따뜻하게 대하고 있으며, 조만간 심리상담을 한번 받기로 했다고 말해주었다.

현재 괜찮은 회사에 다녀요. 연봉도 만족해요. 그런데 그만두고 상담일을 하고 싶어요. 대학원에 가야 할까요? 제가 심리상담에 관심이 많아서 사주와 타로도 배우고 있어요. 이 쪽 상담분야를 접목해서 인터넷 방송도 해보고 싶은데 어떨까요? (35세 여자)

문제의 원인	문제해결방법	최종 결과

13번 반항 카드	56번 꿈꾸는 남자 카드	9번 설교자 카드

- 힘든 현실 속에 있다
- 주변상황 때문에 힘들다
- 미숙함을 인정해야 한다

- 자발적으로 노력해야 한다
- 생각의 전환이 필요하다

- 관대하게 성장하게 된다
- 좋은 결과를 얻게 된다

 전체 카드를 보면, 꿈과 도전의식이 있고 철학성이나 심리상담 기질도 있어 보여 긍정적이네요. 하지만 우려스러운 것은 두 번째 카드인데, 꿈꾸는 남자 카드는 현실성이 없어 보여요. 다행히 이 카드의 주제가 문제해결방법이므로, 호기심만으로 이 공부를 하는 것은 조심스럽다고 말할 수도 있고, 반대로 한눈만 팔지 말고 전력질주하라고 말할 수도 있네요.

카드를 하나하나 읽으면, 문제의 원인 카드는 안정된 울타리를 버리고 상담 일에 도전하고 싶은 모습입니다. 또는 안정된 일에 재미를 느끼지 못한다는 겁니다. 아니면 저 그림처럼 상처받은 (보호받지 못한) 사람에게 관심이 많다고 볼 수도 있겠네요. 당신이 상처받은 사람에 관심이 있

다는 것은, 반대로 당신이 상처를 가지고 있을 수도 있다는 의미입니다.

최종 결과 카드가 사수자리인데, 헤르메스를 상징하는 쌍둥이자리가 일반 지식이라면, 사수자리는 고급지식입니다. 또 사수자리가 형이상학적 영역을 나타내므로, 무의식을 다루는 상담 공부는 매우 긍정적으로 보이네요. 따라서 이 카드는 대학원을 상징한다고 할 수 있고, 또 대학원 카드가 결과로 나왔으니 '대학원을 가는 것은 매우 긍정적이다'라고 해석할 수 있습니다.

이제 최종 결과 카드를 놓고 문제해결방법 카드를 고찰하면 '한눈을 팔면 낭패를 당할 수 있으니 현실을 직시하고 나아가라!'라고 조언할 수 있겠네요. 기득권을 내려놓고 뭔가 새로운 일을 시작하는 것은 분명 큰 모험입니다. 하지만 모험을 하지 않고선 큰 성취를 이룰 수 없다는 것 또한 엄연한 현실입니다. 결론적으로 이 카드는 대학원을 갈 수 있고 가라고 말하고 있지만, 한눈 팔지 말라고 경고하고 있네요.

내담자는 현재 대학원을 준비 중이지만 아직 결정난 상태는 아니라고 했다. 다만 이 카드 해석을 통해 필자가 어떻게 조언을 하는지 실전상황을 보여주고 싶을 뿐이다.

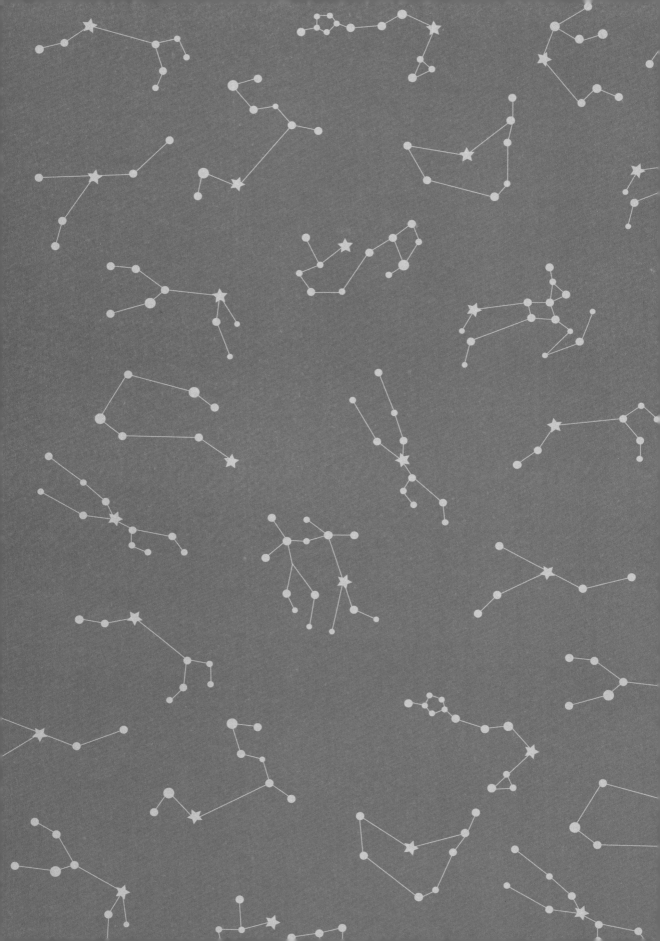

3

심 볼 론 카 드 의
점 성 학 적 활 용

메이저 카드의 점성학적 의미

달 카드의 점성학적 의미

태양 카드의 점성학적 의미

마이너 카드의 점성학적 의미

하우스와 행성의 관계적 의미

실전 사례

01

전사
The Warrior

기간 3월 21일~4월 20일

양자리
프릭소스와 헬레 남매

그리스 신화에 의하면, 아타마스왕에게는 전처 네펠레가 낳은 프릭소스와 헬레라는 두 남매가 있었는데, 이들은 계모인 이노에게 시달림을 받으며 살았다. 불쌍한 이들 남매를 우연히 발견한 전령의 신 헤르메스가 황금빛 털을 가진 숫양의 등에 태워 계모에게서 탈출을 시도했다. 하지만 불행하게도 하늘을 날던 숫양의 등에서 헬레가 미끄러져 아시아와 유럽 사이의 해협에 떨어졌는데, 지금의 다르다넬스(옛 지명 헬레스폰투스) 해협이 바로 그 곳이다. 다행히 프릭소스는 흑해의 동쪽 연안 콜키스에 당도한다. 이에 대한 공로로 헤르메스의 황금양은 하늘의 별자리가 되었는데 바로 양자리이다.

화성
아레스와 마르스

그리스 신화에 나오는 올림포스 12신 중에서 아레스는 로마 신화의 마르스와 동일시된다. 아레스의 탄생에 대해 고대 그리스의 두 서사시인은 서로 다른 기록을 남겼다. 우선 호메로스는 아레스가 제우스와 헤라의 아들이라고 했지만, 헤시오도스는 헤라가 꽃의 여신 플로라에게 얻은 마법의 꽃으로 홀로 임신했다고 기록했다.

전쟁과 파괴의 신인 아레스는 잔인하고 야만적이며, 보통 창과 방패를 든 모습으로 묘사된다. 그는 아프로디테와의 사이에서 낳은 두 아들 데이모스(근심)와 포보스(공포), 그리고 불화와 다툼의 여신인 누이 에리스와 함께 전쟁터를 돌아다녔다. 아레스는 제우스와 알크메네의 아들인 헤라클레스, 지혜와 전쟁의 여신 아테나와의 전쟁에서 여러 번 패한다. 아레스와 아프로디테 사이에서 태어난 잔인하고 폭력적인 여러 형제들 역시 헤라클레스에게 죽임을 당하기도 한다. 아레스를 섬기기 위해 바친 동물은 개와 독수리이다.

참고로 로마 신화에서 마르스는 그리스 신화의 아레스와는 달리 풍요와 농경의 신 그리고 가축과 경지의 보호자였으며, 로마를 건설한 로물루스와 레무스의 아버지로 여겨져 로마에서 널리 숭배되었다.

양자리 (Aries)	기 본 성 향	•**긍정_** 도전, 모험, 과감, 투지 •**부정_** 충동, 무모, 자만, 이기			
	관 련 배 경	• 기호는 새싹, 생명의 에너지, 분수, 숫양의 뿔 등을 상징한다. • 시작으로 신생아 단계에 해당하며, 기질로는 난폭, 활달, 억지 주장, 천진 난만, 주관적 판단, 개인주의, 독립성, 결단, 의지, 정력을 의미한다.			
	보 완 요 소	반대쪽 천칭자리가 지닌 상대와의 조화가 필요하다.			
	기 능 행 성	품위획득	기능항진	기능저하	품위손상
		화성	태양	토성	금성
	건 강 부 위	머리 부위			
	별자리 속성	양, 불, 직관, 활동			

화 성 (Mars)	기 본 성 향	•**긍정_** 힘, 용감, 도전 •**부정_** 성욕, 폭력, 성급, 소란, 공격
	관 련 배 경	• 기호는 투쟁과 고통에 종속된 영(靈), 또는 아레스의 창과 방패로 물질계 를 파괴하거나 정복하려는 에너지, 또는 남자의 성기를 상징한다. • 기호는 영(靈)을 중심에서 밖으로 밀어내는 힘을 상징하기도 한다. • 금성의 기호(♀)는 물질의 제약에서 벗어나 근원을 향하는 영(靈)을 상징 한다. 점성학의 포르투나 기호(⊕)는 물질과 영의 혼돈상태를 상징한다. 역금성의 기호(♁)는 물질의 제약과 속박에서 벗어나려는 영을 상징한다. • 점성학 차트에서 여자는 화성, 남자는 금성의 위치를 보고 자신의 이성 타입을 알아낸다.
	지 배 별자리	양자리
	관 련 질 병	남성 생식기, 운동기관(골격계 및 근계)

02

연인
The Lover

기간 4월 21일~5월 20일

황소자리
제우스와 에우로페

그리스 신화에 따르면, 바람둥이 제우스가 에우로페(또는 유로파)를 유혹하기 위해 변신한 눈부신 하얀 소가 바로 황소자리의 주인공이다. 에우로페는 포세이돈의 아들 아게노르왕의 딸인데, 어느 날 티로스 해변가에서 시녀들과 놀다가 제우스의 눈에 띠게 된다. 에우로페에게 마음을 빼앗긴 제우스는 하얀 소로 변하여 그녀 곁에 앉았고, 초승달같이 하얗게 빛나는 뿔을 가진 아름다운 소를 본 에우로페는 조심스레 소의 등에 올라앉고 만다. 하얀 소는 기다렸다는 듯이 그녀를 태우고 바다에 뛰어들어 크레타섬까지 헤엄쳐 갔다. 섬에 도착한 제우스와 에우로페는 고르티나샘 근처의 플라타너스나무 아래서 사랑을 나눈다. 플라타너스 잎이 1년 내내 지지 않는 것은 그들의 열정적 사랑 때문이라고 한다.

금성
아프로디테와 베누스

그리스 신화에 나오는 올림포스 12신 중에서 아프로디테는 로마 신화의 베누스와 동일시된다. 미와 풍요 그리고 모성의 여신으로, 성적 아름다움과 사랑의 욕망을 상징한다.

아프로디테의 탄생에 대한 이야기는 크게 두 가지가 있다. 제우스와 디오네 사이에서 태어났다는 설과, 티탄신족인 크로노스(제우스의 아버지)가 잘라낸 우라누스의 성기(또는 정액)가 바다에 떨어져 거품을 뿜었고 그 거품에서 태어났다는 설이 있다. 따라서 아프로디테는 '물거품에서 태어난 여신'으로 불리기도 한다. 플라톤은 아프로디테를 아예 두 명의 다른 인물로 분류했는데, 우라누스에게서 태어난 딸은 순수한 사랑의 여신이고, 디오네에게서 태어난 딸은 욕망의 여신이라는 것이다.

아프로디테는 상대를 계속 바꿔가며 연애를 반복한다. 절름발이 대장장이인 헤파이스토스와 결혼했지만, 전쟁의 신 아레스와 불륜을 저지르다가 헤파이스토스의 그물에 걸려 망신을 당하기도 한다. 아프로디테와 아레스 사이에는 에로스, 안테로스, 데이모스(공포), 포보스(걱정), 하르모니아 등 여러 자식이 있다. 아프로디테는 아레스가 에오스를 사랑하자 질투를 느끼고 에오스가 오리온을 사랑하게 만들기도 한다. 아프로디테는 인간과도 사랑을 나누었는데, 미소년

아도니스를 애인으로 두기도 하고, 이데산에서 양을 돌보던 안키세스와의 사이에 자식을 두기도 한다. 아프로디테가 아끼는 것들은 비둘기가 끄는 마차, 장미, 도금한 양이다.

황소자리 (Taurus)	기 본 성 향	• **긍정_** 안정, 자상, 끈기, 물질 • **부정_** 태만, 불통, 고집, 과욕			
	관 련 배 경	• 기호는 황소의 머리 또는 태양을 담는 그릇을 상징한다. • 양의 뿔은 외적인 힘을 상징하고, 황소의 뿔은 내적인 힘을 상징한다. • 황소자리의 계절은 짝짓기의 계절로 오감 발달, 미식가(되새김질), 스킨십, 다산, 풍요, 재물 등 물질적 번영을 상징한다. • 황소는 보통 온순하고 자상하지만, 가끔은 난폭하거나 괴팍한 성질로 돌변하기도 한다. 따라서 유아기의 단계에 해당한다.			
	보 완 요 소	반대쪽 전갈자리가 지닌 본인의 성실보다 남을 이용하는 능력이 필요하다.			
	기 능 행 성	품위획득	기능항진	기능저하	품위손상
		금성	달	천왕성	화성
	건 강 부 위	목 부위			
	별자리 속성	음, 흙, 감각, 고정			

금 성 (Venus)	기 본 성 향	• **긍정_** 미(美), 사랑, 예술, 풍요 • **부정_** 허영, 집착, 쾌락, 사치
	관 련 배 경	• 기호는 물질을 초월한 영(靈)을 상징하거나, 물질에 휴식, 안주, 집착하는 영을 상징한다. 또한 태양의 활기로 물질에 풍요를 내리는 상징이기도 하며, 비너스의 거울로 내면과 허영, 나르시시즘과 물질에 집착하는 모습을 상징하기도 한다. 또한 여성의 자궁으로서 성욕을 예술과 문화로 승화시킴을 상징하기도 한다. • 성욕(리비도)이 승화되는 과정은 다산 → 예술 → 문화 → 미덕·헌신·교양 순으로 이해할 수 있다. • 금성은 사랑의 여신 비너스의 상징이다. 금성은 자기력을 띠는데, 이는 미(美)와 유혹으로 모든 것을 끌어당기는 것을 의미하므로 비너스는 탐욕과 향락을 즐긴다.
	지 배 별자리	천칭자리, 황소자리
	관 련 질 병	여성 생식기, 감각기관, 정맥질환

03

중재자
The Mediator

기간 5월 21일~6월 21일

쌍둥이자리
카스토르와 폴리데우케스

쌍둥이자리의 주인공은 디오스쿠로이(제우스의 아들들)라고 불리는 카스토르와 폴리데우케스이다. 이들은 스파르타의 왕비 레다와 백조로 변신한 제우스의 쌍둥이 자식으로, 레다가 낳은 두 개의 알 중 한 개에서는 헬레네가, 나머지 한 개에서는 쌍둥이가 태어났다.

이들은 형제애가 남달랐는데, 모험을 즐기는 용감한 청년으로 황금 양털을 찾는 아르고호 원정대의 일원이기도 했고, 칼리돈의 멧돼지 사냥에도 참가했으며, 테세우스에게 납치된 누이 헬레네를 구해내기도 했다. 쌍둥이는 약혼남이 있는 사촌누이 포이베와 힐라에이라를 강제로 차지하여 결혼한다. 복수의 기회를 엿보던 그녀들의 약혼남인 이다스와 린케우스 형제는 쌍둥이 형제와 훔친 소를 분배하는 과정에서 혈투를 벌였는데, 천하장사인 이다스가 카스토르를 죽이고, 그 사이 폴리데우케스는 린케우스를 죽이지만 큰 상처를 입는다. 이를 본 제우스가 이다스를 벼락으로 죽이고 상처 입은 폴리데우케스를 불사신으로 만들려고 하지만, 폴리데우케스는 죽어서 하계로 간 카스토르와 함께 있겠다며 불사신을 거부한다. 제우스는 아들의 청을 받아들여 형제가 1년의 반은 하계에서, 나머지 반은 올림포스에서 함께 지낼 수 있게 해주었다. 그리고 이들의 형제애를 기리는 의미에서 별자리로 만들었다. 로마인들은 기원전 5세기에 디오스쿠로이 숭배를 받아들였고, 그들은 로마 기사단의 보호자가 되었다.

수성
헤르메스와 메르쿠리우스

그리스 신화의 올림포스 12신 중 한 명인 헤르메스는 로마 신화의 메르쿠리우스와 동일시된다. 그의 상징은 수성이다. 그 이유는 태양계에 있는 10개 행성 중에서 공전속도가 가장 빠르기 때문이다. 제우스의 전령으로 제우스와 마이아(혹은 님페) 사이에서 태어난 헤르메스는 신생아 시절 형인 아폴론이 가축을 치던 테살라까지 날아가 젖소 12마리와 암소 100마리를 훔친다. 이 사실을 안 아폴론이 헤르메스의 어머니인 마이아에게 따지지만, 이내 헤르메스가 만든 비파에 마음을 빼앗겨 자신의 소떼와 맞바꾼다. 이후 아폴론은 헤르메스가 만든 피리와 예언의 기술에 마음을 빼앗겨 금지팡이와 황금막대(헤르메스의 지팡이)까지 내어준다.

헤르메스는 날개 달린 모자(페타소스)와 신발을 신고 천상과 지하를 자유자재로 넘나들며, 전령, 여행, 상업(계약), 도둑, 고아, 목동 등의 신으로 불린다. 헤라, 아프로디테, 아테나가 아름다움을 다투자, 제우스의 명령으로 헤르메스가 파리스에게 데려가서 심판을 받게 한 일화가 있다.

♊︎ **쌍둥이 자리** (Gemini)	기 본 성 향	• **긍정_** 지식, 소통, 교류, 재치 • **부정_** 산만, 불만, 조급, 권태			
	관 련 배 경	• 기호의 두 세로선은 두 사람의 결합과 계약을 상징한다. 또한 두 세로줄은 책장의 책으로, 범주화와 분류 그리고 지식과 정보를 상징하기도 한다. • 쌍둥이자리는 취학 연령의 어린아이 정도의 단계로, 동물과 구별되는 지성을 갖는 시기다. • 쌍둥이자리의 쌍둥이는 제우스의 아들 카스토르와 폴리데우케스로, 이들은 모험과 깊은 형제애를 상징한다.			
	보 완 요 소	반대쪽 사수자리가 지닌 깊은 지식이나 영적 지식이 필요하다.			
	기 능 행 성	품위획득	기능항진	기능저하	품위손상
		수성			목성
	건 강 부 위	가슴 위, 어깨와 팔 부위, 신경계통			
	별자리 속성	양, 공기, 사고, 변통			

☿ **수성** (Mercury)	기 본 성 향	• **긍정_** 상상, 사고, 분석, 논리 • **부정_** 피상, 허풍, 사기, 비판
	관 련 배 경	• 기호의 두 뿔은 분별을 의미한다. 이는 정보와 지식의 획득과 비판을 상징하지만, 또한 상현달과 하현달로서 변한다는 의미가 있어서 가끔은 허풍이나 사기로 전락할 수도 있다. . • 수성은 태양과 달을 부모로 둔 사춘기 이전 단계에 해당하므로 질투와 시기심이 좀 있는 편이다. • 태양의 발산과 달의 수용이 반복되어 사유·분석·논리를 형성하는 과정으로 상상하기, 생각하기, 말하기, 글쓰기 능력 등을 발휘한다. 부정적인 측면으로 그것들을 이용해 사기계약, 변명, 합리화에도 능숙하다. • 수성의 상징인 헤르메스는 호기심이 많아서 정보, 지식, 지각, 인식, 이해, 표현, 계약, 중재 능력이 탁월하다.
	지배 별자리	쌍둥이자리, 처녀자리
	관 련 질 병	호흡기

04

어머니
The Mother

기간 6월 22일~7월 22일

게자리
헤라클레스와 게

헤라클레스는 제우스와 암피트리온의 아내인 알크메네 사이에서 태어났다. 이때부터 제우스의 본처인 헤라는 질투심이 발동해 헤라클레스를 집요하게 괴롭히기 시작한다. 헤라가 불어넣은 광기로 헤라클레스는 아내 메가라와 세 아들을 죽인다. 죄를 씻는 의식을 해도 안정을 얻지 못한 헤라클레스는 델포이에 있는 아폴론의 신전에 찾아가 신탁을 구했고, 아폴론은 12년 동안 사촌 에우리스테우스에게 봉사하라는 명령을 내린다. 에우리스테우스가 내린 12과업 중 두 번째는 아르고스 근교의 아미모네샘의 물뱀 히드라를 죽이는 일이었다. 그 샘에는 수많은 머리가 달린 히드라와, 헤라클레스의 싸움을 방해하는 게도 한 마리 있었는데, 이들을 보낸 것은 역시 헤라의 짓이었다. 결국 히드라는 목이 베여 죽고, 게는 헤라클레스의 발가락을 무는 데 성공하지만 헤라클레스에게 밟혀 죽게 된다. 헤라는 게를 불쌍히 여겨 하늘로 올려 보내 별자리로 만든다.

달
아르테미스와 디아나

그리스 신화의 올림포스 12신 중 한 명인 아르테미스는 제우스와 레토 사이에서 태어났으며, 아폴론과 쌍둥이 남매이다. 수렵, 궁술, 사냥, 숲, 달, 처녀성, 출산 등을 상징하며 아이, 야생동물, 약한 이를 돌보는 여신이다. 영원히 처녀성을 간직한 것으로 전해져 고전문학에서는 정절이나 처녀성의 상징으로 많이 묘사되었다.

아르테미스는 님프들과 함께 산과 들을 누비는 걸 좋아했으며, 자신의 즐거움을 방해하는 이는 가차 없이 공격했다. 헤라의 질투를 사서 화살과 따귀를 맞기도 하지만, 헤라의 사주를 받은 티티오스가 어머니 레토를 겁탈하려고 하자 오빠 아폴론과 함께 티티오스를 지옥 타르타로스에 떨어뜨려 독수리가 간을 파먹게 할 정도로 잔인함을 보이기도 한다.

아르테미스는 로마 신화의 디아나와 동일시된다. 원래 그리스 신화에서 달의 여신은 셀레네이다. 티탄신족인 히페리온과 테이아 사이에서 태어난 딸로, 태양신 헬리오스와 새벽의 여신 에오스와 남매이다. 헬리오스와 셀레네는 각각 제우스의 자식인 아폴론(포이보스)과 아르테미스(포이베)와 동일시된다. 포이보스와 포이베는 '밝다'는 의미가 있다.

그리스 신화에 나오는 도리스라는 여신의 딸 네레이스는 긴 머리로 바다를 헤엄쳐 다닌다. 바다의 물결이 그 머릿결 같이 보인다.

♋ 게 자 리 (Cancer)	기 본 성 향	• **긍정_** 감성, 보호, 양육, 헌신 • **부정_** 불안, 고민, 나약, 냉정			
	관 련 배 경	• 기호는 두 개의 작은 원과 그것을 둘러싼 더 큰 원으로, 모성을 의미하는 여성의 젖가슴이나 게의 집게발을 상징한다. • 단단한 게의 껍질은 내부 또는 내면, 즉 가족이나 자식을 보호하는 기능을 한다. 하지만 성장단계에서 모성이 결핍되면 게의 집게발처럼 탐욕과 완강한 기질을 갖게 되기도 한다. • 그림에서 물은 내맡김과 순응을 상징하며, 파란색은 우울과 냉정을, 보라색은 감수성과 치유를 상징한다. • 중세 유럽에서 스텔라 마리스(Stella-Maris)는 '바다의 별'이라는 의미이다. 이 별은 북극성으로 선원의 안전을 위한 중요한 이정표이며, 마리아의 사랑을 의미한다.			
	보 완 요 소	반대쪽 염소자리가 지닌 절제력과 통제가 필요하다.			
	기 능 행 성	품위획득	기능항진	기능저하	품위손상
		달	목성, 해왕성	화성	토성
	건 강 부 위	가슴 부위, 위			
	별자리 속성	음, 물, 느낌, 활동			

☽ 달 (Moon)	기 본 성 향	• **긍정_** 감상, 내면, 수용, 공감 • **부정_** 민감, 불안, 고독, 습관
	관 련 배 경	• 기호는 초승달을 상징한다. 태양은 영원성으로 이성, 의식, 미래이고, 달은 감정, 무의식, 과거(기억)를 상징한다. 또한 달은 성장과 쇠퇴, 자궁으로의 회귀본능을 상징하며, 이성의 태양이 돈오돈수(불교에서 단박에 깨쳐서 더 이상 수행할 것이 없는 경지를 이르는 말)라면, 감성의 달은 돈오점수(불교에서 돈오, 즉 문득 깨달음을 얻는 경지에 이르기까지에는 반드시 점진적 수행단계가 따른다는 말)로 영(靈)의 감옥을 상징하기도 한다. 또한 달은 순수하고 무지한 아이의 본능과, 그를 보호하는 희생적인 어머니를 상징하기도 한다.
	지 배 별자리	게자리
	관 련 질 병	모든 체액

05

자아
The Ego

기간 7월 23일~8월 22일

사 자 자 리
헤라클레스와 네메아 골짜기의 사자

헤라클레스는 신들의 왕 제우스와 인간인 알크메네 사이에서 태어났다. 헤라는 제우스의 혼외 아들인 헤라클레스를 매우 싫어했다. 하지만 제우스가 잠든 헤라의 젖을 물려 헤라클레스는 불사의 몸이 되었다.

헤라가 불어넣은 광기 때문에 헤라클레스는 처와 자식을 죽이게 되었고, 그 벌로 델포이 신전에서 아폴론의 신탁을 받아 12가지 과업을 수행하게 되었다. 사촌 에우리스테우스로부터 부여받은 첫 과업은 네메아 골짜기의 사자를 죽이는 일이었다. 이 사자는 달의 여신 셀레네가 젖을 먹여 기른 사자로, 사실 헤라가 보낸 것이었다. 헤라클레스는 아폴론이 준 활과 올리브나무 곤봉 등으로 사자와 싸우다가, 맨손으로 격투를 벌인 끝에 사자를 쓰러뜨리고 가죽을 벗긴다. 제우스는 아들 헤라클레스의 용맹을 기리기 위해 죽은 사자를 하늘로 올려보내 별자리로 만든다.

헤라클레스의 이야기는 작가들마다 매우 다르게 표현되고 있다. 일설에는 사자 사냥을 위해 이웃 나라의 테스피오스왕을 찾아가자 왕이 헤라클레스를 독려하기 위해 매일 50명의 딸들을 교대로 그의 침실에 들여보냈고, 그 딸들은 헤라클레스의 수많은 자식을 낳았다고 전해진다. 헤라클레스의 부인은 테베왕의 딸 메가라(헤베)인데, 테베가 조공을 바치던 에르기노스왕을 무찌른 공적으로 메가라를 얻었다고 전해지기도 한다.

태 양
아폴론과 아폴로

그리스 신화에 나오는 올림포스 12신 중 한 명인 아폴론은 로마 신화의 아폴로와 동일시되며, 태양, 예언, 음악, 시, 궁술 등과 관련된 신이다. 그리스식 이름이 아니기 때문에 아폴론을 그리스 신이 아니라 동방이나 북방에서 전래한 신으로 보기도 한다. 그는 질병을 옮기기도 하고 치유하기도 하는 의술의 신이다. 또한 가축의 수호신이기도 하면서 가축의 적인 이리와도 깊은 관계가 있다. 아폴론이 합리적인 이성의 신이라면, 어둠과 감성의 신은 디오니소스다.

아폴론은 여러 님페와 인간들과 관계하여 많은 자식을 두었는데, 그중에서 의술의 신 아스클레피오스와 음유시인 오르페우스가 특히 유명하다. 아폴론의 비극적 사랑에는 월계수로 변한 다프네, 아폴론의 질투에 죽임을 당한 코로니스, 아폴론을 거부한 카산드라, 아폴론의 원반에 맞아죽은 히아킨토스 등이 있다.

출생과 관련된 이야기를 보면, 레토가 제우스의 아이를 임신하자 질투심 강한 헤라가 예언력을 가진 거대한 뱀 피톤에게 레토를 죽이라고 했다. 피톤에게 쫓기던 레토는 포세이돈의 도움으로 델로스섬에서 아폴론과 쌍둥이 누이인 아르테미스를 낳았다. 아폴론은 피톤을 죽이고, 피톤이 지배하던 예언의 땅에 신전을 세웠다. 그 곳에서 신탁을 도맡은 여인이 무녀 피티아이다.

사 자 자 리 (Leo)

기 본 성 향	•**긍정**_ 나, 배포, 관대, 리더십 •**부정**_ 독단, 허풍, 경쟁, 지배			
관 련 배 경	• 기호는 사자의 머리와 꼬리를 상징한다. • 사자자리는 12별자리 중에서 자기 인식과 자기 확신이 가장 강하다. 그리고 '나는 나'라고 하는 주체의식과 주인의식은 창조성과 개성화로 이어진다. 이런 성향의 부정적인 측면은 군림, 냉엄, 오만, 거만, 허영 등의 기질로 드러난다.			
보 완 요 소	반대쪽 물병자리가 지닌 민주와 평등 그리고 자유가 필요하다.			
기 능 행 성	품위획득	기능항진	기능저하	품위손상
	태양	명왕성	수성	토성, 천왕성
건 강 부 위	심장 부위, 척추, 눈			
별자리 속성	양, 불, 직관, 고정			

태 양 (Sun)

기 본 성 향	•**긍정**_ 생명, 중심, 활기, 관대 •**부정**_ 과시, 권위, 광포, 방탕
관 련 배 경	• 기호는 태양의 둥근 형태와 그 안에서 폭발하는 핵점을 상징하며, 자신을 스스로 드러내는 원과 점을 상징하기도 한다. • 태양은 심장이고, 심장은 생명의 근원이며 중심이다. 따라서 태양은 자의식, 왕, 아버지, 남편을 상징하며, 공적이고 영원성이 있어서 내가 추구하고 완성해야 할 인격, 의식, 미래를 상징한다.
지 배 별 자 리	사자자리
관 련 질 병	심장, 순환기

06

봉사자
The Servitor

기간 8월 23일~9월 22일

처녀자리
페르세포네와 곡물

처녀자리에 대한 여러 이야기 중에서, 제우스와 대지의 여신 데메테르의 딸 페르세포네에 대한 이야기가 많이 알려져 있다. 페르세포네는 처녀로 어머니 데메테르와 함께 곡물의 여신이었다. 그리스인들에게 대지의 풍요로움은 곧 기름진 땅을 의미하며 죽음과도 연관된다. 죽음이 지하세계를 연상시키듯이, 곡물의 여신 페르세포네는 유괴와 감금, 또는 씨앗의 발아처럼 귀향의 의미를 상징한다. 고대 그리스인들의 삶과 죽음에 대한 관심은 신비로운 종교의식인 엘레우시스 비의(Eleusinian Mysteries)를 낳았는데, 그에 의하면 신앙심은 소생을 약속한다고 한다.

데메테르는 아름다운 딸을 지키기 위해 시칠리아 섬에 숨겨두었지만, 수선화 꽃밭에서 놀던 페르세포네를 하데스가 납치해 지하세계로 데려간다. 그 소식을 전해들은 데메테르가 딸을 돌려달라고 제우스에게 간청하자, 제우스는 지하에서 아무 것도 먹지 않았다면 돌려보낼 수 있다고 말하지만 이미 그녀는 석류를 몇 알 먹은 후였다. 딸을 잃은 데메테르가 슬퍼하자 지상의 땅이 메말라 곡식의 이삭이 패지 못했다. 이에 제우스가 중재에 나서 페르세포네를 1년 중 반(3개월이라는 설도 있음)은 지상에 머물고, 나머지 반은 지하에 머물게 한다. 저승의 여왕으로도 알려진 페르세포네는 다양한 신화에서 종교의식과 관련된다.

수성
헤르메스와 메르쿠리우스

그리스 신화의 올림포스 12신 중 한 명인 헤르메스는 로마 신화의 메르쿠리우스와 동일시된다. 그의 상징은 수성이다. 그 이유는 태양계의 10개 별 중에서 수성의 공전속도가 가장 빠르기 때문이다. 제우스의 전령으로 제우스와 마이아(혹은 님페) 사이에서 태어났으며, 신생아 시절 형인 아폴론이 가축을 치던 테살라까지 날아가서 젖소 12마리와 암소 100마리를 훔친다. 이 사실을 알고 아폴론이 마이아에게 따졌지만, 이내 헤르메스가 만든 비파에 반해 자신의 소떼와 맞바꾼다. 이후 아폴론은 헤르메스가 만든 피리와 예언 기술에 마음을 빼앗겨 금지팡이와 황금막대(헤르메스 지팡이)까지 내어준다.

헤르메스는 날개 달린 모자(페타소스)와 신발을 신고 천상과 지하를 자유자재로 넘나든다. 그는 전령, 여행, 상업(계약), 도둑, 고아, 목동 등의 신으로 불린다. 헤르메스는 헤라, 아프로디테, 아테나가 불화의 여신 에리스가 던져놓은 황금사과를 갖기 위해 아름다움을 다툴 때 파리스의 심판을 받게 했는데, 이는 트로이 전쟁의 결정적 원인이 된다.

처녀자리 (Virgo)	기 본 성 향	• **긍정**_ 섬세함, 순결, 겸손, 분석 • **부정**_ 까칠함, 결벽, 조심, 비판			
	관 련 배 경	• 기호는 날개 달린 여신 또는 천사의 날개를 상징한다. • 결혼하기 전의 처녀는 몸가짐이 중요하므로 섬세함, 조심, 분별심이 요구되며, 처녀성은 순결, 결백증, 완벽성과 함께 폐쇄성을 요구받기도 한다. 또한 집안의 온갖 잡다한 일을 하는 처녀는 노동, 식생활, 건강을 담당하기도 한다. • 그림 속 처녀는 곡물의 여신 페르세포네인데, 수확의 계절에 곡식과 과일을 분류하고 다듬어 제사를 지내는 모습이다. 페르세포네는 종교의식과 관련이 있는데, 씨앗이 죽음과 새로운 시작을 상징하기 때문이다. • 처녀자리 태생은 수녀나 독신이 많다.			
	보 완 요 소	반대쪽 물고기자리가 지닌 영적인 직관이 필요하다.			
	기 능 행 성	품위획득	기능항진	기능저하	품위손상
		수성		금성	목성, 해왕성
	건 강 부 위	아랫배와 손 부위, 췌장, 십이지장, 소장			
	별자리 속성	음, 흙, 감각, 변통			

수성 (Mercury)	기 본 성 향	• **긍정**_ 상상, 사고, 분석, 논리 • **부정**_ 피상, 허풍, 사기, 비판
	관 련 배 경	• 기호의 두 뿔은 분별을 의미하고, 이는 정보와 지식의 획득과 비판을 상징한다. 또한 두 뿔은 상현달과 하현달로 변한다는 의미가 있어서 종종 허풍이나 사기로 전락할 수도 있다. • 수성은 태양과 달을 부모로 둔 사춘기 이전 단계에 해당하므로 질투와 시기심이 있는 편이다. • 태양의 발산과 달의 수용이 반복되어 사유·분석·논리를 형성하는 과정으로 상상하기, 생각하기, 말하기, 글쓰기 능력 등을 발휘한다. 부정적인 측면으로 그것들을 이용해 사기계약, 변명, 합리화하는 데 능숙하다. • 수성의 상징인 헤르메스는 호기심이 많아서 정보, 지식, 지각, 인식, 이해, 표현, 계약, 중재 등의 능력이 탁월하다.
	지배 별자리	쌍둥이자리, 처녀자리
	관 련 질 병	호흡기

07

파트너
The Partner

기간 9월 23일~10월 22일

천칭자리
아스트라이아와 아이도스

천칭자리는 그리스 신화에서 정의의 여신 아스트라이아의 저울대와 관련된다. 제우스와 정의·율법의 여신 테미스의 딸이며, 또다른 율법의 여신 디케와 동일시되기도 한다. 아스트라이아는 자비의 여신 아이도스와 자매이다. 아이도스의 어원은 신중함·염치의 의미를 지니는데, 이는 아스트라이아의 속성과도 연관된다. 티탄신족인 크로노스가 지배하던 시대는 모든 것이 풍요롭고 늙지 않고 고민도 없어서 신과 인간들은 황금시대라 칭했다. 하지만 겨울이 생기자 사람들의 노동은 힘들어졌고 서로 생존경쟁을 하면서 추악한 싸움이 생겨났다. 그런 인간이 싫어서 신들은 하나 둘 모두 천상으로 올라가버렸고, 아스트라이아 자매만이 지상에 남아 계속 정의를 설파했다. 하지만 이 은의 시대가 끝나고 청동의 시대가 도래하자 인간은 더욱 야만스러워졌고 친족 간의 살인도 빈번하게 일어났다. 이후 영웅의 시대에는 이전의 시대보다 좀 나아졌지만, 철의 시대가 도래하면서 다시 집단전쟁으로 치달았다. 아스트라이아는 인간의 타락에 진절머리를 느껴 하늘로 올라가 별자리가 되었다.

금성
아프로디테와 베누스

그리스 신화에 나오는 올림포스 12신 중에서 아프로디테는 로마 신화의 베누스와 동일시된다. 미와 풍요 그리고 모성의 여신으로, 성적 아름다움과 사랑의 욕망을 상징한다.

아프로디테의 탄생에 대해서는 제우스와 디오네 사이에서 태어났다는 설과, 티탄신족인 크로노스(제우스의 아버지)가 잘라낸 우라누스의 성기(또는 정액)가 바다에 떨어져 거품을 뿜었고 그 거품에서 태어났다는 설이 있다. 따라서 아프로디테는 '물거품에서 태어난 여신'으로 불리기도 한다. 플라톤은 아프로디테를 아예 두 명의 다른 인물로 분류했는데, 우라누스에게서 태어난 딸은 순수한 사랑의 여신이고, 디오네에게서 태어난 딸은 욕망의 여신이라는 것이다.

아프로디테는 상대를 바꿔가며 연애를 반복한다. 절름발이 대장장이인 헤파이스토스와 결혼했지만, 전쟁의 신 아레스와 불륜을 저지르다가 헤파이스토스의 그물에 걸려 망신을 당하기도 한다. 아프로디테와 아레스 사이에는 에로스, 안테로스, 데이모스(공포), 포보스

(걱정), 하르모니아 등 여러 자식이 있다. 아프로디테는 아레스가 에오스를 사랑하자 질투를 느끼고 에오스가 오리온을 사랑하게 만들기도 한다. 아프로디테는 이후 미소년 아도니스를 애인으로 두기도 하고, 이데산에서 양을 돌보던 안키세스와 사랑을 나누기도 한다. 아프로디테가 아끼는 것들은 비둘기가 끄는 마차, 장미, 도금한 양이다.

천칭자리 (Libra)

기 본 성 향	•**긍정_** 공평, 공정, 조화, 기회 •**부정_** 낭비, 무책임, 기회주의			
관 련 배 경	• 기호는 천칭으로 조화와 파트너십을 상징한다. • 천칭자리는 낮과 밤길이가 같은 달로 균형을 상징하며, 내 반대편 존재로서 거울, 배우자, 인간관계를 상징한다. 또한 천칭은 물질(혹은 양심)을 재는 저울로서 법, 정의, 공공성에 대한 책임감을 상징한다. 따라서 제약·제한의 별인 토성이 이 별자리에서 기능항진을 한다. • 천칭자리는 자기보다 나은 사람과 사귀려는 습성이 있으며, 긍정적으로는 동업자, 평화, 결혼, 부정적으로는 라이벌, 전쟁, 이혼 등을 상징한다. • 양자리에서 처녀자리까지는 분화를, 천칭자리부터는 다시 통합을 시작해 물고기자리까지 이어진다.			
보 완 요 소	반대쪽 양자리가 지닌 주체성이 필요하다.			
기 능 행 성	품위획득	기능항진	기능저하	품위손상
	금성	토성	태양	화성
건 강 부 위	허리와 골반 부위, 내분비계통과 콩팥			
별자리 속성	양, 공기, 사고, 활동			

금성 (Venus)

기 본 성 향	•**긍정_** 미(美), 사랑, 예술, 풍요 •**부정_** 허영, 집착, 쾌락, 사치
관 련 배 경	• 기호는 물질을 초월한 영(靈)을 상징하거나, 물질에 휴식, 안주, 집착하는 영을 상징한다. 또한 태양의 활기로 물질에 풍요를 내리는 상징이기도 하며, 비너스의 거울로 내면과 허영, 나르시시즘과 물질에 집착하는 모습을 상징하기도 한다. 또한 여성의 자궁으로서 성욕을 예술과 문화로 승화시킴을 상징하기도 한다. • 성욕(리비도)이 승화되는 과정은 다산 → 예술 → 문화 → 미덕·헌신·교양 순으로 이해할 수 있다. • 금성은 사랑의 여신 비너스의 상징이다. 금성은 자기력을 띠는데, 이는 미(美)와 유혹으로 모든 걸 끌어당기는 것을 의미하므로 비너스는 탐욕과 향락을 즐긴다.
지배 별자리	천칭자리, 황소자리
관 련 질 병	여성 생식기, 감각기관, 정맥질환

08

유혹자
The Seducer

기간 10월 23일~11월 21일

전갈자리
오리온과 아르테미스

전갈자리의 주인공은 그리스 신화의 거인 사냥꾼인 오리온으로, 물위를 걷는 능력과 잘생긴 거인으로 알려져 있다. 일반적으로 바다의 신 포세이돈과 에우리알레의 자식으로 알려져 있지만, 보에오티아의 왕 히리에우스의 자식이라는 설도 있다. 자식이 없는 히리에우스를 불쌍히 여긴 제우스가 죽은 소의 가죽에 소변을 본 다음 땅에 묻으라고 했고, 9개월이 지나자 땅에서 오리온이 태어났다고 한다. 오리온은 오줌을 뜻하는 그리스어 '오우리아'에서 유래했다.

오리온의 죽음에 관한 이야기 역시 다양한데, 대부분 아르테미스와 관련이 있다. 둘이 연인 사이인 것을 아르테미스의 오빠인 아폴론이 탐탁지 않게 여기고 전갈을 보내 오리온의 발꿈치를 찔러 죽게 했다거나, 아폴론의 계략에 속은 아르테미스가 오리온을 화살로 쏘아 죽였다거나, 오리온이 아르테미스에게 원반던지기를 도전했다가 아르테미스의 손에 죽었다거나, 아르테미스의 시녀인 오피스를 겁탈하려다가 아르테미스의 화살에 죽었다는 것이다. 한편 헤라는 오리온을 죽인 전갈을 하늘로 올려 보내 별자리로 만들었다.

명왕성
플루톤과 하데스

명왕성의 영어이름인 플루토(Pluto)는 플루톤(Pluton)에서 유래했다. 그리스 신화에서 플루톤은 하계의 신 하데스의 별명으로, 인간에게 지하의 부(富)를 가져다 준다는 의미이다. 로마 신화에서 지하세계의 신이자 농경의 신 디스파테르와 동일시되는데, 모든 부는 땅에서 나옴을 상기시킨다. 플루톤처럼 '부'의 의미를 지닌 플루토스는 데메테르와 이아시온의 아들로, 풍요의 뿔을 단 아이로 묘사된다. 이후 플루토스는 장님으로 그려지는데, 착한 이라고 다 보상받을 수 없고 악인일지라도 보상받을 수 있게 한 제우스의 술책이었다. 사실 플루토스는 신화의 인물이라기보다 풍요의 의인화에 가깝다. 제우스와 형제이며 크로노스와 레아의 아들인 하데스의 어원은 '눈에 보이지 않는 것' 또는 '땅 속에 있는 것'을 의미한다. 하데스의 하계는 기독교적 지옥이 아니라 실체 없는 망령이 머무는 곳이다. 하데스 대신 플루톤이라고 부르는 이유는 하데스에 대한 두려움 때문이다.

명왕성의 '명'은 어두울 명(冥)으로 지옥을 의미한다. 명왕성은 2006년 태양계에서 행성으로서의 지위가 박탈되어 왜소행성으로 분류된다.

전갈자리 ♏ (Scorpio)	기 본 성 향	• **긍정**_ 직관, 몰입, 조종, 재생 • **부정**_ 죽음, 파괴, 냉혹, 폭로			
	관 련 배 경	• 기호는 전갈 그리고 독침 또는 남성의 성기를 상징한다. • 전갈은 사막의 모래 속에 숨어서 독침을 쏘므로 관통능력이 있다고 보아 직관이 강하며, 독침 때문에 음침, 냉혹, 잔혹의 기질이 있다. 또한 독침에 의한 죽음은 사후세계와 지옥으로 연결되기도 하지만, 승화되면 재생(불사조·독수리)을 상징하기도 한다. • 전갈은 숨어서 적을 공격하는 비겁함 때문에 성폭행, 항문, 부조리, 비밀과 같은 부도덕하고 은폐하고 싶은 부분을 상징하며, 숨어서 일을 수행하기 때문에 배후, 조종을 상징한다. 또한 전갈의 부도덕함 때문에 이 기호는 검은 돈을 상징하기도 한다.			
	보 완 요 소	반대쪽 황소자리가 지닌 성실한 보상을 추구하는 태도가 필요하다.			
	기 능 행 성	품위획득	기능항진	기능저하	품위손상
		화성, 명왕성	천왕성	달	금성
	건 강 부 위	생식기 부위, 코			
	별자리 속성	음, 물, 느낌, 고정			

명왕성 ◐ (Pluto)	기 본 성 향	• **긍정**_ 집중, 해탈, 재생 • **부정**_ 강박관념, 공포, 조종, 중독
	관 련 배 경	• 기호는 얼음에 덮인 대지를 상징한다. 또 다른 기호인 ♇는 머리를 세운 뱀(코브라)으로, 명왕성의 존재를 처음 주장한 천문학자 퍼시벌 로웰(Percival Lowell)의 P·L을 상징한다. 코브라의 독은 죽음을 상징하는데, 이는 전갈의 독을 연상시킨다. • 명왕성은 얼음별로 겨울의 씨앗(종자)을 상징하며, 페르세포네를 납치한 하데스가 머무는 저승으로 성폭행과 관련되기도 하고, 루시퍼와 동일시되어 악마·지하세계·자살과도 관련된다. 단단히 응축되어 있다가 갑자기 폭발하는 화산으로서 성에너지나 핵폭탄, 희대의 살인마 등에 비유하기도 한다. 또한 태양계의 마지막 별로서 끝과 재시작, 극단·불굴, 은하계를 향한 초월의식을 상징하기도 한다.
	지배 별자리	전갈자리
	관 련 질 병	생식기관, 배설기관

09

설교자
The Precher

기간 11월 21일~12월 20일

사 수 자 리
케이론과 헤라클레스

사수자리의 켄타우로스는 그리스 신화에 나오는 반은 사람이고 반은 말인 종족으로, 제우스가 여신 헤라의 모습으로 만든 구름과 테살리아의 왕인 익시온 사이에서 태어났다.

켄타우로스족은 성질이 난폭하고 호색적이지만, 말의 모습으로 변신한 크로노스가 필리라를 취해서 반인반마로 태어난 케이론은 선량하고 지혜롭고 박식하며 온화하다. 케이론은 친구인 아폴론에게서 의술과 궁술을 전수받았으며 음악과 병법, 윤리, 예언에도 뛰어나 헤라클레스, 이아손, 아스클레피오스, 아킬레우스, 악타이온 등 숱한 영웅들의 스승이 되었다. 헤라클레스가 켄타우로스족과 전쟁을 벌일 때 케이론은 헤라클레스 편이었는데, 히드라의 맹독을 바른 헤라클레스의 화살에 잘못 맞아 치명상을 입는다. 불사의 몸으로 태어나 고통을 참아야 했던 케이론은 제우스에게 간청하여 자신의 영생을 프로메테우스에게 양도하고 죽을 수 있었다.

켄타우로스는 이성(귀)과 감성(눈)의 결합체다. 융에 따르면, 말은 밝은 눈과 귀를 가진 안내자이다. 인간이 듣고 보지 못하는 것을 말은 할 수 있다. 말의 편자가 행운의 상징인 이유가 여기에 있다.

목 성
제우스와 유피테르

그리스 신화에 나오는 올림포스 12신 중의 하나인 제우스는 로마 신화의 유피테르와 동일시된다. 신 중의 신이며 빛과 창공, 벼락의 신이다. 티탄신족의 우두머리인 크로노스와 레아의 마지막 자식으로 태어나 10년 간의 전쟁을 통해 아버지를 폐위시키고 신과 인간의 지배자가 되었다.

제우스의 첫 부인은 티탄신족인 메티스였다. 메티스가 임신하자, 아들에게 왕위를 빼앗긴다는 예언을 듣고 제우스가 메티스를 삼켜버렸다. 훗날 제우스가 두통으로 괴로워할 때 프로메테우스(또는 헤파이스토스)가 제우스의 이마를 도끼로 찍어 쪼개자, 거기서 여신 아테나가 무장을 한 채 튀어나왔다. 제우스는 무수한 여신이나 인간들과 애정행각을 벌인다. 이 때문에 헤라의 분노와 질투를 샀다고 알려져 있지만, 이는 바람을 피울 때 제우스가 동물로 변신한 이유로 덧붙여진 이야기라고 보는 이도 있다.

사 수 자 리 (Sagittarius) ♐	기 본 성 향	• **긍정_** 계획, 확장, 낙천, 진리 • **부정_** 독선, 변덕, 냉정, 위선			
	관 련 배 경	• 기호는 케이론의 활과 화살을 상징한다. • 사수자리는 전갈자리의 죽음을 지나온 확장된 의식으로, 종교, 공익, 진리, 지혜에 관심을 두고 개종, 설교, 설득과 관련된 영적 임무를 수행한다. 따라서 자연·물질에서 종교, 철학, 법률 쪽으로 관심을 갖거나, 말의 달리는 기질로 인해 운동, 모험, 여행에 눈을 돌리기도 한다. 모험을 좋아하여 부동산 투기나 투자에 관심을 갖기도 한다. 전갈자리가 기다렸다가 저격수처럼 독침을 쏜다면, 사수자리는 매우 적극적으로 목표물을 찾아다닌다. 이는 헤르메스보다 발 빠른 이론 전개를 상징한다. • 형이하학적인 쌍둥이자리는 근거리여행을, 형이상학적인 사수자리는 원거리 여행을 상징한다. 또한 주체적인 양자리가 혼자서 고민한다면, 공익적인 사수자리는 고민을 함께 나누려고 한다.			
	보 완 요 소	반대쪽 쌍둥이자리가 지닌 현실적 지식이나 물질적 지식이 필요하다.			
	기 능 행 성	품위획득	기능항진	기능저하	품위손상
		목성			수성
	건 강 부 위	엉덩이와 허벅지 부위			
	별자리 속성	양, 불, 직관, 변통			

목 성 (Jupiter) ♃	기 본 성 향	• **긍정_** 확장, 낙천, 포부, 박애 • **부정_** 무책임, 은둔, 교만, 위선
	관 련 배 경	• 기호는 물질의 상징인 십자가에 떠오르는 영(靈)인 초승달을 상징한다. 또한 개인적인 달(직관)과 사회적인 금성(수단)의 결합으로서 고고한 정신의 성장과 관련되며, 종교, 철학, 법률과 같은 도덕의식을 널리 확장하는 것을 상징한다. • 목성은 신들의 왕인 제우스로 선견지명, 낙천적 기질, 지나친 확장이나 호언장담의 기질을 보이며, 부정적으로 감성팔이, 위선자의 모습을 드러내기도 한다. • 목성은 떠오르는 행성으로 가능성과 잠재력을 상징하며, 사수자리의 목성은 희망을 상징한다. • 그림에는 3대 종교(불교·유대교·크리스트교)가 묘사되어 있다.
	지 배 별자리	사수자리
	관 련 질 병	순환계

주인
The Master

기간 12월 21일~1월 20일

염소자리
티폰과 판

염소자리는 아르카디아 지방의 목동과 가축의 신인 판과 관련되는 데, 로마 신화에서 삼림의 신인 파우누스와 동일시되기도 한다. 판은 헤르메스와 드리옵스의 딸 사이에 태어났다. 일설에서는 페넬로페와 헤르메스의 아들이라고도 하며, 제우스와 히브리스의 아들 또는 제우스와 칼리스토의 아들이라고도 하며, 또는 우라누스의 아들이라고도 한다.

어느 날 판이 나일 강변에서 열린 신들의 잔치에서 흥겹게 놀고 있을 때였다. 막 연회가 끝나고 판이 풀피리를 불려고 하는 순간 갑자기 거인족 티폰이 나타나 신들을 공격하기 시작했다. 놀란 신들은 짐승으로 변해 도망가기 시작했고, 판도 주문을 외우며 변신을 시도했다. 하지만 너무 서두르는 바람에 주문이 섞여버려 상반신은 염소로, 하반신은 물고기의 모습으로 변하고 말았다.

판은 게을러서 잠자는 것을 즐겼다. 누군가 자신을 방해하면 공포에 찬 비명을 질렀는데, 공포를 뜻하는 '패닉(panic)'이라는 말이 바로 판에서 유래했다. 또한 판은 음흉하며 성적 능력이 강해 숲속의 요정이나 미소년을 쫓아다니거나 겁탈하곤 했다. 요정 피티스는 판을 피해 소나무로 변신했고, 요정 시링크스는 갈대로 변했다. 판은 에코와 셀레네를 사랑했다고 전해지기도 한다.

토 성
크로노스와 사투르누스

토성(Saturn)은 로마 신화의 농사의 신 사투르누스(Saturnus)에서 유래했으며, 그리스 신화에서 시간을 지배하며 씨를 뿌리는 크로노스와 동일시된다. 대지의 여신 가이아와 하늘의 신 우라누스 사이에서 태어난 티탄신족 12신 중 막내로, 우라누스의 성기를 거세한 후 우주의 지배자로 등극했으며, 제우스의 아버지이기도 하다.

사투르누스는 옛 이탈리아 원주민에게 밭 가는 법을 가르쳐주었고, 낫과 손도끼로 벼를 수확하거나 포도나무를 다듬는 기술을 전해주기도 하였다. 사투르누스는 하계의 신으로, 로마의 식민지인 아프리카 포이니키아 지방에서는 바알과 동일시되기도 한다. 그림에서 해골은 골화된 부분을, 왕관은 야심을, 모래시계는 계절의 접점으로 종합적 결과의 새로운 시작을 의미한다.

토 **염소자리** (Capricorn)	기 본 성 향	• **긍정**_ 실천, 야심, 책임, 통제 • **부정**_ 권위, 독단, 무시, 경직			
	관 련 배 경	• 기호는 염소의 뿔을 상징한다. 또다른 기호 ♍는 뿔 달린 염소의 얼굴을 상징한다. 염소자리는 그리스 신화의 '판'과 관련이 있는데, 판의 상체는 괴물이고 하체는 염소의 다리이다. 서양에서 염소자리가 괴물로 형상화되는 이유는 시기(12월 21일~1월 20일)상 과거와 시작의 접점으로 양면성(야누스)을 상징하기 때문이다. 또한 염소의 기질이 강한 자에게 약하고 약한 자에게 강하기 때문이다. • 염소자리는 시기상 한겨울이고, 12하우스에서 사회적 직장과 한 집안의 가장을 의미하므로 일반적인 아버지의 모습처럼 책임, 의무, 가부장적, 정통성, 보수적, 체벌 등을 상징한다. 또한 직장생활은 사회적 성공을 쫓으므로 염소자리는 명예와 야심을 성취하기 위해 냉정, 완벽, 끈기의 기질을 상징하기도 한다.			
	보 완 요 소	반대쪽에 게자리가 지닌 안락함과 지지가 필요하다.			
	기 능 행 성	품위획득	기능항진	기능저하	품위손상
		달	목성, 해왕성	화성	토성
	건 강 부 위	무릎 부위, 관절, 뼈, 치아, 피부			
	별자리 속성	음, 흙, 감각, 활동			

ħ **토 성** (Saturn)	기 본 성 향	• **긍정**_ 과묵, 신중, 인내, 절제 • **부정**_ 의심, 소심, 불평, 태만
	관 련 배 경	• 기호는 농경신 사투르누스(또는 크로노스)의 낫을 상징한다. 또한 십자묘 비석과 무덤으로 고뇌와 시련을 상징하기도 한다. • 토성은 제우스가 아버지 크로노스를 가둔 감옥으로 힘든 환경을 인내와 노력으로 극복해야 하는 위기를 상징하고, 물질적 제약과 정신적 압박을 의미한다. 감옥은 외피의 사멸과 곡물(씨앗)의 보존을 의미하는데, 이는 명왕성도 동일하다. • 토성은 지하, 죽음, 감옥, 파괴 등을 의미하며, 땅 속의 광석을 이용한 주조능력이 탁월함을 상징한다.
	지배 별자리	염소자리
	관 련 질 병	뼈, 노화 관련

11

광대
The Jester

기간 1월 21일~2월 18일

물병자리
헤베와 가니메데

물병자리의 주인공은 그리스 신화에 등장하는 트로이의 왕자 가니메데로, 인간들 중에 가장 잘 생겼다고 전해진다. 신들에게 술을 따르는 일을 하던 청춘의 여신 헤베가 어느 날 발목을 다쳐 술을 따를 수 없게 되자, 제우스가 독수리로 변신하여 이데산에서 양떼를 돌보던 미소년 가니메데를 납치해 헤베 대신 술을 따르게 했다.

가니메데 납치에 대한 설은 다양하지만, 독수리로 변신한 제우스가 데려왔다는 설이 일반적이다. 제우스는 납치에 대한 보상으로 그의 아버지에게 신령스러운 말 또는 헤파이스토스가 만든 황금포도나무를 주었고, 독수리는 하늘의 별자리가 되었다고 전해진다.

청춘의 여신 헤베는 제우스와 헤라의 딸로, 아레스와 에일레이티이아와 친남매이다. 헤베는 아레스의 목욕을 담당하거나 헤라의 마차를 관리했으며 아폴론의 연주에 춤을 추기도 했다. 헤베와 결혼한 헤라클레스는 영원한 청춘을 얻었다고 전해진다.

천왕성
우라누스와 크로노스

그리스 신화에서 최초의 신은 카오스(혼돈)에서 나온 대지의 여신 가이아, 즉 지구이다. 하지만 헤시오도스가 신들의 계보를 정리한 『신통기』에 따르면, 가이아는 텅 빈 공간인 카오스에서 태어났다.

가이아는 하늘과 바다와 산들을 낳았다. 그리고 자신이 낳은 하늘의 신 우라누스와 관계를 맺어 제1세대 신들인 티탄신족을 낳았다. 우라누스는 최초의 우주 지배자였지만, 자신의 아들인 크로노스(토성)에 의해 왕좌에서 쫓겨났다.

가이아의 행적은 전해지는 게 별로 없는데, 그 중 가이아와 우라누스의 예언이 있다. 그들은 크로노스가 아들(제우스)에게 권력을 빼앗길 것이라고 예언하고, 제우스와 메티스 사이에서 태어날 자식에 대해 경고했다. 이 예언 때문에 훗날 제우스는 임신한 메티스를 먹어치운다.

천왕성은 1781년 윌리엄 허셜(William Herschel)에 의해 발견되었다. 그런데 고대 그리스인들은 과연 우라누스를 천왕성이라고 생각했을까? 아니다. 천왕성에 우라누스라는 이름을 붙인 사람은 천문학자 요한 엘레르트 보데(Johann Elert Bode)인데, 아마도 토성 너머에 천왕성이 있는 걸 염두에 두고 크로노스에게 쫓겨난 우라누스라고 생각했던 모양이다. 천왕성은 다른 행성과 달리 자전을 가로축으로 하기 때문에 흔히 자유를 상징한다고 알려져 있다.

♒︎ **물병자리** (Aquarius)	기 본 성 향				

♒︎ **물 병 자 리** (Aquarius)					
	기 본 성 향	• **긍정_** 자유, 민주, 보편, 분배 • **부정_** 일탈, 이기, 개인, 반항			
	관 련 배 경	• 기호는 물결의 파동에너지를 상징한다. • 물병자리의 상징은 발을 다친 헤베 대신 신들에게 술을 따르는 트로이 왕자 가니메데이다. • 염소자리가 정점의 위치라면, 물병자리는 전파되어 널리 쓰임을 뜻한다. • 영(靈)의 기로서 전자기적 에너지이다. • 태양이나 사자자리는 중심을 향해 가지만, 반대쪽에 위치한 물병자리는 중심에서 멀어진다. 이는 권력지향에서 보편지향을 의미한다.			
	보 완 요 소	반대쪽 사자자리가 지닌 장악력과 개성 그리고 질서가 필요하다.			
	기 능 행 성	품위획득	기능항진	기능저하	품위손상
		토성, 천왕성	수성		태양
	건 강 부 위	종아리와 발목 부위			
	별자리 속성	양, 공기, 사고, 고정			

⛢ **천 왕 성** (Uranus)		
	기 본 성 향	• **긍정_** 자유, 민주, 독창 • **부정_** 돌발, 돌출, 일탈
	관 련 배 경	• 전통적인 천왕성 기호(♅)는 윌리엄 허셜(William Herschel)의 H를 의미한다. • 천왕성 기호는 태양에서 뿜어져 나오는 빛에너지로 전기, 전자를 상징하기도 한다. • 원자폭탄을 만드는 우라늄의 어원이 천왕성(Uranus)에서 나왔듯이, 감옥을 상징하는 토성을 파괴하여 인간의 영(靈)을 해방한다는 의미이다. • 다른 모든 행성이 수직축으로 자전하는 것과 달리 천왕성만 가로축으로 자전하기 때문에 자유, 기이, 괴팍, 엉뚱함을 상징한다. • 수성이 이중적이라면, 천왕성은 순환적으로 판을 뒤집는 혁명을 뜻한다.
	지배 별자리	물병자리
	관 련 질 병	과로 관련

12

천사
The Angel

기간 2월 19일~3월 20일

물고기자리
아프로디테와 에로스

물고기자리는 두 마리의 물고기를 형상화한 것이다. 그리스 신화에 등장하는 미의 여신 아프로디테와 그의 아들 에로스가 유프라테스 강 근처를 노닐 때 괴물 티폰이 나타났다. 위협을 느낀 두 신은 강물에 뛰어들어 물고기로 변신했다. 이후 두 물고기는 하늘에 올라 별자리가 되었다. 두 신 이외에도 티폰의 위협을 피해 아폴론은 솔개, 헤파이스토스는 황소, 디오니소스는 염소, 헤르메스는 부엉이 등으로 변신했다.

카드 그림의 여인은 이리스다. 그리스 신화에서 이리스는 신들의 전령이자 심부름꾼이다. 또는 봄의 전령 혹은 씨앗을 자라게 하는 신 제피로스의 아내이자 에로스의 어머니로 여겨지기도 한다. 일반적으로 이리스는 타우마스와 엘렉트라의 딸 또는 무지개의 여신으로, 하늘과 땅 또는 신과 인간을 이어주는 중재자를 상징한다. 헤시오도스가 신들의 계보를 쓴 『신통기』에서 이리스는 헤라의 전령으로, 헤르메스는 제우스의 전령으로 역할이 분담된다. 이리스는 지상에서 모습을 바꾸어 아이리스꽃(붓꽃)이 되었다고 하며, 꽃말은 사랑의 메시지 또는 변덕스러움이다. 이리스가 입고 있는 날개 달린 베일(드레스)은 햇빛을 받으면 무지갯빛을 띤다고 전해진다.

해왕성
포세이돈과 넵투누스

그리스 신화에 나오는 올림포스 12신 중 한 명인 포세이돈은 로마 신화의 넵투누스와 동일시된다. 제우스와 형제로 바다의 신이며, 포세이돈의 삼지창은 참치잡이 작살이다. 말을 최초로 창조한 말의 신으로서 말과 황소가 상징이다.

법적 아내는 암피트리테이지만 포세이돈은 많은 여자를 취한다. 데메테르가 포세이돈의 접근을 막기 위해 암말로 변신하자 그 또한 숫말로 변신해 그녀와의 사이에서 아레이온을 낳고, 메두사와의 사이에선 페가소스를 낳았다. 아레이온은 바람같이 빠르고 말까지 하는 신마이고, 페가소스는 날개 달린 말이다. 보통 제우스의 아들들이 영웅적인 용사로 그려지는 것과 달리 포세이돈의 자식들은 폭력적이고 부정적인 인물로 그려진다.

해왕성은 1846년에 존 쿠치 애덤스(John Couch Adams)와 위르뱅

르베리에(Urbain Jean Joseph Le Verrier)가 발견했는데, 넵튠(Neptune)으로 명명된 이유는 해왕성이 바다의 색처럼 청록색을 띠었기 때문이다.

물고기자리 (Pisces)	기 본 성 향	• **긍정**_ 감성, 낭만, 희생, 신비 • **부정**_ 강박증, 오락, 타락, 망상			
	관 련 배 경	• 기호는 두 마리의 물고기로 합성과 모순(붕괴), 구원과 타락을 의미하거나, 물에 비친 달과 환영으로 의식과 현실의 분리를 의미한다. • 기호는 환영이나 판타지로 예술, 연예, 오락, 연극, 영화 등을 상징한다. • 예수가 물고기 두 마리와 빵 다섯 개로 기적을 행했는데, 이 때문에 물고기자리는 굶주림을 해결한 예수와 관련되어 구원, 신앙심을 상징한다. • 마지막 별자리인 물고기자리는 12별자리를 모두 경험한 주체로서 인생을 달관한 자를 상징한다. 또한 물에 비친 달로 환영을 나타내는데, '달관+환영'은 초월적인 사람으로 영매를 상징한다. • 환영+물(물고기자리이므로)로서 순백의 옷을 입은 순수한 무지개의 신 이리스를 상징하는데, 순수함 때문에 남자들에게 잘 이용당한다. • 환영의 상징은 또다시 예지몽, 망상, 흐지부지 등의 의미로 파생되어 명확하지 않음을 상징하기도 한다.			
	보 완 요 소	반대쪽 처녀자리가 지닌 섬세한 이성이 필요하다.			
	기 능 행 성	품위획득	기능항진	기능저하	품위손상
		목성, 해왕성	금성		수성
	건 강 부 위	발 부위			
	별자리 속성	음, 물, 느낌, 변통			

해 왕 성 (Neptune)	기 본 성 향	• **긍정**_ 초월, 감성, 이상 • **부정**_ 도피, 예민, 망상, 거짓말
	관 련 배 경	• 기호는 바다의 신 포세이돈의 삼지창, 또는 물질(+) 위의 성배이다. • 달과 함께 모든 물의 주관자이다. • 세속을 벗어난 초월적인 미와 사랑을 갈구한다. • 토성을 벗어난 정신으로 속죄와 정화, 물의 응집성으로 선동이나 군중심리, 분리된 의식으로 꿈, 마취, 몽상, 도취, 연민, 혼돈, 은둔을 의미한다. • 천왕성이 과학적 영감이라면, 해왕성은 예술적 영감이다. • 그림에서 강은 생명의 원천이며, 무지개는 환영, 무지개의 여신 이리스는 순수를 상징한다.
	지 배 별 자 리	물고기자리
	관 련 질 병	약물중독

반항(Defiance)

• **속성_** 음, 물, 느낌, 활동			• **속성_** 양, 불, 직관, 활동
• **긍정_** 감성, 보호, 양육, 헌신, 희생, 회귀본능 • **부정_** 불안, 고민, 나약, 냉정, 퇴행	♋ 게자리	♈ 양자리	• **긍정_** 도전, 모험, 활달, 과감, 투지, 순수 • **부정_** 충동, 즉흥, 무모, 자만, 이기, 주의 깊지 못한, 무조건
• **긍정_** 감상, 감정, 내면, 무의식, 기억, 과거 수용, 공감, 성장과 쇠퇴 • **부정_** 민감, 불안, 고독, 습관	☽ 달	♂ 화성	• **긍정_** 힘, 용감, 도전 • **부정_** 성욕, 폭력, 성급, 소란, 공격

달+화성	• **긍정_** 기억하는, 지각 있는, 다재다능 • **부정_** 호전적, 들들 볶음, 지나친 감정
별자리+별	• **게자리 – 화성** ⇒ **기능저하_** 억압된 감정의 분출, 보호하는 데 에너지 바침 • **양자리 – 달_** 열광·활동·도전, 독립적, 불복종, 욱하는 기질, 예리한 상상력과 강한 본능

이브의 두 얼굴(The Two Faces of Eve)

• **속성_** 음, 물, 느낌, 활동			• **속성_** 음, 흙, 감각, 고정
• **긍정_** 감성, 보호, 양육, 헌신, 희생, 회귀본능 • **부정_** 불안, 고민, 나약, 냉정, 퇴행	♋ 게자리	♉ 황소자리	• **긍정_** 안정, 자상, 끈기, 물질, 다산, 풍요 • **부정_** 태만, 불통, 고집, 과욕
• **긍정_** 감상, 감정, 내면, 무의식, 기억, 과거 수용, 공감, 성장과 쇠퇴 • **부정_** 민감, 불안, 고독, 습관	☽ 달	♀ 금성	• **긍정_** 미(美), 사랑, 예술, 풍요 • **부정_** 허영, 집착, 쾌락, 사치, 유혹, 안주

달+금성	• **긍정_** 감정조화, 친절, 세련, 균형, 예술 • **부정_** 애정갈등, 과민, 쾌락, 사치, 타락
별자리+별	• **게자리 – 금성_** 헌신적인 부드러움, 가계를 꾸려나가는 기쁨, 약속이나 직무에는 철저하지 못함 • **황소자리 – 달** ⇒ **기능항진_** 완고함, 보수적, 물질적, 느긋함, 인내심, 명상적, 음악성, 감각적, 지속적인 상상력과 원초적 본능

의사 표현(Articulation)

	게자리 ♋		쌍둥이 자리 ♊	
• **속성**_ 음, 물, 느낌, 활동				• **속성**_ 양, 공기, 사고, 변통
• **긍정**_ 감성, 보호, 양육, 헌신, 희생, 회귀본능 • **부정**_ 불안, 고민, 나약, 냉정, 퇴행				• **긍정**_ 지식, 소통, 교류, 재치, 결합, 계약, 메시지, 지각, 인식, 이해, 표현 • **부정**_ 산만, 불만, 조급, 권태
• **긍정**_ 감상, 감정, 내면, 무의식, 기억, 과거 수용, 공감, 성장과 쇠퇴 • **부정**_ 민감, 불안, 고독, 습관	달 ☽		수성 ☿	• **긍정**_ 상상, 사고, 정보, 분석, 논리, 언어능력 • **부정**_ 피상, 허풍, 사기, 비판, 사기계약, 합리화

달+수성	• **긍정**_ 감정파악, 기억, 지각, 다재다능, 적응, 모방 • **부정**_ 둔한 지각, 건망, 변덕, 까칠한 비판
별자리+별	• **게자리-수성**_ 기억력, 감정적, 가정·주방·음식, 생필품·골동품, 부동산에 관심 • **쌍둥이자리-달**_ 다재다능, 민첩함, 호기심, 수다·대화·의사표현, 관찰·모방, 피상적, 산발적·단속적·간헐적인 상상력과 본능

양립불가(Incompatibility)

	게자리 ♋		사자자리 ♌	
• **속성**_ 음, 물, 느낌, 활동				• **속성**_ 양, 불, 직관, 고정
• **긍정**_ 감성, 보호, 양육, 헌신, 희생, 회귀본능 • **부정**_ 불안, 고민, 나약, 냉정, 퇴행				• **긍정**_ 나, 주체성, 자신감, 리더십, 배포, 관대, 귀족, 창조성, 개성화 • **부정**_ 독단, 지배, 군림, 냉엄, 오만, 거만, 허영, 허풍, 경쟁
• **긍정**_ 감상, 감정, 내면, 무의식, 기억, 과거 수용, 공감, 성장과 쇠퇴 • **부정**_ 민감, 불안, 고독, 습관	달 ☽		태양 ☉	• **긍정**_ 생명, 중심, 활기, 관대, 왕, 아버지, 남편, 인격, 의식, 미래 • **부정**_ 과시, 권위, 광포, 방탕

달+태양	• **긍정**_ 확신, 집중, 통합, 명료 • **부정**_ 모순, 우유부단, 대립, 역설
별자리+별	• **게자리-태양**_ 감수성의 직관, 애인에게 집착, 성찰과 내향적, 양육·과잉보호, 감상·예민·자기연민, 집요함, 소심·옹졸, 정서적 안정·논리·상상력이 요구됨 • **사자자리-달**_ 관대·품위(우쭐댐), 사치·허영(잘난 맛), 확신·고집, 칭찬에 민감, 한계를 모르는 리더십, 불타는 상상력과 본능

보살핌(Caring)

속성_ 음, 물, 느낌, 활동			속성_ 음, 흙, 감각, 변통
• 긍정_ 감성, 보호, 양육, 헌신, 희생, 회귀본능 • 부정_ 불안, 고민, 나약, 냉정, 퇴행	♋ 게자리	♍ 처녀자리	• 긍정_ 섬세, 분별, 구별, 순결, 완벽, 겸손, 분석, 노동, 식생활, 건강 • 부정_ 까칠, 결벽, 조심, 비판
• 긍정_ 감상, 감정, 내면, 무의식, 기억, 과거 수용, 공감, 성장과 쇠퇴 • 부정_ 민감, 불안, 고독, 습관	☽ 달	☿ 수성	• 긍정_ 상상, 사고, 정보, 분석, 논리, 언어능력 • 부정_ 피상, 허풍, 사기, 비판, 사기계약, 합리화
달+수성	• 긍정_ 감정파악, 기억, 지각, 다재다능, 적응, 모방 • 부정_ 둔한 지각, 건망, 변덕, 까칠한 비판		
별자리+별	• 게자리−수성_ 기억력, 감정적, 가정·주방·음식, 생필품·골동품, 부동산에 관심 • 처녀자리−달_ 근면·성실, 자제심, 냉정함, 까칠함, 비판적, 계산적, 정밀·분석, 통제된 상상력과 본능		

가족(The Family)

속성_ 음, 물, 느낌, 활동			속성_ 양, 공기, 사고, 활동
• 긍정_ 감성, 보호, 양육, 헌신, 희생, 회귀본능 • 부정_ 불안, 고민, 나약, 냉정, 퇴행	♋ 게자리	♎ 천칭자리	• 긍정_ 공평, 공정, 조화, 기회 • 부정_ 낭비, 무책임, 기회주의
• 긍정_ 감상, 감정, 내면, 무의식, 기억, 과거 수용, 공감, 성장과 쇠퇴 • 부정_ 민감, 불안, 고독, 습관	☽ 달	♀ 금성	• 긍정_ 미(美), 사랑, 예술, 풍요 • 부정_ 허영, 집착, 쾌락, 사치, 유혹, 안주
달+금성	• 긍정_ 감정조화, 친절, 세련, 균형, 예술 • 부정_ 애정갈등, 과민, 쾌락, 사치, 타락		
별자리+별	• 게자리−금성_ 헌신적인 부드러움, 가계를 꾸려나가는 기쁨, 약속이나 직무에는 철저하지 못함 • 천칭자리−달_ 친절·사교·협동, 평화적, 매력·심미, 형식적(표현의 불명확성), 세련된 상상력과 본능		

낙태(Abortion)

• **속성_** 음, 물, 느낌, 활동	♋ 게자리	♏ 전갈자리	• **속성_** 음, 물, 느낌, 고정
• **긍정_** 감성, 보호, 양육, 헌신, 희생, 회귀본능 • **부정_** 불안, 고민, 나약, 냉정, 퇴행			• **긍정_** 직관, 통찰, 몰입, 재생, 관리, 통제 • **부정_** 죽음, 파괴, 음침, 냉혹, 폭로, 사채
• **긍정_** 감상, 감정, 내면, 무의식, 기억, 과거 수용, 공감, 성장과 쇠퇴 • **부정_** 민감, 불안, 고독, 습관	☽ 달	♇ 명왕성	• **긍정_** 집중, 해탈, 재생 • **부정_** 강박관념, 공포, 조종, 중독, 성폭행, 살인마

달+명왕성	• **긍정_** 강단, 침착, 직관 • **부정_** 극단, 퇴행, 노이로제, 폭언, 신랄함, 신경증, 비밀, 은둔, 후퇴
별자리+별	• **게자리 – 명왕성_** 낡은 풍습이나 관습을 탈피하기 위해 폭력과 강제적인 수단을 동원함 • **전갈자리 – 달 ⇒ 기능저하_** 자생력, 민감한, 보복, 자학적, 연구, 단호한 자기통제, 강렬한 상상력과 본능

므네모시네(Mnemosyne)

• **속성_** 음, 물, 느낌, 활동	♋ 게자리	♐ 사수자리	• **속성_** 양, 불, 직관, 변통
• **긍정_** 감성, 보호, 양육, 헌신, 희생, 회귀본능 • **부정_** 불안, 고민, 나약, 냉정, 퇴행			• **긍정_** 계획, 확장, 낙천, 진리, 종교, 철학, 공익, 지혜, 설득 • **부정_** 독선, 변덕, 냉정, 위선, 투기, 꾐
• **긍정_** 감상, 감정, 내면, 무의식, 기억, 과거 수용, 공감, 성장과 쇠퇴 • **부정_** 민감, 불안, 고독, 습관	☽ 달	♃ 목성	• **긍정_** 확장, 낙천, 포부, 박애, 종교, 철학, 도덕 • **부정_** 교만, 위선, 회피, 무책임, 호언장담, 감성팔이, 은둔

달+목성	• **긍정_** 감정확대, 낙천적, 관대, 자기개방·인식, 명상적 • **부정_** 감정과잉, 분방, 낭비, 부주의, 과장, 오만방자, 과식
별자리+별	• **게자리 – 목성 ⇒ 기능항진_** 재산과 부동산 증식, 가족적인 신앙 숭배, 기억력과 모방력 탁월 • **사수자리 – 달_** 솔직담백한 발언, 방랑, 독립적, 탐험·이동·조사, 지식전달, 쉽게 자극받는 상상력과 본능

얼음여왕(The Ice Queen)

• **속성_** 음, 물, 느낌, 활동	♋ 게자리		♑ 염소자리	• **속성_** 음, 흙, 감각, 활동
• **긍정_** 감성, 보호, 양육, 헌신, 희생, 회귀본능 • **부정_** 불안, 고민, 나약, 냉정, 퇴행				• **긍정_** 실천, 야심, 책임, 통제, 속죄, 완벽 • **부정_** 권위, 독단, 무시, 경직, 냉정, 회의, 양면성, 고행
• **긍정_** 감상, 감정, 내면, 무의식, 기억, 과거 수용, 공감, 성장과 쇠퇴 • **부정_** 민감, 불안, 고독, 습관	☽ 달		♄ 토성	• **긍정_** 과묵, 신중, 인내, 절제, 노력 • **부정_** 강박, 의심, 소심, 불평, 태만, 노쇠

달+토성	• **긍정_** 감정심화, 직관, 인내, 억제, 응집, 화합, 조심 • **부정_** 감정억압, 회의, 음울, 우울, 무관심, 소화불량
별자리+별	• **게자리-토성_** 물질이 감정을 억압, 애인에 대한 우려와 불안, 애정결핍증, 의존성, 낙천성이 요구됨 • **염소자리-달_** 진실한, 진중·신중·엄격, 냉혹한, 책임과 의무, 강한 실행능력, 억압·통제, 통제된 상상력과 본능

해방(Deliverance)

• **속성_** 음, 물, 느낌, 활동	♋ 게자리		♒ 물병자리	• **속성_** 양, 공기, 사고, 고정
• **긍정_** 감성, 보호, 양육, 헌신, 희생, 회귀본능 • **부정_** 불안, 고민, 나약, 냉정, 퇴행				• **긍정_** 자유, 민주, 보편, 분배 • **부정_** 일탈, 이기, 개인, 반항
• **긍정_** 감상, 감정, 내면, 무의식, 기억, 과거 수용, 공감, 성장과 쇠퇴 • **부정_** 민감, 불안, 고독, 습관	☽ 달		⛢ 천왕성	• **긍정_** 자유, 해방, 민주, 독창, 혁명 • **부정_** 돌발, 돌출, 일탈, 기이, 괴팍, 엉뚱함

달+천왕성	• **긍정_** 감정자극, 직관, 매혹, 독특, 신선, 상상 • **부정_** 감정혼란, 반항, 성마름, 급변, 변칙적, 흥분
별자리+별	• **게자리-천왕성_** 가정문제에 대한 독특한 의견, 가정·가족 개혁, 흥분과 자유로운 표현 추구, 독특한 건축·가정·가족제도, 공동체 생활에 관심 • **물병자리-달_** 교양, 이지적, 친절한, 공감력, 대중성, 편견 없음, 초연함, 독창적 상상과 본능 발달

잠자는 미녀(Sleeping Beauty-Slumber)

• **속성**_ 음, 물, 느낌, 활동	♋︎ 게자리	• **속성**_ 음, 물, 느낌, 변통
• **긍정**_ 감성, 보호, 양육, 헌신, 희생, 회귀본능 • **부정**_ 불안, 고민, 나약, 냉정, 퇴행		♓︎ 물고기자리 • **긍정**_ 감성, 신비, 영매, 낭만, 희생, 구원, 신앙심, 분리 • **부정**_ 강박증, 오락, 망상, 타락
• **긍정**_ 감상, 감정, 내면, 무의식, 기억, 과거 수용, 공감, 성장과 쇠퇴 • **부정**_ 민감, 불안, 고독, 습관	☽ 달	♆ 해왕성 • **긍정**_ 초월, 초월적인 미와 사랑, 감성, 이상, 속죄, 정화 • **부정**_ 예민, 망상, 몽상, 마취, 도취, 혼돈, 은둔, 도피, 거짓말
달+해왕성	• **긍정**_ 감정팽창, 영적, 상상, 창의, 예술, 수용, 통찰 • **부정**_ 감정혼돈, 장황한, 비논리, 영매, 느슨한	
별자리+별	• **게자리-해왕성**_ 가정과 전통을 이상화함, 가정·가족·전통에 무의식적으로 집착함, 감정적, 심령적 민감성, 가정에 혼돈이 초래될 수 있음 • **물고기자리-달**_ 감상적, 다정다감, 몽상, 의지박약, 우유부단, 수동적, 나태함, 운둔형, 자기도취, 비현실적, 풍부한 상상력과 강한 본능	

전투(The Battle)

	사자자리		양자리	
• **속성_** 양, 불, 직관, 고정				• **속성_** 양, 불, 직관, 활동
• **긍정_** 나, 주체성, 자신감, 리더십, 배포, 관대, 귀족, 창조성, 개성화 • **부정_** 독단, 지배, 군림, 냉엄, 오만, 거만, 허영, 허풍, 경쟁				• **긍정_** 도전, 모험, 활달, 과감, 투지, 순수 • **부정_** 충동, 즉흥, 무모, 자만, 이기, 주의 깊지 못한, 무조건
	태양		화성	
• **긍정_** 생명, 중심, 활기, 관대, 왕, 아버지, 남편, 인격, 의식, 미래 • **부정_** 과시, 권위, 광포, 방탕				• **긍정_** 힘, 용감, 도전 • **부정_** 성욕, 폭력, 성급, 소란, 공격

태양+금성	• **긍정_** 개척, 모험, 솔직, 용기, 진취 • **부정_** 충동, 공격, 선동, 방해, 무모
별자리+별	• **사자자리-화성_** 역동적, 기사도정신, 과잉 열의와 적대감 유발, 겸손과 책임의식 요구됨 • **양자리-태양 ⇒ 기능항진_** 적극적 자기표현, 독립·개척·진취, 공격·모험·충동·무모, 직선적, 이기적, 반항적, 지배력, 리더십, 중용·관용·인내·겸양·사려의 미덕이 요구됨

여왕(Queen)

	사자자리		황소자리	
• **속성_** 양, 불, 직관, 고정				• **속성_** 음, 흙, 감각, 고정
• **긍정_** 나, 주체성, 자신감, 리더십, 배포, 관대, 귀족, 창조성, 개성화 • **부정_** 독단, 지배, 군림, 냉엄, 오만, 거만, 허영, 허풍, 경쟁				• **긍정_** 안정, 자상, 끈기, 물질, 다산, 풍요 • **부정_** 태만, 불통, 고집, 과욕
	태양		금성	
• **긍정_** 생명, 중심, 활기, 관대, 왕, 아버지, 남편, 인격, 의식, 미래 • **부정_** 과시, 권위, 광포, 방탕				• **긍정_** 미(美), 사랑, 예술, 풍요 • **부정_** 허영, 집착, 쾌락, 사치, 유혹, 안주

태양+금성	• **긍정_** 낙천, 예술, 매력, 우아, 상냥 • **부정_** 향락, 사치, 호색, 불균형
별자리+별	• **사자자리-금성_** 화려하고 사치스런 오락이나 연예, 충실과 관대, 격한 희로애락, 과잉 감정, 쾌락을 제어하면 욕구불만에 빠질 수 있음 • **황소자리-태양_** 물질적, 소유욕, 보수적, 체제 유지, 황소고집, 인내·끈기, 우둔·둔감함, 진취성과 상상력 그리고 개혁성이 요구됨

배우(The Actor)

	사자자리 ♌		♊ 쌍둥이 자리	
• **속성**_ 양, 불, 직관, 고정				• **속성**_ 양, 공기, 사고, 변통
• **긍정**_ 나, 주체성, 자신감, 리더십, 배포, 관대, 귀족, 창조성, 개성화				• **긍정**_ 지식, 소통, 교류, 재치, 결합, 계약, 메시지, 지각, 인식, 이해, 표현
• **부정**_ 독단, 지배, 군림, 냉엄, 오만, 거만, 허영, 허풍, 경쟁				• **부정**_ 산만, 불만, 조급, 권태
• **긍정**_ 생명, 중심, 활기, 관대, 왕, 아버지, 남편, 인격, 의식, 미래	태양 ☉		☿ 수성	• **긍정**_ 상상, 사고, 정보, 분석, 논리, 언어능력
• **부정**_ 과시, 권위, 광포, 방탕				• **부정**_ 피상, 허풍, 사기, 비판, 사기계약, 합리화

태양＋수성	• **긍정**_ 지적, 주의 깊은, 합리, 통찰 • **부정**_ 잘난 체, 독단, 변질, 거만, 교만
별자리＋별	• **사자자리－수성** ⇒ **기능저하**_ 강한 의지력, 확고한 목적의식, 명령하는 말투, 연극·주식투자·어린이교육·표현예술 분야 적합 • **쌍둥이자리－태양**_ 얕고 넓은 인간관계, 학습과 의사표현능력 탁월, 임기응변, 논리적, 호기심, 불안한 적응력, 조급증, 산만함

병든 왕(The Ailing King)

	사자자리 ♌		♍ 처녀자리	
• **속성**_ 양, 불, 직관, 고정				• **속성**_ 음, 흙, 감각, 변통
• **긍정**_ 나, 주체성, 자신감, 리더십, 배포, 관대, 귀족, 창조성, 개성화				• **긍정**_ 섬세, 분별, 구별, 순결, 완벽, 겸손, 분석, 노동, 식생활, 건강
• **부정**_ 독단, 지배, 군림, 냉엄, 오만, 거만, 허영, 허풍, 경쟁				• **부정**_ 까칠, 결벽, 조심, 비판
• **긍정**_ 생명, 중심, 활기, 관대, 왕, 아버지, 남편, 인격, 의식, 미래	태양 ☉		☿ 수성	• **긍정**_ 상상, 사고, 정보, 분석, 논리, 언어능력
• **부정**_ 과시, 권위, 광포, 방탕				• **부정**_ 피상, 허풍, 사기, 비판, 사기계약, 합리화

태양＋수성	• **긍정**_ 지적, 주의 깊은, 합리, 통찰 • **부정**_ 잘난 체, 독단, 변질, 거만, 교만
별자리＋별	• **사자자리－수성** ⇒ **기능저하**_ 강한 의지력, 확고한 목적의식, 명령하는 말투, 연극·주식투자·어린이교육·표현예술 분야 적합 • **처녀자리－태양**_ 침착·꼼꼼·착실, 완벽주의, 봉사정신, 장인기질, 분석력, 비판력, 체계적, 자의식 과잉, 회의적, 실무능력, 낙천성과 포용력이 요구됨

결혼(The Wedding)

	사자자리		천칭자리	
• **속성**_ 양, 불, 직관, 고정				• **속성**_ 양, 공기, 사고, 활동
• **긍정**_ 나, 주체성, 자신감, 리더십, 배포, 관대, 귀족, 창조성, 개성화 • **부정**_ 독단, 지배, 군림, 냉엄, 오만, 거만, 허영, 허풍, 경쟁	사자자리		천칭자리	• **긍정**_ 공평, 공정, 조화, 기회 • **부정**_ 낭비, 무책임, 기회주의
• **긍정**_ 생명, 중심, 활기, 관대, 왕, 아버지, 남편, 인격, 의식, 미래 • **부정**_ 과시, 권위, 광포, 방탕	태양		금성	• **긍정**_ 미(美), 사랑, 예술, 풍요 • **부정**_ 허영, 집착, 쾌락, 사치, 유혹, 안주

태양+금성	• **긍정**_ 낙천, 예술, 매력, 우아, 상냥 • **부정**_ 향락, 사치, 호색, 불균형
별자리+별	• **사자자리-금성**_ 화려하고 사치스런 오락이나 연예, 충실과 관대, 격한 희로애락, 과잉 감정, 쾌락을 제어하면 욕구불만에 빠질 수 있음 • **천칭자리-태양 ⇒ 기능저하**_ 예의바름, 친절함, 다정다감, 공정함, 균형·조화, 협상·조정·외교력, 위선·간섭·의존·게으름 주의, 과감함과 견실성이 요구됨

마법사(The Magician)

	사자자리		전갈자리	
• **속성**_ 양, 불, 직관, 고정				• **속성**_ 음, 물, 느낌, 고정
• **긍정**_ 나, 주체성, 자신감, 리더십, 배포, 관대, 귀족, 창조성, 개성화 • **부정**_ 독단, 지배, 군림, 냉엄, 오만, 거만, 허영, 허풍, 경쟁	사자자리		전갈자리	• **긍정**_ 직관, 통찰, 몰입, 재생, 관리, 통제 • **부정**_ 죽음, 파괴, 음침, 냉혹, 폭로, 사채
• **긍정**_ 생명, 중심, 활기, 관대, 왕, 아버지, 남편, 인격, 의식, 미래 • **부정**_ 과시, 권위, 광포, 방탕	태양		명왕성	• **긍정**_ 집중, 해탈, 재생 • **부정**_ 강박관념, 공포, 조종, 중독, 성폭행, 살인마

태양+명왕성	• **긍정**_ 재생, 조사, 확신, 단호, 정화 • **부정**_ 자만, 독점, 배타, 냉담, 끈질긴, 무자비한
별자리+별	• **사자자리-명왕성 ⇒ 기능항진**_ 플루토늄이 기능항진을 일으켜 사자처럼 포효함을 상징, 격렬한 자기 표현, 개성을 존중, 심오한 자기인식 능력 • **전갈자리-태양**_ 힘과 권능 추구, 정밀탐사, 열정적, 관능적, 갱신·재생능력, 제거·파괴능력, 의심·질투·분노·증오, 관대함과 정의로운 에너지 사용이 요구됨

행운(Fortuna)

• **속성**_ 양, 불, 직관, 고정		• **속성**_ 양, 불, 직관, 변통
• **긍정**_ 나, 주체성, 자신감, 리더십, 배포, 관대, 귀족, 창조성, 개성화 • **부정**_ 독단, 지배, 군림, 냉엄, 오만, 거만, 허영, 허풍, 경쟁	♌ 사자자리	• **긍정**_ 계획, 확장, 낙천, 진리, 종교, 철학, 공익, 지혜, 설득 • **부정**_ 독선, 변덕, 냉정, 위선, 투기, 꾐
		♐ 사수자리
• **긍정**_ 생명, 중심, 활기, 관대, 왕, 아버지, 남편, 인격, 의식, 미래 • **부정**_ 과시, 권위, 광포, 방탕	☉ 태양	• **긍정**_ 확장, 낙천, 포부, 박애, 종교, 철학, 도덕 • **부정**_ 교만, 위선, 회피, 무책임, 호언장담, 감성팔이, 은둔
		♃ 목성

태양+목성	• **긍정**_ 철학, 낙천, 긍정, 자비, 예언, 솔직, 확신 • **부정**_ 부주의, 과시, 위선, 투기, 낭비, 무절제, 과식
별자리+별	• **사자자리–목성**_ 자기확신, 엘리트 의식, 리더십, 정치·대기업 적합, 귀족적·과시적, 큰 스케일 • **사수자리–태양**_ 지혜와 의식확장 추구, 탐험·여행·전파에 의한 확장, 빠르고 날쌤, 신념·목적의식, 자제력, 투기적, 낙천적, 타인에 대한 배려가 요구됨

짐(The Burden)

• **속성**_ 양, 불, 직관, 고정		• **속성**_ 음, 흙, 감각, 활동
• **긍정**_ 나, 주체성, 자신감, 리더십, 배포, 관대, 귀족, 창조성, 개성화 • **부정**_ 독단, 지배, 군림, 냉엄, 오만, 거만, 허영, 허풍, 경쟁	♌ 사자자리	• **긍정**_ 실천, 야심, 책임, 통제, 속죄, 완벽 • **부정**_ 권위, 독단, 무시, 경직, 냉정, 회의, 양면성, 고행
		♑ 염소자리
• **긍정**_ 생명, 중심, 활기, 관대, 왕, 아버지, 남편, 인격, 의식, 미래 • **부정**_ 과시, 권위, 광포, 방탕	☉ 태양	• **긍정**_ 과묵, 신중, 인내, 절제, 노력 • **부정**_ 강박, 의심, 소심, 불평, 태만, 노쇠
		♄ 토성

태양+토성	• **긍정**_ 연마, 현실, 끈기, 극기, 체계, 정확, 냉철 • **부정**_ 금욕, 억압, 지연, 완고, 제한, 비관, 위축, 비관
별자리+별	• **사자자리–토성 ⇒ 품위손상**_ 문제분석 후 질서확립 능력, 솔직한 표현이 어려움, 쉽게 다가갈 수 없는 엄격함, 낭만적·로맨틱·유희·즐거움을 찾는 게 요구됨 • **염소자리–태양**_ 현실적 야심, 권위 추구, 가부장적, 의심·인색, 의무감과 성실, 단계적 상승, 조직화·구체화·체계화 능력, 낙천성과 표현능력이 요구됨

몰락(The Fall)

• 속성_ 양, 불, 직관, 고정	사자자리	물병자리	**• 속성_** 양, 공기, 사고, 고정
• 긍정_ 나, 주체성, 자신감, 리더십, 배포, 관대, 귀족, 창조성, 개성화 **• 부정_** 독단, 지배, 군림, 냉엄, 오만, 거만, 허영, 허풍, 경쟁			**• 긍정_** 자유, 민주, 보편, 분배 **• 부정_** 일탈, 이기, 개인, 반항
• 긍정_ 생명, 중심, 활기, 관대, 왕, 아버지, 남편, 인격, 의식, 미래 **• 부정_** 과시, 권위, 광포, 방탕	태양	천왕성	**• 긍정_** 자유, 해방, 민주, 독창, 혁명 **• 부정_** 돌발, 돌출, 일탈, 기이, 괴팍, 엉뚱한

태양+천왕성	**• 긍정_** 자유, 개혁, 개방, 독립, 독창, 발명 **• 부정_** 기행, 긴장, 통제, 흥분, 괴짜, 반동
별자리+별	**• 사자자리–천왕성 ⇒ 품위손상_** 연애·오락·예술 분야에서 독창적, 개성 있는 지도력, 비타협적·비협동적, 자기만의 기준을 제시함 **• 물병자리–태양_** 동료·대중의식 발달, 자유와 진실 존중, 협동과 개혁, 이론·연구·과학, 추상을 현실화하는 능력, 비관습적, 괴팍함·똘끼, 따뜻한 감정이 요구됨

후퇴(Retreat)

• 속성_ 양, 불, 직관, 고정	사자자리	물고기자리	**• 속성_** 음, 물, 느낌, 변통
• 긍정_ 나, 주체성, 자신감, 리더십, 배포, 관대, 귀족, 창조성, 개성화 **• 부정_** 독단, 지배, 군림, 냉엄, 오만, 거만, 허영, 허풍, 경쟁			**• 긍정_** 감성, 신비, 영매, 낭만, 희생, 구원, 신앙심, 분리 **• 부정_** 강박증, 오락, 망상, 타락
• 긍정_ 생명, 중심, 활기, 관대, 왕, 아버지, 남편, 인격, 의식, 미래 **• 부정_** 과시, 권위, 광포, 방탕	태양	해왕성	**• 긍정_** 초월, 초월적인 미와 사랑, 감성, 이상, 속죄, 정화 **• 부정_** 예민, 망상, 몽상, 마취, 도취, 혼돈, 은둔, 도피, 거짓말

태양+해왕성	**• 긍정_** 이상주의, 초월, 영성, 영매, 인도적, 연민, 상상력 **• 부정_** 비현실, 도취, 최면, 기만, 모호
별자리+별	**• 사자자리–해왕성_** 영화·예술적 감각, 개인주의 추구, 권력이나 조직을 확장하려 하지만 무계획적임 **• 물고기자리–태양_** 연민, 예술적 감각, 신앙심, 감정전이·감정이입, 피암시성·최면, 안이함, 몽상적, 비현실적, 환각약물 금지와 집중력·결단성 요구됨

사랑(Eros)

34

• **속성**_ 양, 불, 직관, 활동			• **속성**_ 음, 흙, 감각, 고정
• **긍정**_ 도전, 모험, 활달, 과감, 투지, 순수 • **부정**_ 충동, 즉흥, 무모, 자만, 이기, 주의 깊지 못한, 무조건	♈ 양자리	♉ 황소자리	• **긍정**_ 안정, 자상, 끈기, 물질, 다산, 풍요 • **부정**_ 태만, 불통, 고집, 과욕
• **긍정**_ 힘, 용감, 도전 • **부정**_ 성욕, 폭력, 성급, 소란, 공격	♂ 화성	♀ 금성	• **긍정**_ 미(美), 사랑, 예술, 풍요 • **부정**_ 허영, 집착, 쾌락, 사치, 유혹, 안주

화성+금성	• **긍정**_ 에로틱, 로맨틱, 기사도, 조혼 • **부정**_ 성욕이 강한, 퇴폐, 집착, 성적 문란
별자리+별	• **양자리-금성** ⇒ **품위손상**_ 적극적 애정표현으로 성적 무분별함, 이기적 연애감정, 파트너와의 조화 손상 • **황소자리-화성** ⇒ **품위손상**_ 불도저 같은 실행력과 지구력 우수, 초지일관이지만 기동력과 융통성 부족

차꼬(The Stocks)

35

• **속성**_ 양, 불, 직관, 활동			• **속성**_ 양, 공기, 사고, 변통
• **긍정**_ 도전, 모험, 활달, 과감, 투지, 순수 • **부정**_ 충동, 즉흥, 무모, 자만, 이기, 주의 깊지 못한, 무조건	♈ 양자리	♊ 쌍둥이자리	• **긍정**_ 지식, 소통, 교류, 재치, 결합, 계약, 메시지, 지각, 인식, 이해, 표현 • **부정**_ 산만, 불만, 조급, 권태
• **긍정**_ 힘, 용감, 도전 • **부정**_ 성욕, 폭력, 성급, 소란, 공격	♂ 화성	☿ 수성	• **긍정**_ 상상, 사고, 정보, 분석, 논리, 언어능력 • **부정**_ 피상, 허풍, 사기, 비판, 사기계약, 합리화

화성+수성	• **긍정**_ 예리, 분석, 토론, 집중, 재치, 능란, 기민, 개방 • **부정**_ 긴장, 논쟁, 냉소, 산만, 독단, 성마름, 약삭빠름, 질투, 심통
별자리+별	• **양자리-수성**_ 직설적 언변, 기술·공학·운전 분야 적합, 주관적이어서 객관적 시야가 요구됨 • **쌍둥이자리-화성**_ 주변 환경에 민감, 위급상황에 탁월한 대처, 재치와 풍자, 지적인 선동가

죄책감(Guilt)

• **속성**_ 양, 불, 직관, 활동			• **속성**_ 음, 흙, 감각, 변통
• **긍정**_ 도전, 모험, 활달, 과감, 투지, 순수 • **부정**_ 충동, 즉흥, 무모, 자만, 이기, 주의 깊지 못한, 무조건	♈ 양자리	♍ 처녀자리	• **긍정**_ 섬세, 분별, 구별, 순결, 완벽, 겸손, 분석, 노동, 식생활, 건강 • **부정**_ 까칠, 결벽, 조심, 비판
• **긍정**_ 힘, 용감, 도전 • **부정**_ 성욕, 폭력, 성급, 소란, 공격	♂ 화성	☿ 수성	• **긍정**_ 상상, 사고, 정보, 분석, 논리, 언어능력 • **부정**_ 피상, 허풍, 사기, 비판, 사기계약, 합리화

화성+수성	• **긍정**_ 예리, 분석, 토론, 집중, 재치, 능란, 기민, 개방 • **부정**_ 긴장, 논쟁, 냉소, 산만, 독단, 성마름, 약삭빠름, 질투, 심통
별자리+별	• **양자리-수성**_ 직설적 언변, 기술·공학·운전 분야 적합, 주관적이어서 객관적인 시야가 요구됨 • **처녀자리-화성**_ 문제에 대한 치밀한 분석력, 효율적 일처리, 억압된 분노나 열정, 결벽증

불일치(Disagreement)

• **속성**_ 양, 불, 직관, 활동			• **속성**_ 양, 공기, 사고, 활동
• **긍정**_ 도전, 모험, 활달, 과감, 투지, 순수 • **부정**_ 충동, 즉흥, 무모, 자만, 이기, 주의 깊지 못한, 무조건	♈ 양자리	♎ 천칭자리	• **긍정**_ 공평, 공정, 조화, 기회 • **부정**_ 낭비, 무책임, 기회주의
• **긍정**_ 힘, 용감, 도전 • **부정**_ 성욕, 폭력, 성급, 소란, 공격	♂ 화성	♀ 금성	• **긍정**_ 미(美), 사랑, 예술, 풍요 • **부정**_ 허영, 집착, 쾌락, 사치, 유혹, 안주

화성+금성	• **긍정**_ 에로틱, 로맨틱, 기사도, 조혼 • **부정**_ 성욕이 강한, 퇴폐, 집착, 성적 문란
별자리+별	• **양자리-금성 ⇒ 품위손상**_ 적극적 애정표현으로 성적 무분별함, 이기적 연애감정, 파트너와의 조화 손상 • **천칭자리-화성 ⇒ 품위손상**_ 참을성 부족, 힘의 균형을 중시, 일방적인 압력이나 영향력 거부

흡혈귀(The Vampire)

	속성, 긍정, 부정	이미지	속성, 긍정, 부정	

• 속성_ 양, 불, 직관, 활동

• 긍정_ 도전, 모험, 활달, 과감, 투지, 순수
• 부정_ 충동, 즉흥, 무모, 자만, 이기, 주의 깊지 못한, 무조건

♈ 양자리

• 속성_ 음, 물, 느낌, 고정

• 긍정_ 직관, 통찰, 몰입, 재생, 관리, 통제
• 부정_ 죽음, 파괴, 음침, 냉혹, 폭로, 사채

♏ 전갈자리

• 긍정_ 힘, 용감, 도전
• 부정_ 성욕, 폭력, 성급, 소란, 공격

♂ 화성

• 긍정_ 집중, 해탈, 재생
• 부정_ 강박관념, 공포, 조종, 중독, 성폭행, 살인마

♇ 명왕성

화성＋명왕성	**• 긍정_** 극강의 에너지, 정력, 투지, 카타르시스 **• 부정_** 파괴, 비타협, 호전, 보복, 범죄, 횡포
별자리＋별	**• 양자리–명왕성_** 적극적 **• 전갈자리–화성 ⇒ 품위획득_** 인격 속의 강력한 무기, 강한 육체의 소유자, 불굴의 용기, 지구력, 위기돌파능력, 홀로 행동함

십자군(The Crusader)

• 속성_ 양, 불, 직관, 활동

• 긍정_ 도전, 모험, 활달, 과감, 투지, 순수
• 부정_ 충동, 즉흥, 무모, 자만, 이기, 주의 깊지 못한, 무조건

♈ 양자리

• 속성_ 양, 불, 직관, 변통

• 긍정_ 계획, 확장, 낙천, 진리, 종교, 철학, 공익, 지혜, 설득
• 부정_ 독선, 변덕, 냉정, 위선, 투기, 찜

♐ 사수자리

• 긍정_ 힘, 용감, 도전
• 부정_ 성욕, 폭력, 성급, 소란, 공격

♂ 화성

• 긍정_ 확장, 낙천, 포부, 박애, 종교, 철학, 도덕
• 부정_ 교만, 위선, 회피, 무책임, 호언장담, 감성팔이, 은둔

♃ 목성

화성＋목성	**• 긍정_** 활력, 쾌활, 주도, 진취, 용기 **• 부정_** 활력과잉, 잘난 체, 성급, 무례, 허세, 뻔뻔, 소홀
별자리＋별	**• 양자리–목성_** 직접적이며 강력한 행동, 의욕적·개척적·성장욕구, 자기 확신·신념·노력에 의한 성공, 개똥철학, 상식 존중이 요구됨 **• 사수자리–화성_** 자유롭고 소탈함, 숨김없는 행동, 강한 탐험정신, 낙관에 대한 경계가 요구됨, 외부의 성취보다 내면의 해답에 귀기울일 필요가 있음

헛수고(Prevention)

• **속성**_ 양, 불, 직관, 활동				• **속성**_ 음, 흙, 감각, 활동
• **긍정**_ 도전, 모험, 활달, 과감, 투지, 순수 • **부정**_ 충동, 즉흥, 무모, 자만, 이기, 주의 깊지 못한, 무조건	♈ 양자리		♑ 염소자리	• **긍정**_ 실천, 야심, 책임, 통제, 속죄, 완벽 • **부정**_ 권위, 독단, 무시, 경직, 냉정, 회의, 양면성, 고행
• **긍정**_ 힘, 용감, 도전 • **부정**_ 성욕, 폭력, 성급, 소란, 공격	♂ 화성		♄ 토성	• **긍정**_ 과묵, 신중, 인내, 절제, 노력 • **부정**_ 강박, 의심, 소심, 불평, 태만, 노쇠

화성+토성	• **긍정**_ 절제, 책임, 근면, 확고, 불굴, 인내 • **부정**_ 억압, 냉소, 잔인, 오버, 과잉방어, 초조
별자리+별	• **양자리–토성 ⇒ 기능저하**_ 군사훈련, 자기신뢰, 의무감, 막무가내로 밀어붙임, 때를 기다리는 것이 필요함 • **염소자리–화성**_ 에너지를 실용화, 강한 직업적·사회적 야심, 근면성실, 공명심이 강함

골칫덩이(The Spiteful Troublemaker)

• **속성**_ 양, 불, 직관, 활동				• **속성**_ 양, 공기, 사고, 고정
• **긍정**_ 도전, 모험, 활달, 과감, 투지, 순수 • **부정**_ 충동, 즉흥, 무모, 자만, 이기, 주의 깊지 못한, 무조건	♈ 양자리		♒ 물병자리	• **긍정**_ 자유, 민주, 보편, 분배 • **부정**_ 일탈, 이기, 개인, 반항
• **긍정**_ 힘, 용감, 도전 • **부정**_ 성욕, 폭력, 성급, 소란, 공격	♂ 화성		⛢ 천왕성	• **긍정**_ 자유, 해방, 민주, 독창, 혁명 • **부정**_ 돌발, 돌출, 일탈, 기이, 괴팍, 엉뚱함

화성+천왕성	• **긍정**_ 행동력 상승, 영웅적, 개척적, 관습타파 • **부정**_ 에너지 과잉 분출, 선동적, 호전적, 돌발적
별자리+별	• **양자리–천왕성**_ 과학적 참신성, 사회개혁 분야에 새로운 패러다임 제시, 거리낌 없는 언행, 구습타파의 역동성, 탐험심 왕성 • **물병자리–화성**_ 역동성, 인도주의자로 조직의 선봉이 되어 장애를 극복, 냉정한 일처리, 대인관계에서 사적 감정의 교류가 요구됨

완벽한 바보(The Absolute Fool)

• **속성**_ 양, 불, 직관, 활동			• **속성**_ 음, 물, 느낌, 변통
• **긍정**_ 도전, 모험, 활달, 과감, 투지, 순수 • **부정**_ 충동, 즉흥, 무모, 자만, 이기, 주의 깊지 못한, 무조건	♈ 양자리	♓ 물고기 자리	• **긍정**_ 감성, 신비, 영매, 낭만, 희생, 구원, 신앙심, 분리 • **부정**_ 강박증, 오락, 망상, 타락
• **긍정**_ 힘, 용감, 도전 • **부정**_ 성욕, 폭력, 성급, 소란, 공격	♂ 화성	♆ 해왕성	• **긍정**_ 초월, 초월적인 미와 사랑, 감성, 이상, 속죄, 정화 • **부정**_ 예민, 망상, 몽상, 마취, 도취, 혼돈, 은둔, 도피, 거짓말

화성+해왕성	• **긍정**_ 이완, 황홀, 감격, 활기, 피아구분능력, 치료능력 • **부정**_ 혼돈, 악몽, 광신, 비도덕, 가학
별자리+별	• **양자리−해왕성**_ 신비주의, 영적인 자만심 만개, 이상은 높고 목적은 불명확 • **물고기자리−화성**_ 혼란스런 감정 속의 공격성, 내면의 고통을 예술로 승화, 스스로 공격성만 제어할 수 있으면 도덕적인 사람이다

황금소녀(The Golden Girl)

• **속성**_ 음, 흙, 감각, 고정			• **속성**_ 양, 공기, 사고, 변통
• **긍정**_ 안정, 자상함, 끈기, 물질, 다산, 풍요 • **부정**_ 태만, 불통, 고집, 과욕	♉ 황소자리	♊ 쌍둥이 자리	• **긍정**_ 지식, 소통, 교류, 재치, 결합, 계약, 메시지, 지각, 인식, 이해, 표현 • **부정**_ 산만, 불만, 조급, 권태
• **긍정**_ 미(美), 사랑, 예술, 풍요 • **부정**_ 허영, 집착, 쾌락, 사치, 유혹, 안주	♀ 금성	☿ 수성	• **긍정**_ 상상, 사고, 정보, 분석, 논리, 언어능력 • **부정**_ 피상, 허풍, 사기, 비판, 사기계약, 합리화

금성+수성	• **긍정**_ 창조, 통합, 적응, 이해, 신뢰 • **부정**_ 이기주의, 서투름, 의사 불분명
별자리+별	• **황소자리−수성**_ 둔한 행동에 예리한 말투, 현실적이지만 예술·원예·미각에 흥미가 있음 • **쌍둥이자리−금성**_ 지적이며 재치와 유머감각이 있음, 바람기가 다분함, 늘 가볍고 명랑함

집착(Clinging)

	황소자리		처녀자리
• **속성**_ 음, 흙, 감각, 고정		• **속성**_ 음, 흙, 감각, 변통	
• **긍정**_ 안정, 자상함, 끈기, 물질, 다산, 풍요 • **부정**_ 태만, 불통, 고집, 과욕	황소자리	• **긍정**_ 섬세, 분별, 구별, 순결, 완벽, 겸손, 분석, 노동, 식생활, 건강 • **부정**_ 까칠, 결벽, 조심, 비판	처녀자리
• **긍정**_ 미(美), 사랑, 예술, 풍요 • **부정**_ 허영, 집착, 쾌락, 사치, 유혹, 안주	금성	• **긍정**_ 상상, 사고, 정보, 분석, 논리, 언어능력 • **부정**_ 피상, 허풍, 사기, 비판, 사기계약, 합리화	수성

금성+수성	• **긍정**_ 창조, 통합, 적응, 이해, 신뢰 • **부정**_ 이기주의, 서투름, 의사불분명
별자리+별	• **황소자리-수성**_ 둔한 행동에 예리한 말투, 현실적이지만 예술·원예·미각에 흥미 • **처녀자리-금성**_ 내향적, 비판적, 조심성, 사려 깊음, 절제된 감정과 미의식, 간섭과 참견을 일삼음

상류층의 우리(The Gilded Cage)

	황소자리		천칭자리
• **속성**_ 음, 흙, 감각, 고정		• **속성**_ 양, 공기, 사고, 활동	
• **긍정**_ 안정, 자상함, 끈기, 물질, 다산, 풍요 • **부정**_ 태만, 불통, 고집, 과욕	황소자리	• **긍정**_ 공평, 공정, 조화, 기회 • **부정**_ 낭비, 무책임, 기회주의	천칭자리
• **긍정**_ 미(美), 사랑, 예술, 풍요 • **부정**_ 허영, 집착, 쾌락, 사치, 유혹, 안주	금성	• **긍정**_ 미(美), 사랑, 예술, 풍요 • **부정**_ 허영, 집착, 쾌락, 사치, 유혹, 안주	금성

금성+금성	• **긍정**_ 미(美), 사랑, 예술, 풍요 • **부정**_ 허영, 집착, 쾌락, 사치, 유혹, 안주
별자리+별	• **황소자리-금성** ⇒ **품위획득**_ 안정적이고 지속적인 애정, 순종적, 소유욕이 강한, 자연과 예술을 사랑, 미식가, 육체적 매력 발산, 상냥·평온·가정적 • **천칭자리-금성** ⇒ **품위획득**_ 일·취미가 같은 사람을 좋아함, 에티켓 중시, 우아한 매력, 타인과 즐거운 관계 추구

꼭두각시(The Marionette)

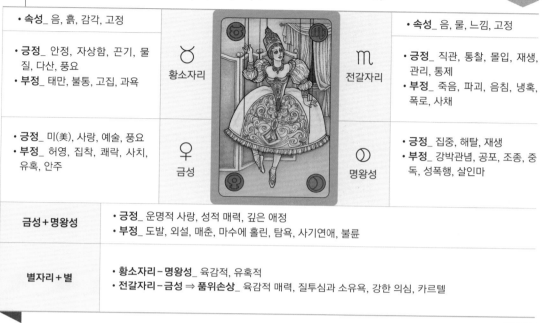

• **속성**_ 음, 흙, 감각, 고정	황소자리	전갈자리	• **속성**_ 음, 물, 느낌, 고정
• **긍정**_ 안정, 자상함, 끈기, 물질, 다산, 풍요 • **부정**_ 태만, 불통, 고집, 과욕	♉	♏	• **긍정**_ 직관, 통찰, 몰입, 재생, 관리, 통제 • **부정**_ 죽음, 파괴, 음침, 냉혹, 폭로, 사채
• **긍정**_ 미(美), 사랑, 예술, 풍요 • **부정**_ 허영, 집착, 쾌락, 사치, 유혹, 안주	♀ 금성	☽ 명왕성	• **긍정**_ 집중, 해탈, 재생 • **부정**_ 강박관념, 공포, 조종, 중독, 성폭행, 살인마

금성＋명왕성	• **긍정**_ 운명적 사랑, 성적 매력, 깊은 애정 • **부정**_ 도발, 외설, 매춘, 마수에 홀린, 탐욕, 사기연애, 불륜
별자리＋별	• **황소자리－명왕성**_ 육감적, 유혹적 • **전갈자리－금성** ⇒ **품위손상**_ 육감적 매력, 질투심과 소유욕, 강한 의심, 카르텔

물질과 영혼(Matter And Spirit)

• **속성**_ 음, 흙, 감각, 고정	황소자리	사수자리	• **속성**_ 양, 불, 직관, 변통
• **긍정**_ 안정, 자상함, 끈기, 물질, 다산, 풍요 • **부정**_ 태만, 불통, 고집, 과욕	♉	♐	• **긍정**_ 계획, 확장, 낙천, 진리, 종교, 철학, 공익, 지혜, 설득 • **부정**_ 독선, 변덕, 냉정, 위선, 투기, 찜
• **긍정**_ 미(美), 사랑, 예술, 풍요 • **부정**_ 허영, 집착, 쾌락, 사치, 유혹, 안주	♀ 금성	♃ 목성	• **긍정**_ 확장, 낙천, 포부, 박애, 종교, 철학, 도덕 • **부정**_ 교만, 위선, 회피, 무책임, 호언장담, 감성팔이, 은둔

금성＋목성	• **긍정**_ 깊은 애정, 풍부, 낙천, 관대, 행운, 사교 • **부정**_ 방탕, 낭비, 허영, 향락
별자리＋별	• **황소자리－목성**_ 실리적 노력과 성취, 목축·은행·상거래·건축 분야 적합, 돈을 쓰면 돈이 들어옴 • **사수자리－금성**_ 솔직한 애정표현, 담백함, 관대함, 철학적, 자유로운, 탐험심 풍부, 섬세함이 요구됨

창조에 대한 책임(Responsibility for Creation)

• **속성**_ 음, 흙, 감각, 고정	**황소자리** ♉	• **속성**_ 음, 흙, 감각, 활동
• **긍정**_ 안정, 자상함, 끈기, 물질, 다산, 풍요 • **부정**_ 태만, 불통, 고집, 과욕		**염소자리** ♑ • **긍정**_ 실천, 야심, 책임, 통제, 속죄, 완벽 • **부정**_ 권위, 독단, 무시, 경직, 냉정, 회의, 양면성, 고행
• **긍정**_ 미(美), 사랑, 예술, 풍요 • **부정**_ 허영, 집착, 쾌락, 사치, 유혹, 안주	**금성** ♀	**토성** ♄ • **긍정**_ 과묵, 신중, 인내, 절제, 노력 • **부정**_ 강박, 의심, 소심, 불평, 태만, 노쇠

금성+토성	• **긍정**_ 애정 지속, 충실, 정숙, 검약, 만혼 • **부정**_ 서툰 애정, 연애좌절, 재정결핍
별자리+별	• **황소자리-토성**_ 경제적 의존을 싫어함, 돈·재산이 없으면 불안함, 절약·검소한 돈관리, 강한 목적의식, 현실과 상식에 집착, 물질을 다루는 능력이 탁월 • **염소자리-금성**_ 사회적 야심, 진지·성실·안정, 연장자를 좋아함, 엄정한 매력, 이성에 대한 관심보다 직업적 관심이 우선

작별(The Farewell)

• **속성**_ 음, 흙, 감각, 고정	**황소자리** ♉	• **속성**_ 양, 공기, 사고, 고정
• **긍정**_ 안정, 자상함, 끈기, 물질, 다산, 풍요 • **부정**_ 태만, 불통, 고집, 과욕		**물병자리** ♒ • **긍정**_ 자유, 민주, 보편, 분배 • **부정**_ 일탈, 이기, 개인, 반항
• **긍정**_ 미(美), 사랑, 예술, 풍요 • **부정**_ 허영, 집착, 쾌락, 사치, 유혹, 안주	**금성** ♀	**천왕성** ♅ • **긍정**_ 자유, 해방, 민주, 독창, 혁명 • **부정**_ 돌발, 돌출, 일탈, 기이, 괴팍, 엉뚱함

금성+천왕성	• **긍정**_ 자유연애, 이국적, 참신한 매력, 활발, 전위예술 • **부정**_ 변태적 사랑, 짧은 애정, 바람기, 비도덕, 엉뚱함, 기묘함
별자리+별	• **황소자리-천왕성**_ 일반적이지 않은 돈 개념, 독창적인 실용주의, 인도주의적 경제관념과 개혁, 천왕성의 직관이 돈·물질에서 발휘됨 • **물병자리-금성**_ 민주·보편·진보, 예술적, 애정에 초연함

영혼의 정원(The Garden of Spirits)

	황소자리 ♉		물고기자리 ♓	
• **속성**_ 음, 흙, 감각, 고정				• **속성**_ 음, 물, 느낌, 변통
• **긍정**_ 안정, 자상함, 끈기, 물질, 다산, 풍요 • **부정**_ 태만, 불통, 고집, 과욕				• **긍정**_ 감성, 신비, 영매, 낭만, 희생, 구원, 신앙심, 분리 • **부정**_ 강박증, 오락, 망상, 타락
• **긍정**_ 미(美), 사랑, 예술, 풍요 • **부정**_ 허영, 집착, 쾌락, 사치, 유혹, 안주	♀ 금성		♆ 해왕성	• **긍정**_ 초월, 초월적인 미와 사랑, 감성, 이상, 속죄, 정화 • **부정**_ 예민, 망상, 몽상, 마취, 도취, 혼돈, 은둔, 도피, 거짓말
금성＋해왕성	• **긍정**_ 신비한 매력, 다정, 세심, 매력, 예술, 심미주의 • **부정**_ 문란한 애정, 방종, 해이, 탐닉, 나태			
별자리＋별	• **황소자리－해왕성**_ 돈·물질·자원을 비현실적으로 활용, 경제관념의 혼돈, 이상을 현실에 끌어들임 • **물고기자리－금성** ⇒ **기능항진**_ 연민·헌신, 음악·시에 대한 감수성, 의존적, 사기에 취약, 마조히즘 성향			

전략가(The Strategist)

	쌍둥이자리 ♊		처녀자리 ♍	
• **속성**_ 양, 공기, 사고, 변통				• **속성**_ 음, 흙, 감각, 변통
• **긍정**_ 지식, 소통, 교류, 재치, 결합, 계약, 메시지, 지각, 인식, 이해, 표현 • **부정**_ 산만, 불만, 조급, 권태				• **긍정**_ 섬세, 분별, 구별, 순결, 완벽, 겸손, 분석, 노동, 식생활, 건강 • **부정**_ 까칠, 결벽, 조심, 비판
• **긍정**_ 상상, 사고, 정보, 분석, 논리, 언어능력 • **부정**_ 피상, 허풍, 사기, 비판, 사기계약, 합리화	☿ 수성		☿ 수성	• **긍정**_ 상상, 사고, 정보, 분석, 논리, 언어능력 • **부정**_ 피상, 허풍, 사기, 비판, 사기계약, 합리화
수성＋수성	• **긍정**_ 상상, 사고, 정보, 분석, 논리, 계약, 언어능력 • **부정**_ 피상, 허풍, 사기, 합리화, 비판, 변덕			
별자리＋별	• **쌍둥이자리－수성** ⇒ **품위획득**_ 재치 있는 말솜씨, 다재다능, 편견·선입관 없는 이해력, 다방면 지식, 신경계통기능 발달, 여행과 정보수집 능력 • **처녀자리－수성** ⇒ **품위획득**_ 섬세하고 실무적, 숙련된 기술, 정리된 환경과 효율적인 일처리, 식이요법·위생·수학·의술 등 정밀한 작업 능력			

허영의 시장(Vanity Fair)

	♊ 쌍둥이 자리		♎ 천칭자리	
• **속성**_ 양, 공기, 사고, 변통			• **속성**_ 양, 공기, 사고, 활동	
• **긍정**_ 지식, 소통, 교류, 재치, 결합, 계약, 메시지, 지각, 인식, 이해, 표현 • **부정**_ 산만, 불만, 조급, 권태			• **긍정**_ 공평, 공정, 조화, 기회 • **부정**_ 낭비, 무책임, 기회주의	
	♀ 수성		♀ 금성	
• **긍정**_ 상상, 사고, 정보, 분석, 논리, 언어능력 • **부정**_ 피상, 허풍, 사기, 비판, 사기계약, 합리화			• **긍정**_ 미(美), 사랑, 예술, 풍요 • **부정**_ 허영, 집착, 쾌락, 사치, 유혹, 안주	

수성+금성	• **긍정**_ 창조, 통합, 적응, 이해, 신뢰 • **부정**_ 이기주의, 서투름, 의사불분명
별자리+별	• **쌍둥이자리-금성**_ 지적이고 유머 있는 멋쟁이, 바람기 다분함, 늘 가볍고 명랑한 기분, 한 가지일·사람에 집중력이 떨어짐 • **천칭자리-수성**_ 심리학에 대한 관심, 조화로운 관계와 우아한 말씨, 상담·중재·세일즈·협상, 공공업무 등에 적합

피리 부는 사람(The Pied Piper)

	♊ 쌍둥이 자리		♏ 전갈자리	
• **속성**_ 양, 공기, 사고, 변통			• **속성**_ 음, 물, 느낌, 고정	
• **긍정**_ 지식, 소통, 교류, 재치, 결합, 계약, 메시지, 지각, 인식, 이해, 표현 • **부정**_ 산만, 불만, 조급, 권태			• **긍정**_ 직관, 통찰, 몰입, 재생, 관리, 통제 • **부정**_ 죽음, 파괴, 음침, 냉혹, 폭로, 사채	
	♀ 수성		♇ 명왕성	
• **긍정**_ 상상, 사고, 정보, 분석, 논리, 언어능력 • **부정**_ 피상, 허풍, 사기, 비판, 사기계약, 합리화			• **긍정**_ 집중, 해탈, 재생 • **부정**_ 강박관념, 공포, 조종, 중독, 성폭행, 살인마	

수성+명왕성	• **긍정**_ 통찰, 탐사능력, 열성, 말을 잘함 • **부정**_ 빈정댐, 독설, 교활, 신랄
별자리+별	• **쌍둥이자리-명왕성**_ 질책, 지적질 • **전갈자리-수성**_ 예리한 통찰력, 언어표현 정확, 감정통제능력, 이성적, 객관적, 연구·조사 업무에 적합

스승과 제자(Master and Disciple)

• **속성**_ 양, 공기, 사고, 변통	♊ 쌍둥이 자리	• **속성**_ 양, 불, 직관, 변통
• **긍정**_ 지식, 소통, 교류, 재치, 결합, 계약, 메시지, 지각, 인식, 이해, 표현 • **부정**_ 산만, 불만, 조급, 권태		♐ 사수자리
		• **긍정**_ 계획, 확장, 낙천, 진리, 종교, 철학, 공익, 지혜, 설득 • **부정**_ 독선, 변덕, 냉정, 위선, 투기, 꾐
• **긍정**_ 상상, 사고, 정보, 분석, 논리, 언어능력 • **부정**_ 피상, 허풍, 사기, 비판, 사기계약, 합리화	☿ 수성	♃ 목성
		• **긍정**_ 확장, 낙천, 포부, 박애, 종교, 철학, 도덕 • **부정**_ 교만, 위선, 회피, 무책임, 호언장담, 감성팔이, 은둔

수성+목성	• **긍정**_ 관대, 예견, 철학, 창의, 공정 • **부정**_ 선입견, 호기심, 장황, 산만, 경솔, 위선
별자리+별	• **쌍둥이자리-목성** ⇒ **품위손상**_ 다양한 지적 호기심, 종교·철학·법률 등 추상적 개념의 강의나 설명에 능수능란함 • **사수자리-수성** ⇒ **품위손상**_ 종교·철학·법률·도덕관념 강함, 추상적·형이상학, 논리적, 외국여행이나 어학, 지식의 확대·전달·보급·확장에 능함

고난(Affliction)

• **속성**_ 양, 공기, 사고, 변통	♊ 쌍둥이 자리	• **속성**_ 음, 흙, 감각, 활동
• **긍정**_ 지식, 소통, 교류, 재치, 결합, 계약, 메시지, 지각, 인식, 이해, 표현 • **부정**_ 산만, 불만, 조급, 권태		♑ 염소자리
		• **긍정**_ 실천, 야심, 책임, 통제, 속죄, 완벽 • **부정**_ 권위, 독단, 무시, 경직, 냉정, 회의, 양면성, 고행
• **긍정**_ 상상, 사고, 정보, 분석, 논리, 언어능력 • **부정**_ 피상, 허풍, 사기, 비판, 사기계약, 합리화	☿ 수성	♄ 토성
		• **긍정**_ 과묵, 신중, 인내, 절제, 노력 • **부정**_ 강박, 의심, 소심, 불평, 태만, 노쇠

수성+토성	• **긍정**_ 계획, 실용, 정밀, 집중, 연구, 조직, 논리 • **부정**_ 의심, 경직, 까탈, 냉소, 여행·교육 장애
별자리+별	• **쌍둥이자리-토성**_ 구체적 사실과 수치를 다루는 일에 적합, 과학·연구·측량·계산·비교·검토·분석 분야에 적합, 의무나 책임으로 인한 여행, 모험적 아이디어보다는 안정과 정확성을 중시 • **염소자리-수성**_ 논리적, 명확성, 기억력 좋음, 조직적이며 실무적인 일처리, 계획의 현실화에 능함, 창조적 아이디어 부족

꿈꾸는 남자(Dreaming Johnny)

• **속성**_ 양, 공기, 사고, 변통	♊ 쌍둥이 자리		♒ 물병자리	• **속성**_ 양, 공기, 사고, 고정
• **긍정**_ 지식, 소통, 교류, 재치, 결합, 계약, 메시지, 지각, 인식, 이해, 표현 • **부정**_ 산만, 불만, 조급, 권태				• **긍정**_ 자유, 민주, 보편, 분배 • **부정**_ 일탈, 이기, 개인, 반항
• **긍정**_ 상상, 사고, 정보, 분석, 논리, 언어능력 • **부정**_ 피상, 허풍, 사기, 비판, 사기계약, 합리화	☿ 수성		⛢ 천왕성	• **긍정**_ 자유, 해방, 민주, 독창, 혁명 • **부정**_ 돌발, 돌출, 일탈, 기이, 괴팍, 엉뚱함
수성+천왕성	• **긍정**_ 독창, 직관, 즉흥, 재기, 발명 • **부정**_ 기괴, 전통 무시, 무례, 반항, 저항				
별자리+별	• **쌍둥이자리-천왕성**_ 전자공학·신정보·미래적 학문에 호기심, 교육·정보산업에 새로운 상상력을 주입, 사회참여적 이념 활성화를 위한 잦은 여행 • **물병자리-수성 ⇒ 기능항진**_ 이상주의적, 보편적, 참신한 아이디어, 정보·전자·과학 분야에 적합				

침묵(Silence)

• **속성**_ 양, 공기, 사고, 변통	♊ 쌍둥이 자리		♓ 물고기 자리	• **속성**_ 음, 물, 느낌, 변통
• **긍정**_ 지식, 소통, 교류, 재치, 결합, 계약, 메시지, 지각, 인식, 이해, 표현 • **부정**_ 산만, 불만, 조급, 권태				• **긍정**_ 감성, 신비, 영매, 낭만, 희생, 구원, 신앙심, 분리 • **부정**_ 강박증, 오락, 망상, 타락
• **긍정**_ 상상, 사고, 정보, 분석, 논리, 언어능력 • **부정**_ 피상, 허풍, 사기, 비판, 사기계약, 합리화	☿ 수성		♆ 해왕성	• **긍정**_ 초월, 초월적인 미와 사랑, 감성, 이상, 속죄, 정화 • **부정**_ 예민, 망상, 몽상, 마취, 도취, 혼돈, 은둔, 도피, 거짓말
수성+해왕성	• **긍정**_ 상상, 시적, 예술, 판타지 • **부정**_ 기만, 해이, 신경쇠약, 불건전				
별자리+별	• **쌍둥이자리-해왕성**_ 풍부한 상상력, 깊은 생각을 모호하게 전달, 텔레파시·영적에너지·팬터마임으로 의사소통 • **물고기자리-수성 ⇒ 품위손상**_ 강한 감수성, 직관력, 환영·환상에 관심, 창조적 상상력, 시인·예술가·배우 등의 분야에 적합				

일상적인 관계(Everyday Life in The Relationship)

	처녀자리 (♍)	천칭자리 (♎)	
• **속성**_ 음, 흙, 감각, 변동			• **속성**_ 양, 공기, 사고, 활동
• **긍정**_ 섬세, 분별, 구별, 순결, 완벽, 겸손, 분석, 노동, 식생활, 건강 • **부정**_ 까칠, 결벽, 조심, 비판			• **긍정**_ 공평, 공정, 조화, 기회 • **부정**_ 낭비, 무책임, 기회주의
	수성 (☿)	금성 (♀)	
• **긍정**_ 상상, 사고, 정보, 분석, 논리, 언어능력 • **부정**_ 피상, 허풍, 사기, 비판, 사기계약, 합리화			• **긍정**_ 미(美), 사랑, 예술, 풍요 • **부정**_ 허영, 집착, 쾌락, 사치, 유혹, 안주

수성+금성	• **긍정**_ 창조, 통합, 적응, 이해, 신뢰 • **부정**_ 이기주의, 서투름, 의사불분명
별자리+별	• **처녀자리-금성** ⇒ **기능저하**_ 내향적, 비판적, 소심스럽고 사려 깊음, 절제된 미의식, 감정통제 능력, 남에 대한 간섭과 잔소리 • **천칭자리-수성**_ 심리학에 대한 관심, 조화로운 관계와 우아한 말씨, 상담·중재·세일즈·협상, 공공업무 등에 적합

자책(Castigation)

	처녀자리 (♍)	전갈자리 (♏)	
• **속성**_ 음, 흙, 감각, 변동			• **속성**_ 음, 물, 느낌, 고정
• **긍정**_ 섬세, 분별, 구별, 순결, 완벽, 겸손, 분석, 노동, 식생활, 건강 • **부정**_ 까칠, 결벽, 조심, 비판			• **긍정**_ 직관, 통찰, 몰입, 재생, 관리, 통제 • **부정**_ 죽음, 파괴, 음침, 냉혹, 폭로, 사채
	수성 (☿)	명왕성 (♇)	
• **긍정**_ 상상, 사고, 정보, 분석, 논리, 언어능력 • **부정**_ 피상, 허풍, 사기, 비판, 사기계약, 합리화			• **긍정**_ 집중, 해탈, 재생 • **부정**_ 강박관념, 공포, 조종, 중독, 성폭행, 살인마

수성+명왕성	• **긍정**_ 통찰, 탐지수사력, 열성 • **부정**_ 신랄, 명령, 빈정, 독설, 심문, 교활
별자리+별	• **처녀자리-명왕성**_ 죽음과 삶의 기로, 강성한 종교(중세)의 몰락, 죽음을 초월한 세계의 비밀이 차츰 밝혀짐 • **전갈자리-수성**_ 예리한 통찰력, 언어표현 정확, 감정통제능력, 이성적, 객관적, 연구·조사 업무에 적합

종교재판(The Inquisition)

	처녀자리 ♍		사수자리 ♐	

- **속성_** 음, 흙, 감각, 변통

- **긍정_** 섬세, 분별, 구별, 순결, 완벽, 겸손, 분석, 노동, 식생활, 건강
- **부정_** 까칠, 결벽, 조심, 비판

처녀자리 ♍

사수자리 ♐

- **속성_** 양, 불, 직관, 변통

- **긍정_** 계획, 확장, 낙천, 진리, 종교, 철학, 공익, 지혜, 설득
- **부정_** 독선, 변덕, 냉정, 위선, 투기, 찜

- **긍정_** 상상, 사고, 정보, 분석, 논리, 언어능력
- **부정_** 피상, 허풍, 사기, 비판, 사기계약, 합리화

수성 ☿

목성 ♃

- **긍정_** 확장, 낙천, 포부, 박애, 종교, 철학, 도덕
- **부정_** 교만, 위선, 회피, 무책임, 호언장담, 감성팔이, 은둔

수성+목성	• **긍정_** 관대, 예견, 철학, 창의, 공정 • **부정_** 선입견, 호기심, 장황, 산만, 경솔, 위선
별자리+별	• **처녀자리−목성_** 체계적 지식, 정신적 스트레스, 신앙에 대한 회의, 세부적인 일을 하나로 정리하는 능력, 컴퓨터·마이크로회로·기술장비 생산분야에 적합 • **사수자리−수성 ⇒ 기능저하_** 종교·철학·법률·도덕관념 강함, 추상적·형이상학·논리적, 외국여행이나 어학, 지식의 확대·전달·보급·확장에 능함

공포(Fear)

- **속성_** 음, 흙, 감각, 변통

- **긍정_** 섬세, 분별, 구별, 순결, 완벽, 겸손, 분석, 노동, 식생활, 건강
- **부정_** 까칠, 결벽, 조심, 비판

처녀자리 ♍

염소자리 ♑

- **속성_** 음, 흙, 감각, 활동

- **긍정_** 실천, 야심, 책임, 통제, 속죄, 완벽
- **부정_** 권위, 독단, 무시, 경직, 냉정, 회의, 양면성, 고행

- **긍정_** 상상, 사고, 정보, 분석, 논리, 언어능력
- **부정_** 피상, 허풍, 사기, 비판, 사기계약, 합리화

수성 ☿

토성 ♄

- **긍정_** 과묵, 신중, 인내, 절제, 노력
- **부정_** 강박, 의심, 소심, 불평, 태만, 노쇠

수성+토성	• **긍정_** 계획, 실용, 정밀, 집중, 연구, 조직, 논리 • **부정_** 의심, 경직, 까탈, 냉소, 여행·교육 장애
별자리+별	• **처녀자리−토성_** 정신적 안정감, 청렴결백, 정확성, 명확성, 사리분별력, 자타에 대한 인식 능력, 긍정·개성·자유·즐거움이 요구됨 • **염소자리−수성_** 논리적, 명확성, 기억력 좋음, 조직적이며 실무적인 일처리, 계획의 현실화에 능함, 창조적 아이디어 부족

퓨리스(Furies)

• **속성_** 음, 흙, 감각, 변통	♍︎ 처녀자리		♒︎ 물병자리	• **속성_** 양, 공기, 사고, 고정

• **긍정_** 섬세, 분별, 구별, 순결, 완벽, 겸손, 분석, 노동, 식생활, 건강 • **부정_** 까칠, 결벽, 조심, 비판	♍︎ 처녀자리	♒︎ 물병자리	• **긍정_** 자유, 민주, 보편, 분배 • **부정_** 일탈, 이기, 개인, 반항
• **긍정_** 상상, 사고, 정보, 분석, 논리, 언어능력 • **부정_** 피상, 허풍, 사기, 비판, 사기계약, 합리화	☿ 수성	⛢ 천왕성	• **긍정_** 자유, 해방, 민주, 독창, 혁명 • **부정_** 돌발, 돌출, 일탈, 기이, 괴팍, 엉뚱함

수성＋천왕성	• **긍정_** 독창, 직관, 즉흥, 재기, 발명 • **부정_** 기괴, 전통 무시, 무례, 반항, 저항
별자리＋별	• **처녀자리 – 천왕성_** 건강·식이요법·위생 분야의 개혁, 응용과학·컴퓨터·전기전자공학 분야에 적합 • **물병자리 – 수성** ⇒ **기능항진_** 이상주의적, 보편적, 참신한 아이디어, 정보·전자·과학 분야에 적합

속임수(Deception)

• **속성_** 음, 흙, 감각, 변통	♍︎ 처녀자리		♓︎ 물고기자리	• **속성_** 음, 물, 느낌, 변통

• **긍정_** 섬세, 분별, 구별, 순결, 완벽, 겸손, 분석, 노동, 식생활, 건강 • **부정_** 까칠, 결벽, 조심, 비판	♍︎ 처녀자리	♓︎ 물고기자리	• **긍정_** 감성, 신비, 영매, 낭만, 희생, 구원, 신앙심, 분리 • **부정_** 강박증, 오락, 망상, 타락
• **긍정_** 상상, 사고, 정보, 분석, 논리, 언어능력 • **부정_** 피상, 허풍, 사기, 비판, 사기계약, 합리화	☿ 수성	♆ 해왕성	• **긍정_** 초월, 초월적인 미와 사랑, 감성, 이상, 속죄, 정화 • **부정_** 예민, 망상, 몽상, 마취, 도취, 혼돈, 은둔, 도피, 거짓말

수성＋해왕성	• **긍정_** 상상, 시적, 예술, 판타지 • **부정_** 기만, 해이, 신경쇠약, 불건전
별자리＋별	• **처녀자리 – 해왕성** ⇒ **품위손상_** 불가지론·무신론, 노동의 이상주의, 심령에 대한 현실 적용 혹은 그에 대한 비판, 신체화(정신과 신체 상관성 질환) • **물고기자리 – 수성** ⇒ **품위손상_** 강한 감수성, 직관력, 환영·환상에 관심, 창조적 상상력, 시인·예술가·배우 등에 적합

재앙(Disaster)

	천칭자리		전갈자리	
• **속성**_ 양, 공기, 사고, 활동	♎︎		♏︎	• **속성**_ 음, 물, 느낌, 고정
• **긍정**_ 공평, 공정, 조화, 기회 • **부정**_ 낭비, 무책임, 기회주의				• **긍정**_ 직관, 통찰, 몰입, 재생, 관리, 통제 • **부정**_ 죽음, 파괴, 음침, 냉혹, 폭로, 사채
• **긍정**_ 미(美), 사랑, 예술, 풍요 • **부정**_ 허영, 집착, 쾌락, 사치, 유혹, 안주	♀ 금성		♇ 명왕성	• **긍정**_ 집중, 해탈, 재생 • **부정**_ 강박관념, 공포, 조종, 중독, 성폭행, 살인마

금성＋명왕성	• **긍정**_ 운명적 사랑, 성적 매력, 깊은 애정 • **부정**_ 도발, 외설, 사기연애, 매춘, 불륜, 마수에 홀린, 탐욕
별자리＋별	• **천칭자리－명왕성**_ 남녀·부부 평등주의, 수평적 파트너십 • **전갈자리－금성 ⇒ 품위손상**_ 육감적 매력, 질투심과 소유욕, 강한 의심, 카르텔

믿음(The Symbolon)

	천칭자리		사수자리	
• **속성**_ 양, 공기, 사고, 활동	♎︎		♐︎	• **속성**_ 양, 불, 직관, 변통
• **긍정**_ 공평, 공정, 조화, 기회 • **부정**_ 낭비, 무책임, 기회주의				• **긍정**_ 계획, 확장, 낙천, 진리, 종교, 철학, 공익, 지혜, 설득 • **부정**_ 독선, 변덕, 냉정, 위선, 투기, 찜
• **긍정**_ 미(美), 사랑, 예술, 풍요 • **부정**_ 허영, 집착, 쾌락, 사치, 유혹, 안주	♀ 금성		♃ 목성	• **긍정**_ 확장, 낙천, 포부, 박애, 종교, 철학, 도덕 • **부정**_ 교만, 위선, 회피, 무책임, 호언장담, 감성팔이, 은둔

금성＋목성	• **긍정**_ 깊은 애정, 풍부, 사교, 낙천, 관대, 행운 • **부정**_ 방탕, 낭비, 허영, 향락
별자리＋별	• **천칭자리－목성**_ 인간관계·대인관계를 통한 성장, 균형과 조화에 의한 지혜, 타인에 대한 지나친 기대나 인정욕구가 있음 • **사수자리－금성**_ 솔직한 애정표현, 담백함, 관대함, 철학적, 자유로운, 탐험심 풍부, 섬세함이 요구됨

슬픔(Sadness)

• **속성**_ 양, 공기, 사고, 활동	♎︎ 천칭자리	• **속성**_ 음, 흙, 감각, 활동
• **긍정**_ 공평, 공정, 조화, 기회 • **부정**_ 낭비, 무책임, 기회주의		• **긍정**_ 실천, 야심, 책임, 통제, 속죄, 완벽 • **부정**_ 권위, 독단, 무시, 경직, 냉정, 회의, 양면성, 고행 ♑︎ 염소자리
• **긍정**_ 미(美), 사랑, 예술, 풍요 • **부정**_ 허영, 집착, 쾌락, 사치, 유혹, 안주 ♀ 금성		• **긍정**_ 과묵, 신중, 인내, 절제, 노력 • **부정**_ 강박, 의심, 소심, 불평, 태만, 노쇠 ♄ 토성

금성＋토성	• **긍정**_ 애정 지속, 충실, 정숙, 검약, 만혼 • **부정**_ 서툰 애정, 애정좌절, 재정결핍
별자리＋별	• **천칭자리－토성 ⇒ 기능항진**_ 공정함에 대한 신뢰 추구, 심은 대로 거둔다는 개념, 타인에 대한 책임 과 의무 수행, 미(美)·예술·과학·법률·정치외교 분야 적합 • **염소자리－금성**_ 사회적 야심, 진지·성실·안정, 연장자를 좋아함, 엄정한 매력, 이성에 대한 관심보 다 직업적 관심이 우선

이별(Separation)

• **속성**_ 양, 공기, 사고, 활동	♎︎ 천칭자리	• **속성**_ 양, 공기, 사고, 고정
• **긍정**_ 공평, 공정, 조화, 기회 • **부정**_ 낭비, 무책임, 기회주의		• **긍정**_ 자유, 민주, 보편, 분배 • **부정**_ 일탈, 이기, 개인, 반항 ♒︎ 물병자리
• **긍정**_ 미(美), 사랑, 예술, 풍요 • **부정**_ 허영, 집착, 쾌락, 사치, 유혹, 안주 ♀ 금성		• **긍정**_ 자유, 해방, 민주, 독창, 혁명 • **부정**_ 돌발, 돌출, 일탈, 기이, 괴팍, 엉뚱함 ♅ 천왕성

금성＋천왕성	• **긍정**_ 자유연애, 이국적, 참신한 매력, 활발, 전위예술 • **부정**_ 변태적 사랑, 짧은 애정, 바람기, 비도덕, 엉뚱함, 기묘함
별자리＋별	• **천칭자리－천왕성**_ 부부·파트너와의 관계에서 책임과 의무보다 자유 중시, 대인관계·파트너와 직 관적인 소통, 전기·전자를 활용한 예술 • **물병자리－금성**_ 민주·보편·진보, 예술적, 애정에 초연함

왕의 두 자녀(The King's Two Children)

• **속성**_ 양, 공기, 사고, 활동	**♎︎** 천칭자리	• **속성**_ 음, 물, 느낌, 변통
• **긍정**_ 공평, 공정, 조화, 기회 • **부정**_ 낭비, 무책임, 기회주의		**♓︎** 물고기자리
		• **긍정**_ 감성, 신비, 영매, 낭만, 희생, 구원, 신앙심, 분리 • **부정**_ 강박증, 오락, 망상, 타락
• **긍정**_ 미(美), 사랑, 예술, 풍요 • **부정**_ 허영, 집착, 쾌락, 사치, 유혹, 안주	**♀** 금성	**♆** 해왕성
		• **긍정**_ 초월, 초월적인 미와 사랑, 감성, 이상, 속죄, 정화 • **부정**_ 예민, 망상, 몽상, 마취, 도취, 혼돈, 은둔, 도피, 거짓말

금성＋해왕성	• **긍정**_ 신비한 매력, 다정, 세심, 매력, 예술, 심미주의 • **부정**_ 문란한 애정, 방종, 해이, 탐닉, 나태
별자리＋별	• **천칭자리–해왕성**_ 인종차별 또는 남녀평등에 관심, 결혼에 대한 불명확한 태도, 타인에 대한 환상, 타인의 매력에 쉽게 감응 • **물고기자리–금성** ⇒ **기능항진**_ 연민·헌신, 음악·시에 대한 감수성, 의존적, 사기에 취약, 마조히즘적

광신도(The Black Mass)

• **속성**_ 음, 물, 느낌, 고정	**♏︎** 전갈자리	• **속성**_ 양, 불, 직관, 변통
• **긍정**_ 직관, 통찰, 몰입, 재생, 관리, 통제 • **부정**_ 죽음, 파괴, 음침, 냉혹, 폭로, 사채		**♐︎** 사수자리
		• **긍정**_ 계획, 확장, 낙천, 진리, 종교, 철학, 공익, 지혜, 설득 • **부정**_ 독선, 변덕, 냉정, 위선, 투기, 찜
• **긍정**_ 집중, 해탈, 재생 • **부정**_ 강박관념, 공포, 조종, 중독, 성폭행, 살인마	**♇** 명왕성	**♃** 목성
		• **긍정**_ 확장, 낙천, 포부, 박애, 종교, 철학, 도덕 • **부정**_ 교만, 위선, 회피, 무책임, 호언장담, 감성팔이, 은둔

명왕성＋목성	• **긍정**_ 비의적인 힘, 통찰력, 정신강화, 생산, 탐구 • **부정**_ 고집, 오만, 모독, 반역, 낭비, 과욕
별자리＋별	• **전갈자리–목성**_ 천연자원·지하자원의 실용화, 첨단기술·유전공학·화학·공해·심리학 분야에 적합, 사업적 성공과 부의 축적에 대한 예리한 안목과 직관 • **사수자리–명왕성**_ 새로운 사상·패러다임이나 철학의 도래, 원거리 여행, 외국인이나 이교도에 대한 태도 변화, 이 시기 출생자는 연금술적 종교에 관심 있음

우울(Depression)

	전갈자리 ♏		염소자리 ♑	
• **속성_** 음, 물, 느낌, 고정				• **속성_** 음, 흙, 감각, 활동
• **긍정_** 직관, 통찰, 몰입, 재생, 관리, 통제 • **부정_** 죽음, 파괴, 음침, 냉혹, 폭로, 사채				• **긍정_** 실천, 야심, 책임, 통제, 속죄, 완벽 • **부정_** 권위, 독단, 무시, 경직, 냉정, 회의, 양면성, 고행
• **긍정_** 집중, 해탈, 재생 • **부정_** 강박관념, 공포, 조종, 중독, 성폭행, 살인마	명왕성 ☽		토성 ♄	• **긍정_** 과묵, 신중, 인내, 절제, 노력 • **부정_** 강박, 의심, 소심, 불평, 태만, 노쇠

명왕성+토성	• **긍정_** 계획통제, 자제, 금욕, 신뢰, 지속, 투지 • **부정_** 위압, 준엄, 회유 불가, 의심, 탐욕, 냉혹
별자리+별	• **전갈자리-토성_** 냉정하고 심오해서 이해 불가, 금권주의, 광산·유전·폐기물·생산업체 투자·조사·탐구 분야 적합 • **염소자리-명왕성_** 교도행정 분야, 성기능 장애

불사조(The Phoenix)

	전갈자리 ♏		물병자리 ♒	
• **속성_** 음, 물, 느낌, 고정				• **속성_** 양, 공기, 사고, 고정
• **긍정_** 직관, 통찰, 몰입, 재생, 관리, 통제 • **부정_** 죽음, 파괴, 음침, 냉혹, 폭로, 사채				• **긍정_** 자유, 민주, 보편, 분배 • **부정_** 일탈, 이기, 개인, 반항
• **긍정_** 집중, 해탈, 재생 • **부정_** 강박관념, 공포, 조종, 중독, 성폭행, 살인마	명왕성 ☽		천왕성 ♅	• **긍정_** 자유, 해방, 민주, 독창, 혁명 • **부정_** 돌발, 돌출, 일탈, 기이, 괴팍, 엉뚱함

명왕성+천왕성	• **긍정_** 바로잡음, 도화선, 개혁 • **부정_** 무정부, 핵분열, 파괴
별자리+별	• **전갈자리-천왕성 ⇒ 기능항진_** 역사적 대변혁을 상징, 강렬한 감정과 단호한 행동력 • **물병자리-명왕성_** 최첨단 아이디어, 환골탈퇴, 오래된 문제가 풀리는

거짓된 후광(The False Halo)

• **속성**_ 음, 물, 느낌, 고정	♏︎ 전갈자리	♓︎ 물고기 자리	• **속성**_ 음, 물, 느낌, 변통
• **긍정**_ 직관, 통찰, 몰입, 재생, 관리, 통제 • **부정**_ 죽음, 파괴, 음침, 냉혹, 폭로, 사채			• **긍정**_ 감성, 신비, 영매, 낭만, 희생, 구원, 신앙심, 분리 • **부정**_ 강박증, 오락, 망상, 타락
• **긍정**_ 집중, 해탈, 재생 • **부정**_ 강박관념, 공포, 조종, 중독, 성폭행, 살인마	☽ 명왕성	♆ 해왕성	• **긍정**_ 초월, 초월적인 미와 사랑, 감성, 이상, 속죄, 정화 • **부정**_ 예민, 망상, 몽상, 마취, 도취, 혼돈, 은둔, 도피, 거짓말

명왕성＋해왕성	• **긍정**_ 죽음과 부활, 속죄, 초월, 진액 추출 • **부정**_ 부패, 분해, 소멸, 절멸
별자리＋별	• **전갈자리–해왕성**_ 영적인 재생이나 생사의 신비 체험, 성(性)에 대한 도덕심 해이와 그에 따른 질병 유발 • **물고기자리–명왕성**_ 점성학이나 종교 분야에 적합, 명상가

고해(Confession)

• **속성**_ 양, 불, 직관, 변통	♐︎ 사수자리	♑︎ 염소자리	• **속성**_ 음, 흙, 감각, 활동
• **긍정**_ 계획, 확장, 낙천, 진리, 종교, 철학, 공익, 지혜, 설득 • **부정**_ 죽음, 파괴, 음침, 냉혹, 폭로, 사채			• **긍정**_ 실천, 야심, 책임, 통제, 속죄, 완벽 • **부정**_ 권위, 독단, 무시, 경직, 냉정, 회의, 양면성, 고행
• **긍정**_ 확장, 낙천, 포부, 박애, 종교, 철학, 도덕 • **부정**_ 교만, 위선, 회피, 무책임, 호언장담, 감성팔이, 은둔	♃ 목성	♄ 토성	• **긍정**_ 과묵, 신중, 인내, 절제, 노력 • **부정**_ 강박, 의심, 소심, 불평, 태만, 노쇠

목성＋토성	• **긍정**_ 계획, 조직력, 야심, 준법, 현명, 권위 • **부정**_ 일관성 없음, 조울, 편협, 재능 상실, 투자 손실
별자리＋별	• **사수자리–토성**_ 장기적인 성장 추구, 목적에 대한 깊은 통찰, 관리능력, 원칙에 충실, 완고하고 절제 있는 도덕적인 사람 • **염소자리–목성 ⇒ 기능저하**_ 성실과 신중, 세속적 성장·성공, 정치외교·행정·대기업 등 조직분야 적합, 경제성과 무절제의 딜레마

양자도약(The Quantum Leap)

• **속성**_ 양, 불, 직관, 변통	♐ 사수자리	• **속성**_ 양, 공기, 사고, 고정
• **긍정**_ 계획, 확장, 낙천, 진리, 종교, 철학, 공익, 지혜, 설득 • **부정**_ 죽음, 파괴, 음침, 냉혹, 폭로, 사채		• **긍정**_ 자유, 민주, 보편, 분배 • **부정**_ 일탈, 이기, 개인, 반항 ♒ 물병자리
• **긍정**_ 확장, 낙천, 포부, 박애, 종교, 철학, 도덕 • **부정**_ 교만, 위선, 회피, 무책임, 호언장담, 감성팔이, 은둔	♃ 목성	• **긍정**_ 자유, 해방, 민주, 독창, 혁명 • **부정**_ 돌발, 돌출, 일탈, 기이, 괴팍, 엉뚱함 ⛢ 천왕성
목성+천왕성	• **긍정**_ 새로운 기회, 평등, 신비교, 진보 • **부정**_ 비상식, 무분별, 비실무, 불연속	
별자리+별	• **사수자리–천왕성**_ 과학·오컬트를 이용한 종교 탄생, 새로운 교육법 제시, 원거리 여행, 외국문화에 관심 • **물병자리–목성**_ 폭넓은 견해로 새로운 인식 유형 도출, 진보적 민주정치, 복지와 자선이나 사회과학 분야 또는 미래·우주과학 분야 적합	

피티아(Pythia)

• **속성**_ 양, 불, 직관, 변통	♐ 사수자리	• **속성**_ 음, 물, 느낌, 변통
• **긍정**_ 계획, 확장, 낙천, 진리, 종교, 철학, 공익, 지혜, 설득 • **부정**_ 죽음, 파괴, 음침, 냉혹, 폭로, 사채		• **긍정**_ 감성, 신비, 영매, 낭만, 희생, 구원, 신앙심, 분리 • **부정**_ 강박증, 오락, 망상, 타락 ♓ 물고기자리
• **긍정**_ 확장, 낙천, 포부, 박애, 종교, 철학, 도덕 • **부정**_ 교만, 위선, 회피, 무책임, 호언장담, 감성팔이, 은둔	♃ 목성	• **긍정**_ 초월, 초월적인 미와 사랑, 감성, 이상, 속죄, 정화 • **부정**_ 예민, 망상, 몽상, 마취, 도취, 혼돈, 은둔, 도피, 거짓말 ♆ 해왕성
목성+해왕성	• **긍정**_ 초월, 이상, 명상, 연민, 경건 • **부정**_ 도피, 미신, 몽상, 방종, 사기, 손실	
별자리+별	• **사수자리–해왕성**_ 신비주의 종교, 정신적 가치의 혼란, 외국여행을 통한 정신적 성숙, 사상교류 • **물고기자리–목성**_ 자비·연민, 포용력, 상상력·유머·과장, 판타지에 대한 믿음, 지나친 기대를 경계해야 함	

감금(Captivity)

• **속성**_ 음, 흙, 감각, 활동	♑︎ 염소자리	• **속성**_ 양, 공기, 사고, 고정
• **긍정**_ 실천, 야심, 책임, 통제, 속죄, 완벽 • **부정**_ 권위, 독단, 무시, 경직, 냉정, 회의, 양면성, 고행		♒︎ 물병자리 • **긍정**_ 자유, 민주, 보편, 분배 • **부정**_ 일탈, 이기, 개인, 반항
• **긍정**_ 과묵, 신중, 인내, 절제, 노력 • **부정**_ 강박, 의심, 소심, 불평, 태만, 노쇠	♄ 토성	☉ 천왕성 • **긍정**_ 자유, 해방, 민주, 독창, 혁명 • **부정**_ 돌발, 돌출, 일탈, 기이, 괴팍, 엉뚱함

토성 + 천왕성	• **긍정**_ 근본의 변화, 발명, 체계, 효율 • **부정**_ 발작, 모반, 무법, 만성, 완고
별자리 + 별	• **염소자리 – 천왕성**_ 정치개혁에 대한 열망, 미래의 안전 확보를 위한 비전 제시, 지나친 사회적 성공 욕구 • **물병자리 – 토성**_ 자유를 향한 투쟁, 인도주의, 과학적 자질

운명의 여신(Moira)

• **속성**_ 음, 흙, 감각, 활동	♑︎ 염소자리	• **속성**_ 음, 물, 느낌, 변통
• **긍정**_ 실천, 야심, 책임, 통제, 속죄, 완벽 • **부정**_ 권위, 독단, 무시, 경직, 냉정, 회의, 양면성, 고행		♓︎ 물고기 자리 • **긍정**_ 감성, 신비, 영매, 낭만, 희생, 구원, 신앙심, 분리 • **부정**_ 강박증, 오락, 망상, 타락
• **긍정**_ 과묵, 신중, 인내, 절제, 노력 • **부정**_ 강박, 의심, 소심, 불평, 태만, 노쇠	♄ 토성	♆ 해왕성 • **긍정**_ 초월, 초월적인 미와 사랑, 감성, 이상, 속죄, 정화 • **부정**_ 예민, 망상, 몽상, 마취, 도취, 혼돈, 은둔, 도피, 거짓말

토성 + 해왕성	• **긍정**_ 영적 수행, 현실, 이상, 사색 • **부정**_ 무의식적 갈등과 공포, 감금, 억류, 열등감, 은둔
별자리 + 별	• **염소자리 – 해왕성**_ 정치체제의 혼돈, 현실에 영감·영적인 사고의 적용이 요구됨, 영적 책임과 의무가 요구됨 • **물고기자리 – 토성**_ 카르마·조상에 의한 속박 또는 불행, 물을 형태화하는 것과 같은 어려움, 헌신·관대, 자신에 대한 연민과 도피의 용기가 요구됨

성배의 질문(The Question of The Grail)

	물병자리 ≈		물고기 자리 ⊬	
• **속성**_ 양, 공기, 사고, 고정				• **속성**_ 음, 물, 느낌, 변통
• **긍정**_ 자유, 민주, 보편, 분배 • **부정**_ 일탈, 이기, 개인, 반항				• **긍정**_ 감성, 신비, 영매, 낭만, 희생, 구원, 신앙심, 분리 • **부정**_ 강박증, 오락, 망상, 타락
• **긍정**_ 자유, 해방, 민주, 독창, 혁명 • **부정**_ 돌발, 돌출, 일탈, 기이, 괴팍, 엉뚱함	천왕성 ⊙		해왕성 ♆	• **긍정**_ 초월, 초월적인 미와 사랑, 감성, 이상, 속죄, 정화 • **부정**_ 예민, 망상, 몽상, 마취, 도취, 혼돈, 은둔, 도피, 거짓말

천왕성＋해왕성	• **긍정**_ 초지각, 형이상학, 박애 • **부정**_ 기괴, 환상, 혼란
별자리＋별	• **물병자리－해왕성**_ 직관과 영감이 탁월, 사해동포애 • **물고기자리－천왕성**_ 무의식에 대한 과학적 관심, 과거의 영향력에서 탈피 욕구, 이상주의자

하우스와 행성의 관계적 의미

앞에서 심볼론 카드 78장에 나타난 별자리와 별(행성)의 관계적 의미를 살펴보았다면, 지금부터는 각 카드에 담긴 점성학적 의미 중에서 하우스와 행성의 관계적 의미를 설명한다. 아래 소개하는 12하우스의 키센텐스(Key sentence)는 하우스와 행성의 관계를 대각선으로 조합해서 읽은 결과임을 알아두기 바란다.

심볼론 카드는 하우스와 행성의 관계를 적시하고 있지 않다. 하지만 필자는 하우스와 행성의 관계를 이해함으로써 두 가지 장점이 있다고 보았다. 첫째, 정통점성술에서는 하우스와 행성의 관계적 의미를 따지므로 점성학을 활용하는 사람은 이를 심볼론 카드 상담에 활용할 수 있고, 또한 점성학의 기초를 미리 공부하는 기회도 된다. 둘째, 하우스와 행성의 관계적 의미를 통해 우리가 기본으로 활용하는 별자리와 행성의 관계적 의미를 비교해봄으로써 점성학적 키워드 활용에 대한 이해와 의식을 확장해볼 수 있다.

그럼 하우스와 행성의 관계적 의미란 과연 무엇일까? 정통점성학에서는 늘 별자리와 행성이 순환하여 움직이기 때문에 둘의 관계가 가변적이다. 예를 들어, 한 사람이 태어난 시각을 나타내는 천궁도를 보면 아래와 같이 별과 행성이 다르게 표시될 수 있다.

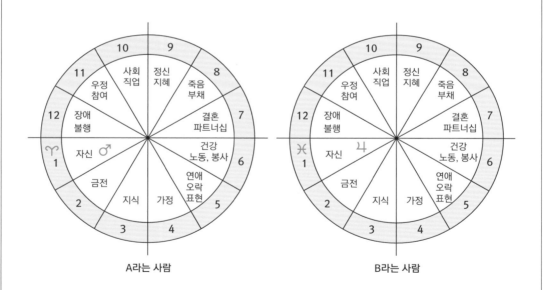

A라는 사람　　　　　　　　　　　　B라는 사람

하지만 중요한 것은 1하우스라는 위치와 그 하우스에 설정된 주제는 바뀌지 않고 고정되어 있다는 점이다. 예를 들어, A라는 사람은 자신을 나타내는 1하우스에 양자리와 화성이 나와 있다. 따라서 그 사람의 성격(자신)은 양자리에 화성이다. 하지만 B라는 사람은 1하우스에 물고기자리와 목성이 있다. 따라서 그 사람의 성격(자신) 역시 물고기자리에 목성이다.

그런데 심볼론 카드에는 하우스가 적시되어 있지 않다. 따라서 '별자리를 하우스로 대체'하고, 그 하우스에 어떤 행성이 들어가 있으며 하우스의 주제에 따라 그 행성이 어떤 역할을 하는지를 살피는 것으로 대신할 수 있다. 물론 별자리를 하우스로 간주(대체)하기 때문에 주제는 하우스에 맞게 달라진다. 이해하기 쉽도록 다음 카드를 보면서 별자리를 하우스로 대체하는 방법을 설명하고자 한다.

1번 전사 카드

A

13번 반항 카드

B

A의 1번 전사 카드를 보면 양자리가 나와 있다. 양자리는 기본 설정에서 1하우스이므로, 1하우스에 화성이 들어간 것으로 판단하고 다음 12하우스 차트에서 해당 센텐스를 활용하면 된다. 1번 전사 카드의 의미를 차트에서 찾아보면, 1하우스에 화성은 다음과 같이

서술되어 있다. 하우스와 그 하우스에 들어간 행성의 관계적 의미가 이 카드의 의미를 잘 대변해주고 있는 듯하다.

1하우스(자신)	
화 성	행동이 앞서며, 때론 무모하다. 독립적이고 개척적이지만 자신의 영역을 침범하는 것을 허용하지 않는다. 초년기에 환경이 불안정하고 고생을 많이 한다.

B의 13번 반항 카드는 게자리와 양자리 모두 2개의 별자리가 나와 있는데, 게자리는 4하우스로 대체하고, 양자리는 1하우스로 대체하면 된다. 여기서 주목할 점은 필자의 경우 하우스와 행성의 관계를 살필 때 서로 대각선의 관계를 중심으로 본다는 것이다. 왜냐하면 수직으로 보면 자기 하우스에 자기 행성이 들어와 있는 모양으로, 메이저 카드 12장이 이미 그 역할을 하고 있기 때문이다. 13번 반항 카드의 의미를 아래 차트에서 찾을 때는 4하우스에 화성과 1하우스에 달을 찾으면 된다. 그에 대한 서술은 아래와 같다.

4하우스(가정)	
화 성	안정된 주거환경을 정착시키는 데 많은 에너지가 소모된다. 가족 간의 불화가 잦고 스스로 분쟁을 초래하기도 하는데, 사람들을 초대해놓고 기분 나쁘게 만든다.

1하우스(자신)	
달	애정결핍이 염려되며, 감성적이고 정서적으로 불안정해 보일 수 있다. 하지만 타인과의 관계에서 공감적이고 수용적이며, 호감을 산다.

어떤가? 위의 두 센텐스를 통해 아이가 집을 뛰쳐나오는 상황이 충분히 이해되지 않는가? 물론 엄밀히 말해 전통점성술에서는 이렇게 단순한 조합만으로 모든 의미가 정해지는 것은 아니지만, 심볼론 카드가 궁극적으로 원하는 것은 점성술이 아니라 점성술이 가진 기호의 의미임을 명심하기 바란다. 여기 소개하는 내용은 심볼론 카드를 배우고자 하는 사람들이 알아도 좋고 몰라도 좋다. 하지만 필자는 한 가지라도 더 알면 좀 더 폭넓은 상담언어를 구사할 수 있다는 신념에서 이 장을 마련했음을 밝혀둔다.

1하우스(자신)	
태 양	주체적이면서 운명을 극복하려는 의지가 강하고, 독립심이 강하다.
달	애정결핍이 염려되며, 감성적이고 정서적으로 불안정해 보일 수 있다. 하지만 타인과의 관계에서 공감적이고 수용적이며, 호감을 산다.
수 성	사교적이고 지적인 관심이 많다. 자신의 생각을 잘 표현하며, 중재자나 대리인의 역할에 능숙하다. 남에게 약삭빠르게 보이는 점을 조심해야 한다.
금 성	소유욕이 강하며, 원하면 꼭 소유하는 능력이 있다. 상대에게 물질적으로 봉사하고 싶어하며, 세련되고 예술적이며 교양이 있다. 멋진 외모를 가진 사람들이 많다.
화 성	행동이 앞서며, 때론 무모하다. 독립적이고 개척적이지만 자신의 영역을 침범하는 것을 허용하지 않는다. 초년기에 환경이 불안정하고 고생을 많이 한다.
목 성	정신적 지도력과 리더십이 강하다. 선견지명이 있으며, 신념이 강하고 명랑하고 낙천적이라서 행운도 따른다. 확장력과 목표의식이 지나친 것을 경계해야 한다.
토 성	초년기에는 불안정한 가정환경 때문에 가장 노릇을 해야 해서 진지하고 냉정하며, 책임감과 의무감이 강하다. 자제력은 강하지만, 융통성이 없고 원칙적이다.
천왕성	개성이 강하고 진보적이라 때론 과격하며 독창적인 생각이나 주장을 펼친다. 자유를 지향하지만, 지나치면 개인주의나 이기주의로 비칠 수 있다.
해왕성	의존적이라 주체성에 혼란을 느낀다. 강한 자를 쫓으므로 신앙이나 사상에 몰입한다. 감수성이 풍부하고 불안과 공상이 많아 도피적이며 신비 체험을 추구한다.
명왕성	타인에 대한 배타성이 강하며, 관례나 원칙을 무시하는 경향이 있어 검은 세력과 결탁하거나 폭력을 해결책으로 자주 사용한다. 큰돈을 소유하고 싶어한다.
2하우스(금전)	
태 양	유산복이 좋고, 금전관리능력이 좋다. 안정되고 풍요로운 가정을 꾸리기 위해 노력하며, 효율적으로 지출하지만 때론 지나친 소비로 보일 수도 있다.
달	땅이나 음식과 관련된 수입이 많지만, 재물의 변동이 잦다. 물과 관련되거나 정치 또는 대중을 상대하는 직업이 많다. 감성적이라서 미술품 골동품을 좋아한다.
수 성	중개능력이 탁월하고 상업적 능력이 좋다. 특히 말과 글로 된 정보를 잘 이용해 돈을 번다. 고급정보(또는 책)를 수집하거나 그것을 위해 돈을 지출하는 경우가 많다.
금 성	금성의 자기력으로 원하는 것을 쉽게 얻는다. 예술과 육체 그리고 사치와 관련된 것들에 관심이 많고, 안정된 투자처나 부동산에서 수입을 얻는다.

화 성	돈을 벌기 위해 많은 에너지를 쏟지만 인내심이 약한 게 흠이다. 재물을 쌓는 능력도 약하지만, 지키는 능력도 약해 한 방에 다 날리기도 한다.
목 성	기회포착을 잘하고 느긋하게 큰 부(富)를 쌓는다. 여행이나 투기, 천연자원 개발로 큰 수익을 내기도 한다.
토 성	가난을 두려워하여 재물에 집착하며 인색하다. 타인에게서 구두쇠라는 소리를 들을 수 있다.
천왕성	재물에 집착하지 않는다. 그래서 종종 투기에도 뛰어들지만 이익이 나도 관심이 적다.
해왕성	재물이 아무리 많아도 잘 새어 나간다. 때때로 기부나 봉사에 크고 작은 돈을 지출하기도 한다. 따라서 투기나 투자를 조심해야 한다.
명왕성	돈에 대한 집착과 강박을 보인다. 불법적인 투기나 투자 또는 천연자원이나 연구소 같은 곳에서 큰 수익을 창출한다.

3하우스 (지식)	
태 양	교육에 관심이 많아 주변 사람과 지식과 정보를 활발히 교환한다. 지속적인 교육의 힘으로 모든 주제에 대해 명확하고 분명하며 논리적인 사실이나 주장을 드러낸다.
달	과거의 지식, 즉 역사학, 고고학, 철학 등에 관심이 많으며, 감성적이라 신문, 광고, 통계 분야에 어울린다. 친화적이어서 사람들과 잘 어울리고, 여행을 좋아한다.
수 성	재치와 언변이 뛰어나 실무능력이 좋고 다재다능하다. 때론 자신의 능력을 과신하여 깊이 사고하지 않는 경향도 있고, 출장이 잦아 부평초처럼 떠도는 인생을 살기도 한다.
금 성	예술과 취미에 관심이 많고 작은 일에서 행복을 느낀다. 따라서 박물관이나 관광지를 찾아 여행하거나, 그것들에 관해 서로 대화하는 교육이나 세미나를 즐긴다.
화 성	지식이나 정보 또는 교육에 많은 에너지를 바친다. 자신의 주장을 강하게 드러내거나 관철시키며, 비판이나 논쟁을 두려워하지 않는다.
목 성	모든 지식과 정보를 동원해 세련되고 논리적으로 말하는 능력이 있어 유능한 강사나 학자가 많다. 그런 능력으로 사람들에게 호감을 얻거나 후원자를 얻는다.
토 성	전통적인 지식을 존중하고 고된 학업을 통한 교육을 선호한다. 학업은 느리지만, 장기적이며 지속적으로 발전한다. 학업을 위해 은둔하기도 한다.
천왕성	호기심이 많고 전통적인 학업보다는 자신만의 독특한 학습법을 고수한다. 그로 인해 비약적인 성취를 이루기도 하고, 엉뚱한 결과를 얻기도 한다.
해왕성	직관적으로 지식을 습득하며 영감을 얻기도 하지만, 타인에게 비논리적이고 산만하게 비칠 수도 있다. 초월적인 세계와 접촉을 시도하는 경우도 있다.

명왕성	삶과 죽음을 초월하는 지식을 선호한다. 직업으로는 저널리스트, 정신분석가, 최면술사, 프로파일러, 핵물리학 등이 어울린다. 종종 영리한 사이코패스도 있다.

4하우스(가정)

태 양	가족이나 가문 또는 운명공동체에 관심이 많다. 자신의 혈연에 대한 지식이 많으며, 그들을 보호하려는 마음도 강하다. 요식업, 숙박업, 부동산 등의 분야를 선호한다.
달	주거환경의 안정에 집착하기 때문에 대저택을 소유하기도 한다. 정신적으로 어머니의 영향이 크게 작용하며, 과거의 주거(고택이나 골동품 등)에 대한 집착이 강하다.
수 성	교육적인 환경의 집, 즉 대학가나 학원가를 선호한다. 일상에 필요한 지식에 관심이 많아 요리나 집수리 등의 기술도 뛰어나다.
금 성	아름답고 예술적인 주거환경을 선호한다. 친절하고 손님을 초대하길 즐기며, 파티플래너의 기질을 충분히 지니고 있다.
화 성	안정된 주거환경을 정착시키는 데 많은 에너지가 소모된다. 가족 간의 불화가 잦고 스스로 분쟁을 초래하기도 하는데, 사람들을 초대해놓고 기분 나쁘게 만든다.
목 성	넓고 큰 주거환경을 소유하면서도 가족은 행복하고 인격적인 분위기를 유지한다. 개인적인 행복은 물론이고 주변의 공동체와도 잘 어울린다.
토 성	그다지 행복하고 인격적인 주거환경은 아니지만, 타인에게 인정받고 싶은 욕구가 강하다. 매우 보수적이며 선생 노릇을 즐기고, 융통성이 약하다.
천왕성	전통을 거스르는 주거환경이 많다. 가정이나 공동체에 묶이는 걸 싫어하고 자유롭게 살길 원한다.
해왕성	경제적인 불안정이 주거환경의 불안정으로 연결되기도 한다. 즉, 전세나 월세, 친척집, 난민수용소, 요양원, 기도원 등에서 늘 주거의 불안을 느끼는 경향이 있다.
명왕성	조용해 보이지만 언제 터질지 모르는 폭탄을 안고 사는 주거환경이다. 가족 중에서 누군가 큰 병에 걸렸을 수도 있고, 집을 담보로 많은 채무를 지고 있을 수도 있다.

5하우스(연예·오락·표현)

태 양	무대에서 왕처럼 중심이 되어 칭찬과 사랑을 독차지하고 싶은 욕망이 강하다. 개성이 넘치고 창조적이며, 자신의 꿈을 자식을 통해 이루려고 하기도 한다.
달	타고난 감성과 예술적인 끼로 주변 사람들을 매혹하는 능력이 있지만, 자신이 의지를 갖지 않는 이상 그 끼가 잘 드러나거나 꽃필 수 없다.
수 성	타인에게 지적인 매력으로 자신을 드러내고자 한다. 위인을 곧잘 인용하고 유명인의 후광효과를 보려고 하므로 유명인의 책사나 참모, 매니저 등도 잘 어울린다.

금 성	타인의 기호와 성향을 본능적으로 맞출 수 있는 능력이 있다. 밝고 상냥하며 세련되고 교양이 있다. 예술 문화 사업 분야에 잘 어울린다.
화 성	연예, 오락, 스포츠, 경주 등은 그를 매우 흥분시키고 즐겁게 한다. 특히 인정받을 때 더욱 열정적으로 변한다. 지나친 열정은 통제를 필요로 한다.
목 성	인격적으로 일하거나 행동하기 때문에 특권의 위치를 누린다. 사회에 공헌하고 공명심이 강하며, 정치, 종교, 교육 등에 관심이 많고, 연예와 오락도 잘 즐긴다.
토 성	엄격하고 냉정하여 자기 표현이 서툴거나, 그것에 매우 스트레스를 느낀다. 권위만큼 인기를 끌기가 어렵다. 목적 없는 연예나 오락은 불필요하게 느낀다.
천왕성	독자적이며 독특한 오락을 만들어내거나 즐긴다. 단체에서 규율을 무너뜨리고 개인주의 성향을 드러내기도 한다.
해왕성	영화, 연극, 나이트클럽, 무도회, 카지노 등 다양한 오락에 흥미를 느끼며, 지나친 환상과 환영 때문에 마약이나 변태적 성경험을 갖기도 한다.
명왕성	연예와 오락에 사치스런 지출을 하거나 불법적인 오락에 빠질 수 있다. 하지만 에너지를 긍정적으로 쓰면 예술, 요가, 심리 분야에서 탁월함을 드러낸다.
6하우스(건강·노동·봉사)	
태 양	일을 진행하면서 분석, 효율, 질서, 체계를 중요시하며, 자신의 능력에 대한 자부심이 강하다. 건강과 위생을 챙기며 완벽성을 중시한다.
달	섬세하고 분석적인 일, 위생이나 복지 분야에서 최고의 전문가이다. 공공장소의 질서나 가사도우미에 적합하다. 근심걱정이 많아 소화계통이 약하다.
수 성	분석적이라서 의료, 특수기술, 컴퓨터, 전기전자 등의 분야에 어울린다. 하지만 지나친 분석과 완벽함 추구는 강박성을 높인다.
금 성	어떤 일을 하든 미적 개념을 중요시한다. 물건에 대한 가치평가나 감식, 일에 대한 비판이나 비평, 간호나 보육, 그리고 봉사에 자질이 있다.
화 성	근면성실하지만 일을 완벽히 처리하려는 욕심 때문에 과로하기 쉽고, 부하직원과 충돌이 잦다. 위생설비, 군사시설, 자영업보다는 조직생활이 더 어울린다.
목 성	직업정신이 투철하다. 직장동료들과 화합을 위한 관리, 인사 등의 부서에 적합하다. 그들에게 직장은 경제적 원천이며 보람의 장이다.
토 성	일에 대한 책임감과 의무감이 강해 따분한 일(비서·경리·편집)에 강하다. 하지만 몸을 돌보지 못해 건강(우울·무기력·만성질병·체력고갈 등)이 염려된다.
천왕성	자기방식의 독특한 일(전기·항공·기계·프리랜서 등)이 어울린다. 신경계통에 건강문제가 생길 수 있다.

해왕성	체계적이거나 조직적인 직업 분야에서 어려움이 있고, 습관적이고 반복적인 노동을 싫어한다. 영화, 광고, 방송 등에 적합하다. 술과 약물에 관련된 질병에 약하다.
명왕성	직업과 관련하여 정신적, 육체적 문제가 있는 사람을 구해주거나 환경을 개선하는 역할이 좋다. 심리상담이나 노동환경관련 분야에 어울린다.

7하우스(결혼·파트너십)

태 양	타인과 타협적이며 균형적인 관계를 유지하려 애쓴다. 사람들과의 관계에서 중재력이 있고 사회적응력도 강하다. 종종 자신을 양보하거나 희생하기도 한다.
달	사회적으로나 인간적으로 인정받고 싶은 욕구가 있다. 따라서 수용적이며 공감적이다. 타인과의 관계에서 변화를 주도하기보다 변화에 적응한다.
수 성	자신과 코드가 맞는 소통상대를 찾는다. 따라서 파트너는 지적이며 민첩하고 다재다능하지만 안정감이 떨어진다. 또한 자신은 늘 상대보다 지적이길 바란다.
금 성	매력적이고 재능이 많은 배우자를 선호한다. 파트너에게 과도한 애정이나 부(富)를 기대하기도 한다. 결혼, 동업, 법적인 일로 재물복이나 행운이 따르기도 하다.
화 성	계약(부부·동업자)으로 인한 분쟁이 잦아 사교성이 필요하다. 또한 파트너가 트러블메이커일 확률이 높다. 경쟁력(법률가·군인·프로모터)이 강한 업무가 좋다.
목 성	신뢰감이 강해 결혼이나 동업으로 인한 보상이 따른다. 타인을 설득하는 능력이 강해 사회적, 재정적 이익을 취하기도 한다. 노력 이외의 행운도 따른다.
토 성	결혼에 소극적이거나 늦게 결혼할 수도 있지만, 결혼하면 운명으로 받아들이며 참고 견디며 배우자에게 충실하다.
천왕성	배우자나 파트너 또는 동업자가 외국인이나 이방인 혹은 기인이 될 수도 있다. 대인관계는 급작스럽고 즉흥적이며 불안정할 수 있다.
해왕성	결혼생활에 부정적이라 환멸을 느끼기 쉽다. 동정심과 연민에 빠지거나, 그것으로 자신의 아픔을 합리화한다. 때론 광적이며 이상적인 로맨스를 꿈꾸기도 한다.
명왕성	업보(카르마)처럼 결혼생활이 자신의 의지와 상관없이 흐를 수 있다. 배우자나 동업자와의 관계가 제3자에 의해 혼란에 빠질 수도 있다.

8하우스(죽음·부채)

태 양	사회적 기업에 관심을 갖고 보험, 금융, 증권, 연구소 등의 분야를 선호한다. 상속이나 유산을 받거나 또는 불로소득이 생길 수 있다.
달	사회의 비리를 개선하고자 하는 사회운동에 관심이 있으며, 사회운동과 관련된 공공기금을 담당할 수도 있다. 어머니에게서 유산이나 경제적 도움을 받는다.

수 성	사람의 심리나 삶의 근원적인 문제에 관심이 커서 철학이나 심리학을 선호한다. 주식, 통계, 소비심리 등 좀 더 심층적인 원인을 찾아 나서기도 한다.
금 성	재물과 성(性)에 대한 관심이 매우 커진다. 따라서 천연자원과 관련된 투자와 불법적인 투기에도 뛰어든다. 또한 결혼으로 인해 재정이 좋아지기도 한다.
화 성	깊이 파고드는 능력이 있어서 병리학자, 심리학자, 프로파일러, 병해충·지하탐사 전문가, 치과나 외과의사 등에 적합하다. 배우자의 재정손실이 우려된다.
목 성	경영에 뛰어난 자질이 있다. 첨단과학이나 재개발 업체 혹은 증권가에서 두각을 나타낼 수도 있으며, 미개발 분야에서 큰 성과를 가져올 수도 있다.
토 성	실패나 손실에 대한 두려움이 커서 투자나 지출을 절제한다. 죽음에 대한 두려움 때문에 사회생활이나 성생활도 기피한다. 유산복, 배우자복도 부정적이다.
천왕성	초월적인 신비주의에 관심이 크며, 첨단과학에 관심이 많고 또 그 분야에 적합하다. 금전문제로 성적인 비밀을 폭로하기도 한다. 유산복은 부정적이다.
해왕성	사기를 조심해야 한다. 성적 환상이 집착이나 폭행으로 이어질 수도 있다. 본능적인 욕구를 참고 심신을 수양하면 초월적인 체험을 경험할 수도 있다.
명왕성	천국에서 지옥 또는 지옥에서 천국을 체험하는 과정을 겪을 수 있다. 자신의 처지에서 환골탈태하거나 새롭게 태어나는 삶을 살 수도 있다.
9하우스(정신·지혜)	
태 양	선경지명을 갖게 되고 뚜렷한 인생관을 정립해 나간다. 폭넓게 사유하고 여행하며, 자신의 정립된 인생관이나 철학을 타인에게 피력하거나 관철시킨다.
달	현실에 안주하지 않고 자신의 관심분야를 끊임없이 확장해 나간다. 특히 교육을 통해 도덕심과 계몽적이며 이성적인 인간관을 만드는 데 힘쓴다.
수 성	지적인 탐구를 통해 타인을 설득하는 언어능력을 갖는다. 여행을 즐기며 외국어를 익히거나 통역가 또는 번역가가 되기도 한다.
금 성	다양하고 폭넓은 예술이나 문화를 탐닉하며 여행을 즐긴다. 또한 그것들로 인한 이익이 발생하거나 이익을 창출할 수도 있다.
화 성	종교, 철학, 법률에 관심이 크다. 지역을 초월하여 자신의 신념을 전파하려고 하지만, 자칫 독선으로 보일 수도 있다. 지나친 계획이나 목표에 대한 분석이 필요하다.
목 성	삶을 긍정적으로 바라본다. 자신의 종교적 목적을 수행하기 위해 타인을 설득할 수 있는 능력이 있다. 원거리세일즈, 해외마케터, 강사, 프로모터 등이 어울린다.

토 성	종교, 교육, 사업 등의 분야에서 전통적·정통적 노선을 선호하기 때문에 융통성이 부족하다. 하지만 책임감과 의무감은 타인에게 인정받는다.
천왕성	모험적이며 독특한 기질이 있어서 신비주의나 이국적인 종교에 관심을 갖는다. 기존의 전통이나 관습에서 일탈하기도 한다.
해왕성	초월적인 정신세계에 관심이 많아 성자, 예언자, 순교자, 무당 등의 길을 가고자 할 수 있다. 지나치면 과대망상이나 무절제를 불러올 수 있다.
명왕성	깊은 사유로 정신적으로 큰 변혁을 가져올 수도 있지만, 알코올이나 약물에 탐닉하여 정신을 폐허로 만들 수도 있다.
10하우스(사회·직업)	
태 양	권력, 명예, 재력 등 사회적인 성공을 추구한다. 하지만 사회적인 일에 쏟는 에너지가 많아 배우자나 가정에는 소홀할 수도 있다.
달	권력, 명예, 재력 등을 얻을 수도 있지만, 일시에 잃을 수도 있다. 하지만 정치적인 분야나 인간의 욕망과 관련된 분야에서는 두각을 나타내기도 한다.
수 성	지식과 정보를 매개로 하는 섬세하고 분석적인 일에 어울리며, 비판과 비평능력이 있다. 특히 컴퓨터와 모바일과 관련된 일에서 이익을 창출하기도 한다.
금 성	외교, 패션, 예술, 연예, 방송 등의 일에 잘 어울리며, 그 분야에서 사람들의 인기를 얻을 수도 있다.
화 성	활동성과 추진력이 강해 사무적인 일보다는 군인, 운동선수, 이사 관련 등의 분야에 적합하다. 종종 지나친 책임감으로 과로하거나 심리적 스트레스가 생긴다.
목 성	선견지명이 있어서 다양한 분야에서 관리자가 많다. 금융이나 법률자문 또는 법인 재정과 관련된 분야에 어울린다. 종종 직업과 관련된 행운이 뒤따른다.
토 성	끈질긴 노력으로 성공한다. 책임과 의무를 지속하면 안정을 이루지만, 방심하면 갑자기 모든 것을 다 잃고 나락으로 떨어지기도 한다.
천왕성	독특하고 독립적인 일이 잘 어울린다. 일을 하면서 민첩성과 기발함이 장점이다. 항공, 전자, 방송 등의 분야에 어울린다.
해왕성	공적인 면과 사적인 면이 차이가 있으며, 사기나 배신을 당할 위험이 많다. 물(바다·석유·향수 등)과 관련되거나 서비스업(술집·나이트클럽·영화)이 어울린다.
명왕성	검은 세력과 결탁할 수 있으며, 하극상이나 혁명으로 기존 체제를 뒤집을 수도 있다. 신비주의, 심리치료, 지하자원, 원자력 분야에 잘 어울린다.

11하우스(우정·참여)	
태 양	타인을 자기 편으로 만드는 능력이 있어 주변에 능력 있는 독지가나 친구들이 많다. 민주적이고 개방적이라서 정치, 사회, 오락 등의 분야에서 종종 책임자로 추대된다.
달	타인의 내면을 잘 이해하고 수용적이며 공익을 앞세우므로 사회적으로 인정받는다. 특히 여성들과 힘없는 처지에 있는 사람들의 지지가 두텁다.
수 성	다수의 단체에 가입하여 활동하며, 지적인 욕구를 만족시켜주는 사람들과 어울리기를 좋아한다. 자신과 다른 견해를 가진 타인을 존중할 줄 안다.
금 성	민주와 자유를 사랑하므로 타인을 존중하고, 그들의 요구를 센스 있게 충족해주므로 친구가 많고 관계가 두텁다. 예술과 문화활동을 즐긴다.
화 성	민주열사(또는 투사)와 같이 약한 자의 편에 서기를 좋아한다. 공명심과 정의감으로 기꺼이 자신을 희생한다. 하지만 때론 단합을 깨는 원인이 되기도 한다.
목 성	신뢰감으로 많은 지지자를 끌어모으는 능력이 있고, 기부와 자선에 적극적으로 참여한다. 정치나 사회적 활동에서 크게 성공을 거두는 편이다.
토 성	조직의 부담스런 일을 자청해서 도맡는 책임감과 의무감이 강하다. 하지만 자신의 업적을 과시하지 않기 때문에 친구들과의 관계도 두텁고 매우 오래 유지된다.
천왕성	자유롭고 진보적이며 민주적이다. 자발적이며 독특한 개성으로 사회운동에 가담한다. 지나친 이상주의나 친구관계를 추구해 현실성이 없다는 평가도 듣는다.
해왕성	비현실적인 신비주의자나 예술가 또는 사상가에게 끌린다. 하지만 그들과의 관계에서 딱히 이렇다 할 결과물이 나오지 않는 경우가 많다.
명왕성	사회개혁에 관심이 많다. 힘없고 약한 편에 서기를 좋아해 스스로 고난을 자초하기도 한다. 동료나 친구에게 자신의 속마음을 함부로 털어놓지 말아야 한다.
12하우스(장애·불행)	
태 양	노력만큼 결과가 따르지 않는다. 하지만 불평이 적고 편안함과 고독을 즐긴다. 봉사를 좋아하므로 양로원, 수도원, 형무소, 격리시설 등이 잘 어울린다.
달	감수성이 풍부하다. 남들이 해결해주지 못하는 자신만의 고독이나 아픔이 있다.
수 성	타인의 비밀을 잘 지킬 수 있어 심리상담가로 어울린다. 타인의 마음 속 문제들을 직관적으로 읽어내며, 모호한 문제를 분석하고 해결하는 능력이 있다.
금 성	비밀스런 애정관계에 빠지거나, 아니면 플라토닉한 사랑에 빠져 봉사에 에너지를 쏟을 수도 있다. 억압된 사랑을 하거나 금욕적인 환경에서 살아가기도 한다.

화 성	억눌린 욕구가 성(性)이나 폭력으로 왜곡되어 표출될 수 있다. 하지만 건설적으로만 이용한다면 자신의 일에 좋은 결과를 가져올 수도 있다.
목 성	비현실적이며 낭비벽이 심하다. 남의 조력으로 성공하기도 한다. 보상을 바라지 않고 하는 봉사는 뜻밖의 행운을 가져다주기도 한다.
토 성	내성적이라 은둔을 즐기며 불안함을 자주 느낀다. 하지만 자신의 문제들을 해결하기 위해서는 강한 정신적 수련이 요구된다.
천왕성	신비주의에 관심이 있지만, 자의식이 강해 운명에 반기를 들기도 한다.
해왕성	힘없고 약한 자를 위해 봉사한다. 신경이 예민해 만성질환을 앓거나 은거하여 긴 휴양을 갖는 경우가 종종 있다.
명왕성	사회적으로 소외된 계층과 관계를 맺기도 하는데, 때로는 그들을 이용하기도 하고 때로는 그들의 영웅이 되기도 한다. 종종 운둔하여 깊은 사유를 하기도 한다.

1. 점성학 활용 배열법

두 가지 배열법 중에서 상대를 특정하지 않고 혼자만의 문제를 볼 때는 3장 배열법, 고민하는 문제가 상대나 주변환경에 밀접한 영향을 받을 때는 피라미드 배열법이 선호된다.

① 3장 배열법

1. 질문을 받는다(물론 주제는 내담자가 정한다).
2. 카드를 스프레드하고, 뒤집어진 카드에서 왼손으로 3장을 무작위로 뽑게 한다.
3. 해석을 위해 카드에 문제의 원인, 문제해결방법, 최종 결과 순으로 주제 설정을 하고 차례대로 배열한다.

② 피라미드 배열법

1. 질문을 받는다(물론 주제는 내담자가 정한다).
2. 카드를 스프레드하고, 뒤집어진 카드에서 왼손으로 3장을 무작위로 뽑게 한다.
3. 해석을 위해 카드에 나, 상대(또는 주변환경), 현재 상황, 문제점(또는 장애물), 문제해결방법, 최종 결과 순으로 주제 설정을 하고 차례대로 배열한다.

3장 배열법

문제의 원인   문제해결방법   최종 결과

피라미드 배열법

최종 결과

문제점(또는 장애물)

문제해결방법

나

상대(또는 주변환경)

현재 상황

2. 3장 배열법 실전 사례

심볼론 카드의 점성학적 의미를 이용하는 실전 사례 몇 가지를 소개한다. 각각 질문(Q)과 대답(A) 그리고 피드백(F)으로 구성된다. 현실적으로 실전에서는 심볼론 카드 기획자가 제시한 심리적 근원, 즉 내면적 동기인 페르소나에 초점을 맞춘 질문들만 다루기는 어렵다. 애초에 내담자의 질문부터가 일상적인 길흉을 묻는 것들이 대부분이고, 타로샵은 내담자 한 사람 한 사람에게 진득하게 시간을 할애하기 어렵기 때문에, 심볼론 카드를 이용한 심리적 접근은 타로샵보다는 타로카드를 도구로 사용하는 심리상담소가 더 잘 어울릴지도 모른다. 따라서 필자는 현실의 길흉에 대한 질문들을 다루되, 되도록 내면의 페르소나에 초점을 맞추는 상담을 위해 노력한다는 사실을 먼저 밝혀둔다.

진 로 – 타 로 카 드   전 화 상 담

 요즘 타로를 많이 보잖아요. 타로카드를 배워서 전화상담을 시작하려고 하는데 어떨까요? (56세 여자)

문제의 원인

12번 천사 카드

문제해결방법

1번 전사 카드

최종 결과

67번 이별 카드

 먼저 문제의 원인 카드를 보면 당신은 (해왕성 때문에) 영적인 기질이 매우 강합니다. 그래서 타로카드로 전화상담을 하는 일이 잘 어울린다고 생각됩니다. 하지만 (물고기자리 때문에) 성격이 여리고 금전적인 욕심이 강하지 않아 끈기 있게 해나갈 수 있을지 의문입니다.

그래서인지 가운데 문제해결방법 카드가 보여주듯이 (화성처럼) 모든 것을 거는 (양자리처럼) 열정적이며 적극적인 일에 몰입하는 게 필요해 보입니다.

하지만 마지막 최종 결과 카드는 상대와의 조화, 즉 업체와의 관계(천칭자리)에 집중하지 못하거나(천왕성), 금전적인 욕망(금성)에서 자유로워서(물병자리) 그런지, 아니면 정당한 휴식을 원하거나 분배(물병자리)에 불만을 느껴서인지 상담일을 열심히 하진 않을 것 같아요.

 얼마 후 내담자는 전화상담을 시작했다고 알려왔다. 하지만 전적으로 매달려서 일하고 있진 않다고 했다.

진 로 – 사 주 공 부

 사주 공부를 하고 싶어요. 제가 잘할 수 있을까요? (48세 여자)

문제의 원인	문제해결방법	최종 결과

16번 양립불가 카드	49번 작별 카드	20번 므네모시네 카드

먼저 문제의 원인 카드를 보면 태양과 달이 있네요. 전세계의 달력이 보통 태양태음력을 쓰고 사주는 양력으로도 음력으로도 분석하는 것을 볼 때, 첫 번째 카드는 신기하게도 사주와 관련된 직접적인 상징이 있습니다.

재미있게도 마지막 최종 결과 카드 역시 달과 태양(목성은 제우스인데 신들의 제왕이라는 점에서 태양과 통함)이 그려져 있어요. 이것만으로도 당신은 사주나 역학에 관련이 있는 듯 보여요. 특히 달은 무의식, 즉 과거를 나타내는데, 그것은 근원적인 어떤 것을 찾는 의미가 있다고 할 수 있습니다.

그런데 중간의 문제해결방법 카드를 보면 (황소자리-천왕성 때문에) 뭔가를 안정적으로 시작하기에는 주위환경이 좀 불안해 보여요. 혹시 남편이 계시다면 사주공부에 금전적인(금성) 뒷받침이(물병자리의 분배와 이기) 별로 안 될 것 같아요.

다시 처음으로 돌아가서 문제의 원인 카드를 보면 서로가 손은 맞잡고 있지만 바라보는 곳이 달라요. 혹시 남편이 사주공부를 반대하나요? 그리고 마지막 최종 결과 카드의 사수자리가 단번에 끝내는 게 아니라 아주 긴 여정이 필요하다고 하네요. 아마 당장은 공부를 못한다고 할지라도 사주공부의 끈을 놓아서는 안 돼요.

내담자는 단시간 내에 공부를 본격적으로 시작하고 싶은 마음이 있었지만 오래 걸린다는 말에 현재는 공부를 시작하지 않고 있다고 했다. 그것보다 더 큰 문제가 있는데, 남편이 돈을 벌어오라고는 하지만 도와주는 것 없이 "왜 무당도 아니고 사주를 하나?"며 속을 긁는다고 했다.

승 진 가 능 성

남편이 승진할 수 있을까요? 승진할 수 있는 첫 기회거든요. 후보는 5명인데 몇 명을 뽑을지는 몰라요. 이번 경쟁자들이 장난이 아니거든요. (31세 여자)

문제의 원인

문제해결방법

최종 결과

30번 행운 카드

71번 불사조 카드

3번 중재자 카드

먼저 문제의 원인 카드는 자기 확신(사자자리와 태양)이 너무 강해 보여요. (사자는 거만하기 때문에) 이럴 때일수록 주위 사람들에게 겸손하게 행동하거나, 평가자들의 눈을 의식해야 해요. 하지만 이 카드를 전체적으로 보면 이미 행운(사수자리와 목성)이 깃든 것으로 보여요. 고행에 대한 보상을 받을 듯한 카드군요. 여기서 행운이라는 해석은 타로고수의 초월적인 관점인데, 뒤에 나오는 71번 카드와 3번 카드에 각각 부활과 계약(문서)이 나온 것이 행운의 느낌을 강하게 만드는 것 같아요.

중간에 문제해결방법 카드를 보면, 자신을 죽여야(전갈자리) 새로 태어난다고 말하고 있네요. 마지막까지 회사에서 희생하는(전갈자리) 모습을 보여야 해요. 상처난 자리에 딱지가 앉듯이 그 자리에 깃털이 돋아날 거예요. 그러니 무식할 정도로 자신의 이익(천왕성)을 외면하세요. 군말 없이 일에 매달리되(천왕성의 과로), 독창성(천왕성)을 발휘해야 해요.

마지막 최종 결과 카드는 그림에서 보다시피 계약서(수성)를 들고 있네요.

몇 주 후 내담자가 남편이 승진했다고 알려왔다. "이번에 회사에서 승진율을 작년의 60%로 낮춰서 심지어 재수 삼수하는 대리도 떨어졌대요, 글쎄. 5명 중에 3명이 뽑혔는데 그 중에 우리 남편도 끼었다는 거 아녜요."

현재 저는 싱글이고 결혼을 생각하고 있는 남자가 있는데, 우리 두 사람의 관계가 앞으로 어떻게 될까요? (44세 여자)

문제의 원인	문제해결방법	최종 결과

33번 후퇴 카드	23번 잠자는 미녀 카드	11번 광대 카드

 결과부터 말하면 결혼은 힘들 것 같아요. 어쩌면 남자가 홀연히(천왕성) 떠나버릴 수도 있다고 보여요. 그런 측면에서 볼 때, 첫 번째 문제의 원인 카드는 자신만의(사자자리) 몽상(해왕성)에 빠져 있다고 할 수도 있을 것 같아요. 남자가 당신을 좋아한다고 느끼는 거죠.

가운데 문제해결방법 카드를 보면, 당신은 그 남자에게 무의식적으로(달) 집착하고(해왕성) 있다고 보여요.

그러고 보면 최종 결과 카드가 보여주는 것처럼, 그 남자는 얽매이는 것을 싫어하는(천왕성) 자유로운 사람이면서, 남들이 잘 예측하지 못하는(천왕성) 성격이라서 갑자기 사라질 수도 있어요. (천왕성의 똘기를 생각하면) 지금 보이는 모습이 전부가 아닐 것 같아요.

 이후 내담자는 자기 혼자 결혼을 생각했었고, 남자는 둘 사이를 깊게 생각하지 않아서 결혼까지 이루어지지 않았다고 알려왔다.

아들과의 합가

 남편과 사별 후 혼자 살고 있습니다. 미혼인 아들이 결혼 후 같이 살자고 하는데 어떨까요? (60세 여자)

문제의 원인	문제해결방법	최종 결과

27번 병든 왕 카드	4번 어머니 카드	56번 꿈꾸는 남자 카드

 결과부터 말하면, 소탐대실이 될 수 있다고 보이네요. 마지막 최종 결과 카드를 보면 나비에게 한눈을 팔다가 강으로 추락하게 생겼어요. 물론 자식과 함께 살면 여러 가지 장점이 있겠지만, (수성의 정보를 볼 때) 깊이 생각하지 않고 대충 판단해 살림을 합치면 생각하지 못한(천왕성) 사건사고를 당하게 되거나, 문제가 갑자기 튀어나오게(물병자리와 천왕성) 될 수도 있다고 카드는 말하네요.

첫 번째 문제의 원인 카드로 돌아오면, 문제의 원인은 어쩌면 자식에 대한 애정이나, 그 애정이 지나쳐서(처녀자리-태양) 결혼 후에도 (처녀자리는 엄마의 챙김이므로) 아들을 돌봐야 한다는 생각 때문은 아닌지 묻고 싶네요. 아니면 자식과 살면 자신의(사자자리와 태양) 건강을 잘 챙겨줄지도(처녀자리) 모른다고 판단하는지도 모르겠군요.

가운데 문제해결방법 카드를 보면 당신은 자식에게 헌신적인 모성(게자리와 달)이 너무나 강하거나, 엄마로서 자식에게 쏟은 헌신(게자리)을 보상받고 싶어하는 마음이 있는지도 모르겠네요. 만약 문제의 원인 카드가 당신의 헌신에 대해 자식의 관심과 보살핌을 보상으로 받고 싶어서

(사자자리-수성은 대접받고 싶은 전략을 의미하므로) 꾀병을 부리는 걸 의미한다면, 최종 결과 카드는 그것이 문제가 되어 오히려 두 사람의 관계가 힘들어지거나, 소통(쌍둥이자리)이 단절될 (물병자리와 천왕성) 수도 있다고 보이네요.

 내담자는 다음처럼 고백해왔다. "제가 남편이 없고 아들이 하나이다보니 어디 의지할 데가 없잖 습니까. 병원도 혼자 다녀야 되고, 목욕탕에도 혼자 다녀야 하는데 길눈도 어둡고, 요즘은 깜박 깜박 하다보니 자식하고 살면 안 된다는 걸 알면서도……. 그것도 그렇지만, 같이 살면 손자도 봐줘야 할 것 같고 내 인생도 자유롭지 못할 것 같아서, 선생님 말씀대로 그냥 자유롭게 혼자 살 아야 할 것 같습니다."

3. 피라미드 배열법 실전사례

심볼론 카드는 한 장 한 장에 다양한 키워드가 숨어 있기 때문에, 여러 장의 카드를 뽑아 다양한 배열법으로 상담하기가 매우 부담스럽다. 피라미드 배열법은 3장 배열법과 함께 실전에서 가장 많이 활용하는 배열법이다. 3장 배열법이 문제를 간파하기 쉽고 주제를 효과적으로 전달하는 데 매우 용이하지만, 실전에서는 단조로움을 피하는 것도 영업전략 이다보니 새로운 배열법이 만들어지기도 한다. 실전에서 가장 좋은 배열법은 필요에 맞 게 자신이 직접 만든 배열법이다. 물론 이렇게까지 할 수 있으려면 많은 경험이 선행되어 야 한다.

피라미드 배열법은 심볼론의 애초 목적에서 좀 변형된 방법으로, 내면의 페르소나보 다 스토리(이야기) 흐름에 중심을 두고 상담하는 배열법이다. 물론 여기에도 문제해결방 법이라고 설정된 카드가 있긴 하지만, '내면을 직시하라'보다 '당면한 문제를 해결하라' 에 초점을 둔다.

피라미드 배열법은 사건의 연속적인 흐름을 읽어야 하고, 앞에서 나온 점성학 기호 (별자리든 행성이든 상관없이)가 다음 카드에 다시 뜨는지를 눈여겨보는 게 좋다. 앞에서 나온 카드가 뒤에 다시 나온다면 그것은 문제의 원인이 되거나 아니면 내담자의 문제를 악화시키거나 해결할 수 있는 중요한 근거가 될 수 있기 때문이다.

연애남의 속마음

Q 저는 싱글인데 갑자기 대시하는 남자가 있어요. 그 남자는 어떤 마음일까요? 잘생기진 않았지만 은근히 매력남이라 경계심이 들면서도 자꾸 신경이 쓰여요. (44세 여자)

최종 결과

38번 흡혈귀 카드

문제점(또는 장애물)   문제해결방법

41번 골칫덩이 카드   55번 고난 카드

나   상대(또는 주변환경)   현재 상황

11번 광대 카드   2번 연인 카드   1번 전사 카드

먼저 넓게 보면, 첫 번째 나 카드와 네 번째 문제점 카드에 물병자리가 있어요. 물병자리는 속성상 권력지향에서 보편지향으로, 중심에서 변두리로 나아가는데, 정신적인 주체성은 강할 수 있지만 자칫 물결이 번져가는 것처럼 공감과 공유라는 감정을 안고 개인보다 타인을 위해 자신을 희생시킬 수도 있어요. 특히 천왕성의 돌출적이거나 일탈적인 일들, 예를 들어 상대에 대한 갑작스런 몰입은 커다란 불안을 가중시키지요.

그런데 그런 우려가 현실로 드러나듯이 마지막 최종 결과 카드가 무시무시한 흡혈귀군요. 카드에 나타난 전갈자리가 그렇듯이 그 남자는 매우 성적인 카리스마를 가진 것 같아요. 전갈자리의 화성 남자는 아마도 여자의 내면보다 성적 유희에 초점을 둘 확률이 높다고 봐야겠죠. 다시 말하면, 나 카드와 문제점 카드는 그림에서 보다시피 피에로예요. 피에로가 문제점 카드에 나왔는데 나 카드에 다시 나왔기 때문에, 문제점의 피에로는 나와 연관이 있는 거죠. 피에로는 페이소스를 나타내기 때문에 '난 웃지만 속은 아파요'라고 말해요. 하지만 마지막 최종 결과 카드의 흡혈귀는 남을 조종하는 데 노련하며 익숙하죠. 그러니 이 3장의 카드가 이 만남의 불행한 미래를 암시한다고 보는 거죠.

내가 피에로라면, 상대 카드의 남자는 매우 패셔너블하면서 트렌디한 감각(금성)의 소유자이며, 남들이 볼 때 돈(금성)도 있는 것 같아요. 게다가 자상해(황소자리) 보이기까지 하지요. 그러니 인기남이겠죠.

세 번째 현재 상황 카드를 보면 지금 매우 저돌적인데, 이 모습은 당신의 모습일 수도 있고, 그 남자의 모습일 수도 있어요. 하지만 제가 볼 때, 그 사람은 전갈자리와 황소자리의 속성을 가진 듯해서 뭔가 서두르지 않고 기다리는 것처럼 느껴져요. 물론 먼저 대시를 한 쪽은 그 남자이지만, 마음을 빼앗긴 건 당신이라고 느껴져요. 그러니까 현재 상황 카드의 화성은 그 남자의 계략일 수도 있지만, 당신의 흔들리는 모습처럼 느껴지는 거죠.

또한 이 카드의 양자리와 화성은 마지막 최종 결과 카드에서도 볼 수 있는데, 이것은 그 남자에 대한 당신의 본능적인 이끌림이 결국 전갈의 독에 노출될 것 같은 불안감을 줘요. 그래서인지 다섯 번째 문제해결방법 카드를 보면, 날렵하기로 유명한 헤르메스가 정체기를 겪고 있어요. 이것을 보면 그 남자에 대한 정보(수성)가 부족하다거나, 그 남자와의 관계를 절뚝거리듯 조금 지연시킬 필요가 있어 보여요.

상담 한 달 이후 내담자가 연락을 해왔는데, 남자가 좋은 의도로 만나자고 하는 게 아닌 것 같아서 더 이상 만나지 않았다고 했다. 주변에 여자도 좀 있는 것 같다고 덧붙였다.

직 장 과 개 업 양 자 택 일

 아는 언니가 직장생활과 옷가게 개업을 두고 고민하고 있습니다. 어떤 선택이 나을까
요? (51세 여자)

최종 결과

1번 전사 카드

문제점(또는 장애물)　　　　　문제해결방법

57번 침묵 카드　　　　　39번 십자군 카드

나　　　　　상대(또는 주변환경)　　　　　현재 상황

23번 잠자는 미녀 카드　　　2번 연인 카드　　　31번 짐 카드

글쎄요, 첫 번째 나 카드를 보면 그 언니가 자영업을 해본 적이 있는지 궁금하네요. 직장생활은 성실하면 되지만, 자영업은 자신감이나 배짱, 현실감각이 많이 요구된다고 봐요. 그런데 언니는 현실적이라기보다 (물고기자리 때문에) 환상을 믿는 편이거나 영적이네요. (달 때문에) 현실적인 적극성이 떨어져요. 어쩌면 시장조사도 제대로 하지 않고 옷가게를 직관적(해왕성)으로 선택하진 않았을까 의문이 드네요.

두 번째 상대 카드를 보면 주위의 누군가가 옷가게로 돈을 벌진 않았는지, 아니면 옷가게를 하면 주변의 시선이 (게자리와 달 때문에) 유약하고 자신감 없는 자신을 좀 더 멋져 보이게 하거나, 무시당하지 않을 거라고 생각하지는 않는지 궁금하네요.

세 번째 현재 상황 카드를 보면 직장에서 쌓인 억압(염소자리와 토성)이 (두 번째 상대 카드에서) 분출되길 바라는 것 같은 분위기네요. 네 번째 문제점 카드를 보면 첫 번째 나 카드의 물고기자리가 다시 나타나 있는데, 직장생활이나 일상생활에서 자신의 억압 표출은 물론이고 제대로 소통조차 못하고(쌍둥이자리-해왕성) 있다고 느껴져요. 그러니 회사를 그만두거나 새로운 환경을 통해 어떻게든 그 억압을 터뜨리고 싶겠죠.

그래서인지 다섯 번째 문제해결방법 카드에 역시 십자군이 뜨네요. 자기확신(사수자리)과 그 자기확신을 통한 도전적인 의욕(양자리)이 분명 해결점이라고 나와요.

마지막 최종 결과 카드를 보면, 더 이상 (양자리를 의식하면서) 지체하지 말고 자신을 믿고 분위기를 한번 크게 바꾸는 의도에서 옷가게를 하면 좋을 듯한데, 아무런 준비 없는 직관의(해왕성) 산물이라면 또 즉흥적으로 끝나지 않을까 염려가 되긴 해요. 만약 두 번째 상대 카드가 자기확신이나 고통 뒤의 통찰을 드러내는 카드라면 당장 시작해보라고 말하고 싶은데, 그게 아니거든요. 그렇지만 둘 중 하나를 꼭 선택해 달라고 한다면, 최종 결과 카드도 일단 부딪히라고 나왔기 때문에 그대로 억압을 지속하는 것보다 억압을 표출하는 게 나을 것 같아요. 일단 시작하면서 좀 더 시장분석을 하든지, 좀 더 시간을 갖고 시장분석에 치중하면서 너무 늦지 않게 가게를 준비하라고 말해주고 싶네요.

 한두 달 후 내담자가 그 언니는 현재 옷가게를 열지 않고 회사를 다니고 있지만, 금전적으로 더 준비해서 반드시 개업할 생각이 있다고 알려주었다.

종 교 에 끌 리 는 마 음

 저는 현재 무교입니다. 나이가 들어서 그런지 지천명이라 그런지 뭔가 허무합니다. 돈이나 성공만이 전부가 아닌 것 같다는 생각도 들고, 요즘은 사람이 없는 곳을 골라 다닙니다. 그래서 종교를 한번 가져볼까 하는데 어떨까요? (50세 남자)

최종 결과

29번 마법사 카드

문제점(또는 장애물)　　　　　문제해결방법

54번 스승과 제자 카드　　　　9번 설교자 카드

나　　　　　　　상대(또는 주변환경)　　　　　현재 상황

11번 광대 카드　　　　3번 중재자 카드　　　　39번 십자군 카드

종교를 갖고 싶다고 했는데, 세 번째 현재 상황 카드, 네 번째 문제점 카드, 다섯 번째 문제해결방법 카드가 종교와 직접적인 관련이 있어요. 종교를 갖고 싶다고 해선지 지금 당신은 첫 번째 카드에서 보듯 피에로의 모습이군요. 피에로는 많은 사람들을 울리고 웃기지요. 그래서 피에로 주변에는 항상 많은 사람들이 모입니다. 하지만 아프고 슬프고 마음이 늘 공허한 피에로의 마음을 누가 알 수 있겠어요? 아마도 당신의 허무함이 피에로의 마음이 아닐까 싶네요.

두 번째 상대 카드는 헤르메스군요. 헤르메스는 다재다능해서 일을 능수능란하게 처리하며 늘 바쁘지요. 소통을 나타내기도 합니다. 하지만 당신은 현실의 일에 참의미를 못 느끼나 봐요. 종교는 형이상학이지만, 헤르메스는 형이하학을 상징하지요. 그래선지 세 번째 현재 상황 카드에 형이상학을 상징하는 십자군이 떴나 보네요. 이 카드는 뭔가 궁극적인(목성) (사수자리 때문에) 책임과 임무를 수행하는 일을 하고 싶거나, 일을 할 때 그런 바탕을 갖추고 싶어한다고 느껴지네요. 네 번째 문제점 카드 역시 늘 종교적 가르침에 목말라하지만, 현실의 일은 반복적이며 따분하고 가치가 낮은 일에 몰두한다고 나와요. 그러니 다섯 번째 문제해결방법으로 종교적 가르침이나 장소가 나오는 것 같습니다. 문제해결방법의 위치에 정말 설교자가 뜨다니 정말 놀랍네요. 그런데 마지막 최종 결과 카드가 의미심장하네요. 마법사 카드예요. 만약 당신이 영적인(태양) 그 무엇을 찾기 위해 종교를 가진다면, (전갈자리와 명왕성의 직관 때문에) 충분히 그것을 찾을 수 있다고 느껴져요. 하지만 종교를 통해 세속적 욕망(전갈자리)을 빌기 위해서라거나 (전갈자리 때문에) 도덕적 과오를 은폐하는 것이 목적이라면 그 환상이나 바람(전갈자리-태양)은 이루어지지 않을지도 모릅니다.

이후 내담자는 종교를 믿거나 절에 다니지는 않지만 불교의 영향을 많이 받아서 현재 믿음을 키워가고 있다고 전해왔다. 물론 기복신앙보다 전적으로 마음의 소리를 듣기 위해서라고 했다.

스 킨 십 갈 등

남자친구가 스킨십을 너무 좋아해요. 어제는 고등학생들이 타고 있는 버스에서 자꾸 키스를 하려고 해서 싫다고 짜증을 냈어요. 그리고 그것 땜에 집에 와서 또 싸웠어요. 남친이 3살 연하거든요. 전 남친을 너무 좋아해요. 그런데 왜 남친의 스킨십이 자꾸 부담스럽게 느껴질까요? (38세 여자)

최종 결과

60번 종교재판 카드

문제점(또는 장애물)   **문제해결방법**

14번 이브의 두 얼굴 카드   11번 광대 카드

나   **상대(또는 주변환경)**   **현재 상황**

30번 행운 카드   20번 므네모시네 카드   8번 유혹자 카드

 (사귄 지 7개월 됐다는 걸 먼저 물어서 확인함) 혹시 종교가 있나요? (교회를 다닌다고 알려줌)
첫 번째 나 카드는 당신이 종교를 가진 걸 의미하거든요. 아마 종교가 있다면 신실한 믿음일 수
도 있네요. 그리고 사자자리나 태양이 나온 걸 봐선 당신은 매우 주체적인 사람 같아요.
두 번째 상대 카드의 게자리를 보면 남친은 보호가 그리운 것 같아요. 심리학적으로 접근하면

성장과정에서 엄마와의 분리가 자연스럽지 못했던 거 같아요. (중학교 때 엄마가 암으로 돌아가셨다고 알려줌) 그렇다면 애정결핍이 심하다고 봐야겠죠. 그런데 손님의 카드나 남친의 카드에 종교와 관련된 사수자리가 나왔는데, 세 번째 현재 상황 카드가 뭔가에 홀린 것 같거나 유혹하는 모습이에요. 어쩌면 남친은 당신의 주체적이고 도덕적인 모습에 무의식적으로 매우 끌리나 봐요. 과도한 스킨십은 그런 이유 때문이 아닐까 싶네요. 남친은 자신이 보호받지도 못했고, 그래서 주체적이지 못하다고 생각할 수도 있어요. 그러니 연상의 여친을 만났고, 자신이 갖지 못한 주체적이고 도덕적인 여친의 모습에서 안정감을 느끼지만 혹시 자신을 떠나버리면 어쩌나 하는 걱정이 최근에 무의식적으로 발동한 거 같아요.

그런데 네 번째 문제점 카드는 여자가 가정생활과 사회생활 둘 다 잘해야 한다고 나왔네요. 이걸 보면 남친이 사랑도 받고 싶고 직장에서 일도 잘해야 하는데 둘 다 인정받지 못해 불안해하는 건 아닌가 싶어요. 어쩌면 직장생활이 힘들어서 여친에게 강하게 보호받고 싶은 마음이 발동하지는 않았나 생각됩니다. (최근 회사에서 부장에게 그만두라는 소리를 들었다고 말해줌) 그런 이유가 아니라면 또다른 이유가 있겠지만, 제가 말씀 드릴 수 있는 것은 남친이 중요한 두 가지 일에서 매우 심한 스트레스를 느낀다는 거예요. 남친에게 한번 확인해보면 어떨까요? 문제를 알면 서로 상의할 수 있으니까요.

다섯 번째 문제해결방법 카드에서는 아예 자유롭게 해주거나, 깜짝 놀라게 하는 것이 해결책이 될 수 있다고 나오네요. 하지만 더 노골적인 스킨십을 하게 놔두기에는 마지막 최종 결과 카드가 종교재판이에요. 당신이 과도한 스킨십에 부담을 느끼니 그보단 깜짝 놀라게 해주는 것이 더 나을 것 같네요. 여기 물병자리의 파동이 갑작스러움을 뜻하니까 충격요법을 써보는 거죠. 물론 애정결핍에는 좋은 방법이 아니지만, 그건 다른 곳에서 다른 방법으로 채워주면 되고, 일단 지나친 행동은 멈추게 해야 하니까요.

그런데 마지막 최종 결과 카드가 종교재판이네요. 종교적 도덕심이나 죄책감 또는 '자신이 옳다고 굳이 확인시킬 필요가 없다'는 카드이니 아마 남친에게 그런 행동을 못하게 따끔하게 말하고 나서 본인이 괜히 마음 약해지거나, 아니면 본인의 도덕성이 너무 강해서 스킨십을 거부하다보니 남친이 더 하게 되고 본인의 도덕적 부담이 커지는 건 아닌지 생각되네요.

정리하면, 남친은 애정결핍이니 평소에 많은 관심과 지지를 주고, 또 과도한 행동에 대해 강하고 분명하게 거부하되, 마음 약해져서 금방 미안하다고 사과해버리는 실수는 하지 마세요.

이후 내담자는 단 둘이 있을 때 애정표현이나 칭찬을 더 많이 하고 있다고 말했다. 남친의 스킨십이 많이 줄어들지는 않았지만 가끔씩 이유 없이 고맙다, 미안하다고 표현한다고 알려주었다.

외 도 의 유 혹

 남편하곤 성격이 안 맞아요. 진작 이혼했어야 했는데 무서운 사람이라 생각도 못해요. 최근에 동창이랑 몇 번 만났는데 사귀는 건 아니지만 썸타는 기분이에요. 이게 아닌데 하면서도 그 사람 카톡을 뒤지게 돼요. 전 어쩌면 좋을까요? (41세 여자)

최종 결과

52번 허영의 시장 카드

문제점(또는 장애물)   문제해결방법

41번 골칫덩이 카드   35번 차꼬 카드

나   상대(또는 주변환경)   현재 상황

2번 연인 카드   21번 얼음여왕 카드   32번 몰락 카드

(타로카드를 해석할 때는 가장 먼저 전체 카드를 살피지만, 마지막 카드를 통해 전체를 다시 관찰한다.) 두 사람의 관계를 마지막 최종 결과 카드를 통해서 보면 깊이 있는 관계가 될 것 같지는 않아요. 이 카드가 허영의 시장이라는 이름이거든요. 허영은 현실보다 비현실적인 느낌이고, 그 결과도 텅 빌 것만 같은 느낌이니까요.

먼저 첫 번째 나 카드를 보면 당신은 경제적으로 풍요롭고 매우 사랑받고 싶어하는 여자네요. (남편이 돈을 잘 벌어서 먹고사는 일로 고민해본 적은 없다고 말해줌)

그런데 두 번째 상대 카드가 당신을 볼 때 역시 돈은 많은데 남편의 무관심이나 보수적인 성격 때문에 행복하지 않은 여자로 느끼는 것 같아요. 보세요. 이 여자는 거울을 들고 있는데 거울이 깨져 있어요. 그건 자기 모습에 대한 불만족을 나타내죠.

세 번째 현재 상황 카드를 보면, 왕이 무너졌는데 그 왕을 무너뜨린 게 피에로네요. 그런데 피에로가 거울로 왕의 얼굴을 비춰주고 있어요. 참 신기하게도 두 카드 모두 거울이 나왔네요. 여자의 거울은 잘 볼 수 없게 깨져 있고, 남자의 거울은 잘 보라고 비춰주고 있어요. 아마 지금 나의 모습을 보는 것이 너무나 괴롭기 때문에 거울이 깨져 있는 것 같고, 그래서 당신은 동창의 다정다감한 모습을 남편에게 보여주고 싶은 심정일지도 모르겠네요.

네 번째 문제점 카드는 말썽이 생긴다고 나오네요. 피에로가 다시 나왔어요. 그럼 피에로가 문제의 주체가 된다는 뜻인데, 다섯 번째 문제해결방법 카드를 보면 피에로의 행동이 한 여자를 차꼬(형틀)에 갇히게 만든다고 나와 있어요. 이 차꼬라는 카드가 문제해결방법이니까, 당신과 그 남자의 만남이 문제되지 않으려면 남자의 계략에 휘말리지 말라고 경고하는 것 같아요. 다시 말해 두 사람의 관계는 말썽이 될 것이다, 그러니 '그 남자의 꾐이나 계략을 조심하라'고 해결책을 내놓는 것 같아요. 차꼬 카드에서 쌍둥이자리는 말이고, 수성은 지식과 정보 또는 전략인데, 양자리는 공격이거든요. 그러니 말로 하는 공격 또는 언어전략에 휘말린다는 뜻이 있지요. 그러니 그 남자는 가까이하지 않는 게 좋을 것 같아요. 단정할 수 없다면, 적어도 경계심은 풀지 않도록 하세요.

마지막 최종 결과 카드는 허영의 시장이니, 두 사람의 오붓함도 어쩌면 사치로 끝날지도 모르겠네요. 그냥 좋아 보이는 물건 하나 산다고 생각해야겠어요. 결국 무용지물이 되겠지만요. 그러니 그 남자는 그런 물건이네요.

이후 내담자는 그 남자와 두 달 정도 더 만났는데, 계속 부동산 투자를 같이 해보자고 귀찮게 해서 연락을 끊었다고 했다.

직원과의 갈등

 식당을 하는데 주방 아줌마가 한 달 사이 세 분이나 관뒀어요. 나나 우리 가게나 변한 게 없는데 자꾸 사소한 문제가 커지면서 다들 그만둬요. 뭐가 문제일까요? (50세 남자)

최종 결과

59번 자책 카드

문제점(또는 장애물)   문제해결방법

36번 죄책감 카드   13번 반항 카드

나   상대(또는 주변환경)   현재 상황

38번 흡혈귀 카드   70번 우울 카드   67번 이별 카드

전체 카드를 대략 살펴보면 당신은 흡혈귀이고, 문제는 공격성이며, 결과는 자기 질책이네요. 우선 중심적인 이 세 카드에 따르면 당신의 공격성을 한번 되돌아봐야 한다고 볼 수 있겠네요.

첫 번째 나 카드를 보면 지금 당신은 뭔가 공격할 대상을 찾고 있는 것처럼 보여요. 양자리가 공격을 나타내고, 전갈자리와 명왕성은 자신의 억눌린 욕망으로 볼 수 있어요. 그 이유는 당신의 억압된 어떤 감정입니다. 그것은 다양한 것일 수 있어요. 개인적인 문제부터 집안과 사회의 문제까지, 또는 심리적인 것과 육체적인 것 모두 포함됩니다. (아이가 야구를 하는데 요즘 고등학교 진학 때문에 골머리를 앓고 있다고 말해줌)

그렇군요. 두 번째 상대 카드를 보면 굴 속에 갇혀 있어요. 아마도 당신의 가게에 일하러 왔던 주방 아줌마들은 당신의 가게에서 일하는 동안 이렇게 답답한 느낌을 받았을 수도 있어요. (가게가 크고 대로변에 있다고 알려줌) 물론 그렇다고 해도 그 사람들은 당신 밑에서 일을 하니 심리적으로 그렇게 느꼈을 수도 있어요. 당신이 무의식적으로 그들에게 고압적으로 행동했을 수도 있고요. 말로든 행동으로든요.

세 번째 현재 상황 카드는 이별이군요. 현재 다들 당신의 가게를 떠나는 모습처럼 느껴지네요. 굴 속에 갇혀 있었다고 생각했는지 떠나는 모습이 매우 자유로워 보여요. 천칭자리가 당신과 그들의 관계를 나타내고, 천왕성은 갑작스럽게 돌발적으로 관계를 끊는 거죠.

네 번째 문제점 카드는 한 남자가 유니콘을 사냥하는 모습이네요. 당신의 공격성을 나타내는 것 같아요. 그런데 여기서 처녀자리는 결백함을 나타내니까 당신은 마음 속에는 무의식적으로 죄책감이 쌓여 있을 수 있어요. 이 처녀자리는 섬세하기도 한데, 첫 번째 나 카드와 함께 보면 당신은 매우 날카롭고 치밀한 공격성을 갖고 있어요. 물론 이렇게 말하면 당신은 아니라고 펄쩍 뛸 수도 있고 매우 억울해할 수도 있어요. 하지만 이 카드는 그렇게 보여주고 있어요. 치밀한 말 한마디로 급소를 찌르면 상대는 엄청 아플 거예요.

다섯 번째 문제해결방법 카드는 반항이라고 나오네요. 이 카드는 두 가지로 해석될 수 있어요. 첫째는 당신의 가게에서 일하는 사람들이 자신의 생각을 충분히 말할 수 있게 해주는 거예요. 그러기 위해선 당신이 참고 기다려줘야 하겠죠. 직원이 말대답하는 것처럼 보여서 사장 입장에서는 썩 기분이 좋지만은 않을 거예요. 또 하나는 당신 안의 스트레스를 다른 곳에서 푸는 거예요. 정 안 되면 노래방에 가서 고함을 실컷 지르며 놀다오는 것도 한 가지 방법이 될 수 있어요.

그런데 마지막 최종 결과 카드를 보면 자신을 채찍질하고 있네요. 이 카드는 무엇보다 자신을 먼저 주목하라고 말해요. 그 사람들이 그만둔 이유보다 더 먼저요.

정리하면, 당신은 최근에 스트레스를 많이 느끼고 있으며, 공격을 통해서 그것을 풀려고 해요. 스스로 정화하기에는 당신의 감정이 너무 충동적이라서 인내심이 부족하다고 느껴지네요. 그 스트레스의 중심에 아들의 고등학교 진학문제도 포함되겠지요. 남을 공격하는 게 당신의 의도

는 아니라고 믿지만, 무의식은 가장 손쉬운 방법을 찾을 수 있거든요. 바로 주변사람들을 공격하는 것처럼요. 그러니 자신의 억눌린 감정을 단숨에, 강하게 쏟아낼 수 있는 뭔가를 찾아서 확실하게 풀어버리세요. 운동으로든 애정으로든요.

 내담자가 다시 오지는 않았지만, 이후 명상을 많이 한다고 알려왔고 간간이 다른 사람들을 소개해주기도 했다.

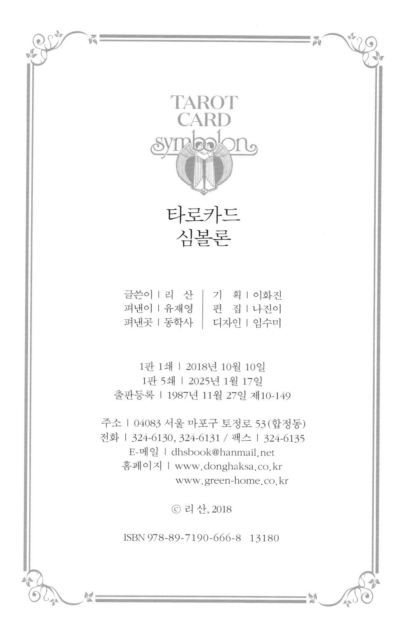

TAROT
CARD
symbolon

타로카드
심볼론

글쓴이	리 산	기 획	이화진
펴낸이	유재영	편 집	나진이
펴낸곳	동학사	디자인	임수미

1판 1쇄 | 2018년 10월 10일
1판 5쇄 | 2025년 1월 17일
출판등록 | 1987년 11월 27일 제10-149

주소 | 04083 서울 마포구 토정로 53 (합정동)
전화 | 324-6130, 324-6131 / 팩스 | 324-6135
E-메일 | dhsbook@hanmail.net
홈페이지 | www.donghaksa.co.kr
www.green-home.co.kr

ⓒ 리 산, 2018

ISBN 978-89-7190-666-8 13180